KB130746

Original Japanese title: (SUITEI 3000 SAI NO) ZONBI NO TETSUGAKU NI SUKUWARETA
BOKU (TEIHEN) WA, KUSOTTARENA SEKAI O MOUICHIDO, IKIRU KOTONISHITA.
Copyright © 2017 Tsuyoshi Sakura

Original Japanese edition published by Writes Publishing, Inc.
Korean translation rights arranged with Writes Publishing, Inc.
through The English Agency (Japan) Ltd. and Danny Hong Agency.
Korean translation copyright © 2020 by Chungrim Publishing co., Ltd.

이 책의 한국어판 저작권은 대니홍 에이전시를 통한 저작권사와의 독점 계약으로 청림출판(주)에 있습니다.
저작권법에 의해 한국 내에서 보호를 받는 저작물이므로 무단전재와 복제를 금합니다.

인간과 좀비의 목숨을 건 철학 수업

사쿠라 츠요시 지음

김영택 옮김

추수밭

한 그루의 나무가 모여 푸른 숲을 이루듯이
청림의 책들은 삶을 풍요롭게 합니다.

일러스트 한 장 없는 등장인물 소개

히로

이 책의 주인공. 내일도 없고 대책도 없는 스물두 살 청춘. 가까스로 들어간 대학을 간신히 졸업하고 지금은 샤브샤브 전문점 주방에서 일하고 있다. 인터넷에서 자신의 삶을 과시하는 이들을 인정 욕구에 조종당하는 마리오네트라고 비웃지만, 정작 스스로도 SNS 활동에 목숨을 걸고 있다. 아주 잠깐 동안의 중국 유학 경험을 강조하듯 수시로 여행회화 수준의 중국어를 내뱉는다. 생각 없이 사는 좀비와 같은 삶에서 벗어나 일상의 철학자로 아주 더디게 성장하는 중이다.

좀비 선생

산책을 좋아하는 철학 좀비. 이천오백여 년 전 그리스에서 태어나 좀비가 된 이후 세계 각지를 떠돌며 철학의 역사와 함께했다. 삼천 년 좀비생 최악의 제자인 히로와 엮여 때로는 어르고 때로는 물어가며 히로를 어엿한 일상의 철학자로 성장시키고자 이미 죽었음에도 죽을힘을 다해 노력한다. 근엄한 성격이지만 히로와 은근히 죽이 잘 맞는다. 사실 그의 정체는….

에리

히로가 만난 두 번째 철학 좀비이자 두 번째 철학 교사. 고대 그리스 시절부터 좀비 선생의 제자로 철학을 오랫동안 공부해왔다. 얼핏 보면 가냘프고 아름다운 용모를 가진 젊은 여성이지만 좀비 선생과는 다르게 배고플 때마다 사람을 덮치는 것을 마다하지 않는다. 첫사랑을 닮은 히로에게 복잡한 마음을 품고 있다. 입은 거칠지만 부탁을 받으면 툴툴거리면서도 뒤에서는 도와주는, 오늘날에 와서는 상투적인 히로인다운 성격을 가졌다.

좀지로 씨

좀비 선생이 데리고 다니면서 이것저것 가르쳐주는 좀비. 다시 말해 히로의 라이벌. 생각이 무르익기 전에 좀비가 되었기 때문에 좀비 상위종인 철학 좀비에는 이르지 못해 제대로 된 사고를 하지 못하지만 바로 그 점에서 생각 없는 히로와 어깨를 견준다. 좀비가 되고 난 다음의 행동으로 봐서는 뼈가 부서지고 살이 녹을 정도로 열심히 일한 직장인이었을 것으로 추정된다. 히로의 민폐 행각 때문에 곤욕을 치렀음에도 불구하고 히로를 매우 좋아한다.

사쿠라코

히로가 세상에서 가장 완벽한 여성이라고 믿는 아르바이트생. 히로와 함께 샤브샤브 전문점에서 일하고 있다. 용기 있게 다가서지 못하고 우물쭈물 주변만 맴돌며 자신을 기분 나쁘게 훔쳐보기만 하는 히로를 경멸하고 있다. 다시 말해서 이 책에서는 드문 상식적이고 평범한 사고방식을 가진 사람이다. 주변이 온통 정상이 아닌 존재들밖에 없지만 힘냅시다, 사쿠라코 씨.

✞

그리고 히로를 어른으로 이끌어주는 사유를 제시해준 수많은 철학자들과 수많은 엑스트라들.

철학은 두려워할 것을
두려워하는 것이다

어느 깊은 가을밤, 잠에서 깬 제자가 흐느꼈다.

그 모습을 보고 스승이 기이하게 여겨 제자에게 물었다.

"슬픈 꿈을 꾸었느냐?"

"아닙니다."

"괴로운 꿈을 꾸었느냐?"

"아닙니다. 제가 죽는 꿈을 꾸었습니다."

"꿈에서 깨면 모두 흩어지는데 무엇을 두려워하느냐."

제자는 흐르는 눈물을 닦아내며 나지막이 말했다.

"그 꿈은 꿈밖에서도 피할 수 없기 때문입니다."

"무섭습니다. 저는 무섭습니다. 사부님, 도와주십시오."

"도대체 무슨 일이냐. 뜬금없이 뭐가 그리 무서운 게냐."

"<u>죽는 것이 무섭습니다.</u> 문득 "나도 언젠가는 죽겠지"라는 생각이 들면 무서워서 견딜 수 없습니다."

"역시 너는 변함없이 어리석구나."

"어리석다는 말씀도 억울한데 변함없기까지 하온지요…"

"왜 인간들은 존재하지 않는 것을 두려워할까."

"죽음이 존재하지 않는다 하셨습니까? 죽음은 지금 이 순간에도 다가오고 있습니다. 늦건 빠르건 Sooner or Later."

"그리스 철학자 에피쿠로스 Epicouros 는 이렇게 말했다. <u>왜 죽음을 두려워하는가? 우리가 존재할 때 죽음은 존재하지 않으며 죽음이 존재할 때 우리는 더는 존재하지 않는다.</u>"

"사부… 선생님, 너무 말씀이 어렵잖아요. 쉽게 소화할 수 있도록 다시 한 번만 말씀해주세요."

덥썩!

"꺅! 이러다 좀비가 되면 어떻게 해요!"

"안심하려무나. 여느 때처럼 살짝 깨물었단다."

"무심코 문 한입에 저는 죽을 수도 있다고요! 소화할 수 있도록 해달라는 말은 '알기 쉽게' 이야기해달라는 거잖아요."

"죽은 후에 죽음을 괴로워하는 인간을 본 적이 있느냐?"

"네?"

"장례식장에서 "아파, 괴로워! 내가 죽다니!"나 "죽는 것이 이렇게 고통스럽다니, 누가 좀 도와줘!"라고 망자가 괴로워하는 모습을 본 적이 있느냐?"

"좀비가 눈앞에서 저를 깨무는 세상이지만 다행스럽게도 지금까지는 없었습니다."

"<u>인간은 죽은 후에는 고통을 느낄 수 없다. 그뿐 아니라 죽은 것조차 인식할 수 없다.</u> '아프다', '괴롭다', '슬프다'고 느끼는 주체 자체가 사라지는 것이 죽음이니까. 인간은 죽음이 찾아오는 것조차 알 수 없단다. 그렇다면 <u>우리에게 '죽음'이란 어디에도 존재하지 않는다</u>고 할 수 있지."

"그렇군요, 죽고 난 다음에는 자신의 죽음을 절대로 자각할 수 없으므로 죽음 따위는 존재하지 않는다고 할 수 있겠지요… 그래서 무서워할 필요가 없다고 하신 건가요?"

"네가 아이였을 때를 떠올려 보려무나. 예방주사를 맞으려고 팔을 걷은 채 줄을 섰을 땐 무서웠을 게다. 그리고 학생이나 직장인 대부분은 월요일이 오는 것을 우울해하지. 그것은 주사가 아프기 때문이고 월요일 등굣길, 출근길이 힘들기 때문이란다. 참, 히로는 직장인의 마음을 모르겠구나."

"알바지만 저도 일하고 있어요! 그러고 보니 어렸을 때 주사를 맞는 날에는 두려움 때문에 바지를 버리곤 했지요."

"주사가 무서우므로 주사 맞는 것이 무서운 것은 당연하다. 하지만 '죽음'은 고통은커녕 존재조차 하지 않는단다. 존재하지 않는 것을 어째서 두려워하는 게냐? 월요일에 할 일이 없어도 월요일이 우울할까? 주사를 맞는 순서가 영원히 오지 않는다고 해도 주사를 무서워할까?"

"월요일도 쉬면 일요일 밤이 즐겁겠죠. 주사를 맞는 순서가 오지 않는다면 주사 따위 무섭지 않을 거고요."

"그렇지. '죽음을 무서워하는 것'은 백수인데도 월요일을 두려워하는 것과 같다. 그리고 주사를 맞는 순서가 오지 않는데 주사를 무서워하는 것과 같다. 그 어리석음을 이제는 알겠지?"

"월요일을 두려워하지 않는다는 어떤 단어가 저를 지목하는 것 같은 기분이 들지만, 그렇습니다. 제가 어리석었습니다."

"그래. 조상님들과 반려동물, 물고기와 곤충, 과거에 살았던 모든 생명체가 받아들인 '죽음'을 너만 받아들이지 않을 수는 없겠지. 그런 사소한 것을 무서워하는 것은 무의미하다는 게다."

"(국어책을 읽는 것처럼 또박또박) 어머나, 선생님. 철학은 정말이지 대단해요. 철학을 배운 뒤로 어쩐지 세상을 보는 눈이 바뀐 것 같아요."

"그럼 다음 수업도 기대하려무나."

"넵."

두 번째 장

내가 세계를 바꾸거나,
세계를 바라보는 내가 바뀌거나

네 번째 장

산다는 것을
안다는 것

알기에 두렵고
알기에 두렵지 않다

소년, 인생의 낭떠러지에서
철학자와 좀비를 만나다

인간에게는 스스로를 파괴할 권리가 있다.

북쪽 땅의 명소 '호쿠진보北尋坊'는 절벽에서 볼 수 있는 동해의 아름다운 경치로 유명한 관광명소다. 동시에 일본 각지에서 자살하려는 사람들이 몰리는 자살의 명소이기도 하다.

호쿠진보의 절벽 앞에 서면 인생은 여행과 같다는 말을 떠올리게 된다. 수없이 절벽 위에 섰을 어느 영화배우도 "인생은 영화와 같다"라는 비슷한 말을 남겼다.

여행과 영화는 도달할 목적지와 엔딩이 있기에 여행과 영화가 된다. 마치 인생처럼 말이다. 그렇다면 인간은 인생이라는 여행의 믹을 스스로 내릴 권리를 기지고 있으리라. 아니, 권리 따위가 아니라 인생이라는 영화의 주인공이라면 스스로 끝을 맺어야 하는 책임이 있다. 여행도, 영화도 그리고 인생이라는 작품도 끝을 내야 할 시기를 놓치고 늘어지면 추해진다.

조금 남다른 사고방식의 소유자, 또는 죽고 싶을 정도의 고통을 겪는 사람은 여기 호쿠진보의 깎아지른 듯 서 있는 절벽에서 바다에 몸을 던져 삶을 완결 짓고자 했다. 더러는 절벽을 둘러싼 넓고 깊은 숲속에서 아무도 모르게 목을 매기도 했다. 동해의 파도 그리고 깊은 숲은 시신의 흔적을 세상에서 깨끗이 지움으로써 그들이 인생이라는 작품의 막을 깔끔하게 내릴 수 있도록 도와준다.

오늘도 호쿠진보의 절벽 끝에 생기 없는 청년 하나가 하릴없이 서 있다. 바다로 반쯤 잠긴 석양이 아직 어려 보이는 사내의 얼굴을 물들였다. 그는 가라앉는 석양을 마치 자기 인생의 엔드 롤이라도 되는 듯 쓸쓸한 눈으로 바라보았다.

청년은 말 없이 주위를 둘러보았다. 반은 바다, 반은 바다와 같은 숲. 사람의 흔적이 남은 곳이라고는 "생명의 전화, 잊지 마세요. 당신은 혼자가 아니에요"라는 자상한 듯 성의 없는 권유문 전단이 붙은 전화부스뿐이었다. 얼핏 바위 뒤에서 인기척을 느꼈지만 아마도 우파루파 같은 동물이었으리라.

청년은 마지막 생명력을 짜낸 듯한 슬픈 미소를 지으며 주머니에서 스마트폰을 꺼내 가까운 바위에 세워놓았다. 그리고 절벽 끝으로 한발 한발 조금씩 나아갔다.

청년은 두어 발짝만 더 가면 아득한 동해로 곤두박질할 수 있는 위치까지 나아가 조용히 무릎을 구부린 후 다리에 힘을 모았다. 그리고 망설임 없이 온 힘을 다해서 발끝으로 바위를 찼다.

그때였다.

"바보 같은 놈! 목숨을 함부로 하지 마라!"

바위 뒤에서 나타난 누군가가 뛰어내리려는 청년을 막으려고 맹렬하게 뛰어왔다.

힘껏 뛰어올라 공중에서 곤두박질을 치는 자세를 취하던 청년은 플래시가 깜박이는 순간 달려오는 존재를 깨닫고 흠칫했다. 그러나 균형이 무너진 상황에서도 간신히 원래 위치로 착지할 수는 있었다.

"어라?"

달려오던 사람은 절벽에서 떨어지지 않은 청년을 보고 얼빠진 비명을 지르며 급히 발을 멈췄지만 불운하게도 돌부리에 걸리는 바람에 비틀거리며 그대로 청년에게 돌진했다.

"어, 어이쿠!"

"사, 사람 살려!"

그렇게 두 사람은 한 덩어리가 되어 절벽 아래 아득한 동해로 곤두박질쳤다.

첫 번째
각성과 분노

얼마나 시간이 흘렀을까?

청년이 눈을 뜬 곳은 두 사람이 지내면 꽉 차는 크기의 볼품없는 오두막 안이었다. 오두막이라고 하지만 가느다란 통나무와 비닐 시트, 나뭇가지를 난잡하게 쌓아올린 허름한 공간이었다. 고요한 오두막 안에서는 청년의 발 너머에서 나직하게 타오르는 모닥불 소리만 들렸다.

"히로 씨, 정신이 들었습니까?"

청년은 목소리가 들린 모닥불 쪽으로 고개를 돌렸다. 모닥불 옆에는 초로의 남성이 앉아 있었다. 나이는 대략 예순 정도일까? 뼈가 보일 정도로 깡마른 몸에, 마찬가지로 초췌한 얼굴에는 안광이 번뜩였고, 머리는 나이에 어울리지 않게 부자연스러울 정도로 덥수룩했다. 분명히 절벽 위에서 히로를 향해 달려들었던 사람이었다.

"철학자 키르케고르Kierkegaard는 '완전히 건강한 인간이 없는 것처럼 절망을 품지 않은 인간도 없다'고 했지요. 인간은 누구나 저마다의 지옥을 품고 살아가는 존재랍니다."

"… 당신은 누구세요? 그리고 어떻게 내 이름을?"

"바지에 면허증이 있었으니까요. 지금 말리는 중입니다."

모닥불 반대쪽에는 빨래건조대 대신 나뭇가지에 히로가 입었던 상의와 바지가 널려 있었다. 히로가 자신의 몸을 확인해보니 속옷 차림이었다.

"에취! 여기는 어디인가요? 그리고 뭐라 불러야 할지, 선생님? 선생님은 누구시죠?"

"여기는 나의 집입니다. 여기까지 그쪽을 데리고 오느라 조금 힘들었네요. 나는 호쿠진보의 숲속에 사는 철학 좀비인 좀비 선생이라고 합니다."

"아, 그러셨군요. 좀비셨구나. 네, 감사합니다. 그럼 저는 이만 돌아갈게요. 아아악!"

"온몸이 상처투성이니까 지금은 편히 누워 있으세요."

흔들리는 불꽃 사이로 짚을 쌓아놓은 것에 지나지 않는 침대와 고풍스러운 양서가 놓인 목제 책상, 그리고 나뭇가지를 짜서 만든 쓰레기통이 일렁이듯 보였다. 악취가 감도는 쓰레기통에는 뼈가 몇 개 버려져 있는 것 같아 은근히 신경이 쓰였다. 그러나 지금 가장 신경 써야 할 것은 다름 아닌 히로 자신의 몸이었다. 자칭 좀비 선생의 말처럼 히로의 온몸은 타박과 염좌, 찰과상으로 뒤덮여 있었다.

"그런데 그쪽은 거기서 뭘 하려고 한 건가요? 아직 스물두 살이잖아요. 섣부른 조언이 아닌가 하지만 나름 오래 산 내 삶을 돌아보니 인생이라는 무대의 주역이 되는 것은 지금부터인데, 엑스트라인 채로 끝나면 좀 아깝지 않을까요?"

"앗! 맞아. 그러고 보니 당신이… 당신이 날 밀었죠! 살인자!

'쥬밍아救命啊', '헬프 미!' 누가 저 좀 살려줘요! 여기 연약한 청년을 절벽에서 밀어버린 잔인한 살인자가 있어요!"

"무슨 소리! 나는 그저 죽으려는 사람을 막으려고 했을 뿐이야! 결과적으로 함께 떨어졌지만 그것은 결과론에 지나지 않아! 불가항력이었다는 거다! 설령 당신이 죽었어도 과실치사일 뿐이라고! 애당초 당신이 자살하려던 것이 원인이 아닌가? 아직 인생의 엑스트라에 지나지 않으면서!"

"무슨 소리예요? 자살 따위 할 리가 없잖아요. 저는 셀카를 찍고 있었을 뿐이라고요. 혹시 '익스트림 셀카'도 모르나요?"

"뭐라고? 엑스트라 셀카?"

"아니요! 익스트림 셀카!"

익스트림 셀카란 위험한 장소에서 자신을 촬영한 다음 그 사진을 인터넷에 공개하는 놀이로 근래 젊은이들 사이에서 유행 중이다. 누군가는 철탑 꼭대기에 올라가서, 또 누군가는 스카이다이빙을 하면서, 심지어는 상어 아가리에 머리를 넣으면서 마치 경쟁이라도 하듯 아슬아슬한 상황에 놓인 스스로의 모습을 사진으로 남겨 세상의 주목을 받으려는 듯했다.

올해 스물두 살인 히로는 가까스로 들어간 대학을 간신히 졸업했으나 취업문까지는 통과하지 못한 채 지금은 집 근처 샤브샤브 전문점에서 아르바이트로 생계를 꾸려가는 중이었다. 그런 그에게 스스로의 존재를 확인하기 위해 SNS에 올리는 익스트림 셀카는 스포트라이트가 닿을 일이 없는 구질구질한 일상을 버

티게 해주는 힘이 되었다.

"정말로 뛰어내릴 리가 없잖아요! 저는 단지 '자살의 명소 호쿠진보에서 빅 점프! 난 안 죽는다! 히로 아직 안 죽었다!'라는 내용의 포스팅으로 '좋아요'를 많이 받고 싶었을 뿐이라고요!"

"이 멍청한 녀석!"

픽! 좀비 선생의 주먹이 히로의 왼쪽 턱을 꿰뚫었다.

"그렇게 바보 같은 짓을 하면 아무리 나라도 주먹맛을 보여줄 수밖에 없다!"

"아욱! 이미 보여줬잖아요! 먼저 때려놓고 나서 '주먹맛을 보여줄 수밖에 없다'고 하지 마세요! 그리고 언제부터 은근슬쩍 말을 놓으신 거예요. 주먹이 맵지 않았으면 참지 않았을 겁니다! 흥, 어차피 독수리 타법으로 힘겹게 키보드를 두드릴 어르신들이 하실 법한 훈계나 하려는 거죠? 당신이 다른 사람에게 '좋아요'를 받는 쾌감을 알아요? 제가 어떤 걸 올리든 그건 제 자유니까 간섭하지 마세요."

"관계없다니, 나도 절벽에서 함께 떨어졌단다. 내가 좀비라서 목숨은 건졌지만 그래도 머리가 상당히 함몰됐단 말이다!"

"죄송한데 아까부터 좀비, 좀비 하시는데 도대체 무슨 말인가요? 왕년에 주먹 좀 쓰신 것 같은데 혹시 링네임이 '홋카이도 좀비복서'쯤 되었나요?"

"생명의 은인에게 무슨 소리냐! 나는 틀림없는 좀비다. 이걸 봐라. 너를 감싸고 떨어진 탓에 후두부가 박살났지 않느냐."

그렇게 말하며 좀비 선생은 뒤로 돌아 가발을 들어올렸다. 머리카락이 없는 노인의 후두부는 움푹 패어 있었고 찢어진 피부 사이로 깨진 두개골이 보였다.

"그렇지? 인간이 이렇게 됐다면 진작에 죽었겠지만 나는 좀비라 이렇게 멀쩡한 게다."

히로는 다시 정신을 잃고 쓰러졌다.

두 번째
각성과 부정

얼마나 시간이 흘렀을까?

히로가 눈을 뜬 곳은 변함없이 초라한 오두막 안이었다. 발 너머에는 모닥불이 은은하게 타올라 오두막 안에는 나뭇가지 타는 소리가 들렸다.

"히로야, 정신이 드느냐?"

목소리가 들리는 쪽으로 돌아보니 자칭 좀비 선생이 걱정스러운 얼굴로 히로를 들여다보고 있었다.

"놀라게 해서 미안하구나. 좀비를 보는 것은 처음일 테니 무리도 아니지."

"무, 무슨 말씀이세요. 좀비라니요? 좀비 같은 게 있을 리 없잖아요. 아까 본 것은… 그래, 꿈! 그건 분명히 꿈이에요. 그리고 당신은 속세에서 입은 마음의 상처를 숲속에서 다독이는 기인이 틀림없어요. 텔레비전에서 그런 분들을 자주 봤다고요."

"아직도 못 믿는 게구나. 그럼 이건 어떠냐?"

좀비 선생은 모닥불에서 뾰족한 나뭇가지 하나를 꺼냈다. 그리고 끝부분에 불꽃이 남아 있는 그 나뭇가지를 자신의 왼쪽 안구에 천천히 찔러 넣었다.

"어때, 인간이라면 이런 짓은 못하겠지? 나는 좀비라서 이렇게 눈을 예리한 나뭇가지로 찔러도 아무렇지 않단다."

좀비 선생은 눈구멍 안쪽 깊숙이 나뭇가지를 밀어 넣고는 지렛대의 원리를 이용해서 안구를 쏙 빼냈다. 그러곤 텅 빈 눈구멍으로 나뭇가지에서 전해지는 고열로 흐물흐물하게 익어가는 안구를 바라보았다.

히로는 다시 정신을 잃었다.

세 번째
각성과 경악

얼마나 시간이 흘렀을까?

히로가 세 번째 정신을 차린 곳은 변함없이 초라한 오두막 안이었다. 발밑에는 모닥불이…, 이쯤에서 더 이상의 자세한 묘사는 생략한다.

"히로야, 눈을 떴느냐?"

좀비 선생이 히로의 얼굴을 바라보았다.

"자꾸 놀라게 해서 미안하구나. 좀비의 존재를 납득시키는 게 여간 힘든 일이 아니구나."

"거짓말! 뭐가 좀비예요! 아까 본 건 속임수가 분명해요. 당신의 눈은 원래대로잖아요, 맞아요. 속세에서 상처 입은 자연인이기 전에는 마술사 같은 걸 하신 거죠?"

"이 눈은 구슬에 그럴 듯하게 색칠한 다음 컬러 콘택트렌즈를 끼운 것뿐이라 예비품은 얼마든지 있단다. 하지만 오른쪽 눈은 진짜니까 왼쪽 눈처럼 뺄 수는 없지."

"믿을 수 없어요! 좀비가 있을 리 없잖아요."

"정말 고집이 센 녀석이구나. 현존하는 존재가 그 존재를 인정할 때 존재할 수 있다는 말이 있는데… 됐다. 나는 배고프니 식사를 해야겠다."

좀비 선생은 악취가 나는 쓰레기통에서 뭔가를 꺼내서 그대로 뜯어먹기 시작했다.

"저, 저기 죄송한데 뭘 드시는 건가요? 사람의 팔로 보이는 건 제 착각이겠죠?"

"네 말대로란다. 너도 한입 뜯어보겠느냐? 여기 다른 부위들도 있단다."

좀비 선생은 조각난 손발과 몸통, 그리고 검붉은 고깃덩어리를 차례차례 꺼내서 보여줬다. 그 끔찍한 광경에 히로의 몸은 사후

경직이 일어난 사체처럼 굳었다.

"응? 왜 그러느냐. 아, 그렇지. 날것은 못 먹겠구나. 그럼 이렇게 불에 구워서… 노릇노릇하니 잘 구워졌구나. 자, 이렇게 대나무 꼬치로 찔렀을 때 쏙 들어가면 먹기 좋게 익은 거란다."

강한 모닥불로 오랫동안 구운 팔에 좀비 선생은 어디선가 꺼낸 대나무 꼬치를 찔러넣었다. 치익! 상완부에 대나무 꼬치가 들어가자 육즙이 넘쳐서 모닥불에 떨어지며 기름이 지글거리는 소리가 났다.

히로는 다시 정신을 잃었다.

스물여섯 번의
기절과 체념

그후 히로는 정신을 차렸다가 잃고 눈을 떴다가 실신하고를 스물여섯 번 반복하고 스물일곱 번째 눈을 떴을 때 드디어 좀비라는 존재를 현실로 받아들였다.

"정말 좀비가 있었군요. 하지만 좀비는 죽은 사람이잖아요? 영감님도 돌아가신 건가요?"

"심장도 움직이지 않고 숨도 쉬지 않으니 인간의 기준으로 보자면 죽은 것이겠지. 나도 옛날에는 인간이었으나 죽어서 좀비가 됐단다."

"그럼 영감님은 어떻게 그 좀비인지 뭔지가 되었나요?"

"그야 좀비에게 물렸기 때문이지."

"그럼 영감님을 물었던 좀비를 물었던 좀비도?"

"당연히 좀비에게 물렸겠지."

"뭐라 할 말이 없네요. 하지만 아무리 좀비라고 해도 사람을 잡아먹으면 안 된다고 생각해요. 아니, 그러고 보니 당신은 사람을 죽여서 잡아먹은 거네요! 그럼 나를 여기로 데리고 온 것도 설마…."

"히로야, 내가 살인을 할 정도로 타락했을 것 같으냐? 썩어도 좀비란다."

"그런 저희 샤브샤브집 사장님도 웃지 않을 철 지난 농담은 좀…. 그럼 영감님은 어떻게 잡아먹을 사람을 구한 건가요?"

"나는 좀비 중에서도 숭고한 종인 철학 좀비란다. 살인과 같은 야만적이고 비상식적인 행동은 전혀 내 취향이 아니야. 다만 스스로 숨을 확실하게 끊은 인간을 조각내서 피와 살과 동력으로 삼을 뿐이란다."

"말씀만으로도 이미 비상식적인데요? 그건 어디의 상식인데요? 지옥?"

"일본인들도 '소는 먹는데 어째서 고래를 먹으면 안 되는 건가!'라며 분개하잖느냐. 그럼 묻겠는데 소나 고래는 먹어도 되는데 인간은 왜 먹으면 안 되는 게냐?"

"그건 뭐라고 할까요, 쉽게 밝힐 수 없는 여러 가지 복잡한 어른의 사정이 있어서…."

"다른 생물의 생을 그렇게 함부로 재단해도 될 정도로 인간이 대단하고 특별한 존재라는 게냐? 신에게 그런 권한이라도 받았느냐?"

"소와 고래는 다른 종이잖아요! 인간이 아니라도 동물은 같은 종을 함부로 죽이거나 먹지는 않는다고요!"

"그럼 이미 인간이 아닌 좀비인 내가 다른 종인 인간을 먹는 것은 아무런 문제가 없는 게 아니냐?"

"아하, 그렇군요! 그걸 생각 못했네. 아니 잠깐, 그래도 되는 건가…. 뭐 됐어요. 절벽에서 떨어진 후유증인가, 머리가 아프네요. 그건 그렇고 영감님은 좀비면서도 말을 할 줄 아시네요?"

"영감님이라니! 선생님이라고 불러라!"

"옛, 선생님은 말씀을 잘하시네요? 드라마 〈워킹데드〉를 비롯해서 좀비물을 자주 보는데 좀비란 당장이라도 팔약근이 열린 것 같은데 화장실 앞 긴 줄 끝에 선 사람처럼 신음을 내며 무는 일밖에 못하는 괴물이잖아요? 어째서 좀비 선생님은 그렇게 말씀을 잘하세요?"

"그것은 내가 선택받은 철학 좀비이기 때문이란다."

"철학 좀비요?"

나는 너의 내일이다,

너 철학을 해라!

"그런데 히로야, 너는 엑스트라 셀카를 찍어서 '좋아요'를 많이 받고 싶은 게냐?"

"엑스트라가 아니라 익스트림이라고요. 충격적인 사진을 올리면 '좋아요'를 많이 받을 수 있어요. '좋아요'를 많이 받으면 엑스트라 신세에서 잠시나마 벗어난 기분이 들거든요."

"너는 정말 외로운 녀석이구나."

"그 너의 모든 게 뻔해서 따분하단 식으로 깔보는 말투는 또 뭔가요?"

"혹시 넌 하루하루가 재미없는 게 아니냐?"

"네. 재미없는 정도가 아니라 아무 맛도 안 나고, 어떤 자극도 없어요. 집과 아르바이트를 왕복하는 어제가 오늘과 같고 아마 내일도 비슷할 겁니다. 그런 걸 일상이라고 하는데, 일상이란 이렇게 숨 막힌 건가 봐요. SNS에서 '좋아요'를 받을 때가 유일한 위안이고, '좋아요'를 받기 위한 사진을 찍으려고 일상에서 벗어날 때가 유일한 낙이에요."

"히로야, 너는 철학을 배워볼 생각이 없느냐?"

"철학이요? 일상을 얘기하는데 뜬금없이 무슨 말씀이세요. 그리고 마음이 어지럽다면 차라리 심리학을 배우지요."

"너는 세계에 관해서 아직 아무것도 몰라. 네가 이 세계를 재미없다고 생각하는 이유는 '이 세계에는 즐거운 일이 많다'는 것을 모르기 때문이란다. 음악가는 좋은 곡을 많이 알기에 좋은 곡을 연주할 수 있다. 요리사는 맛있는 요리를 많이 알기에 맛있는 요리를 만들 수 있지. 웹디자이너는 센스 있는 웹페이지를 많이 봤기 때문에 센스 있는 페이지를 디자인할 수 있다. 그렇지?"

"그건 그렇지만…."

"인생에도 같은 원리를 적용할 수 있단다. 좋은 인생이 무엇인지 모르면서 어떻게 멋진 인생을 살 수 있겠니? 이 세계를 즐기고 싶다면 먼저 이 세계에 대해 알아야 한다. 너는 사는 게 재미없다고 하지만 지금의 너는 요리에 대해서 아무것도 배우려 하지 않으면서 '맛있는 요리는 만들고 싶은' 생각 없는 사람이란다. 그런 사람을 가리켜 우린 어리석다고 하지."

"그, 그런가요…."

"이 세계에서 살아가는 의미를 알려면 먼저 네가 이 세계에 대해 알아야 하는데 어째서 배우려 하지 않느냐? 어째서 철학을 배울 생각을 안 하는 게지?"

"혹시 제가 철학을 공부하고 싶다면 영감님은 어떤 도움을 줄 수 있는데요?"

"선생님!"

"선생님께선 어떤 도움을 주실 건가요?"

"나는 철학 좀비이므로 지금까지 전 세계를 누비며 철학 수업을 해서 많은 제자를 키웠다. 여기서 이렇게 만난 것도 인연이라면 인연이겠지. 정 네가 원한다면 너를 위한 철학 수업을 시작해도 좋을 것 같구나."

"수업을 들으려면 입학금을 내야 하나요? 혹시 쿠폰 할인 같은 건 없나요? 교재도 강매하실 건가요? 할부는요?"

"나는 내가 인정한 인간에게만 수업을 한단다. 그 대신 돈은 안 받는다. 가끔 밥이나 사주면 그걸로 족하지."

"와, 선생님은 진짜 좋은 분이세요…가 아니라 혹시나 해서 여쭙는데 밥이라고 하시면?"

"주위에 있을 게 아니냐. 여자와 아이에게 폭력을 행사하는 야만인이나 노인에게 돈을 갈취하는 사기꾼 같은 녀석을 살짝 소개해주면 그걸로 수업료는 충분하단다."

"아, 그렇군요. 선생님, 좋은 말씀 정말 감사했습니다. 이제 돌아가겠습니다."

"히로야, 들어올 땐 마음대로라도 나갈 때는 아니란다."

"싫어요! 놓아주세요! 잡지 마세요! 역시 수업료는 제 몸인 거죠? 전 먹을 살도 얼마 없어요."

"이 녀석, 그렇게 날뛰면 위험하잖니."

"놔요, 에잇!"

히로는 뒤따르는 좀비 선생을 힘껏 밀었으나 스물여섯 번이나 실신한 상태였기에 그의 균형감각은 정상이 아니었다. 히로는 위태롭게 바둥거리다 모닥불을 차버리고 말았다. 발에 채인 불똥이 사방으로 튀어 오르면서 짚으로 된 침대와 벽의 비닐 시트에

차례차례 불이 붙었다.

"아앗, 무슨 짓이냐? 내 집이!"

"영감… 아니 선생님, 빨리 밖으로요!"

절벽에서 시작하는
아찔한 철학 수업

좀비 선생의 집은 깨끗하게 타버렸다.

"집, 내 집이… 몇천 년 동안 소중히 간직해온 책들이…"

좀비 선생의 눈에서 눈물이 주르륵 흘러내렸다…고 생각했지만 의안에 칠한 물감이 고열에 녹아 흘러내리는 것일 뿐이었다. 좀비 선생은 머리 위에서 불타는 가발을 서둘러 내던졌다.

"죄, 죄송합니다. 그래요! 선생님 혹시 괜찮다면 저에게 철학을 가르쳐 주시겠습니까."

"내 집과 책을 홀랑 태워먹은 것도 모자라 내게 철학 수업까지 받겠다는 게냐?"

"네, 사죄의 의미로 따분한 수업이나마 기꺼이… 아니, 솔직히 아까 선생님 말씀에 감동했어요. 제가 하루하루를 재미없다고 생각하는 까닭은 제가 즐거운 일이나 좋은 일을 몰라서일 뿐이라는 말씀을 하셨잖아요."

"그래, 그랬었지."

"그런데 저는 내일 도쿄로 돌아가야 해요. 혹시 온라인 강의 같은 것도 가능할까요?"

"이런 상황에서도 그런 뻔뻔한 모습을 보이니 너는 장차 뭐가 되어도 되겠구나. 전혀 걱정할 필요가 없단다. 나도 도쿄로 갈 참이었거든."

"네? 선생님께서 도쿄로요?"

"마침 집도 없어졌고, 세상이 나를 도쿄로 가라고 등을 떠미는 것 같구나. 이것도 인연이겠지. 지금까지 너무 오래 숲속에 숨어 있기도 했다."

"좀비가 도쿄를 습격해도, 아니 상경하셔도 괜찮을까요?"

"일단 불부터 끌까. 민폐를 끼치면 안 되잖니. 우리에게는 자신의 행동을 선택할 자유가 있다. 철학자 존 스튜어트 밀John Stuart Mill은 '다른 사람에게 해를 끼치지 않는 한도에서 인간은 자유다'라고 했지."

▼▼▼

히로와 좀비 선생의 철학 수업은 이렇게 시작됐다.

좀비 선생의 정체는 도대체 무엇일까? 철학이란, 그리고 이 세계는 무엇일까? 좀비 선생이 히로를 무는 게 먼저일까? 히로가 철학으로 평범 이하 SNS 중독자에서 어엿한 어른으로 성장하는 게 먼저일까? 수많은 의문을 남긴 채 무대는 도쿄로 옮겨갔다.

"철학은 도움이 되지 않는다"는
말이야말로 인생에 도움이 안 된다

도쿄에 돌아온 히로가 좀비 선생에게 첫 번째 수업장소로 지정받은 곳은 시부야구 시모키타자와下北澤에 있는 패스트푸드점 퍼스트키친의 점포 안이었다.

"히로! 여기다."

지난 번 화재에서 모두 타버린 가발 대신 새로운 가발을 쓴 좀비 선생이 손을 흔들었다.

"선생님, 안녕하세요. 머리카락이 다시 생기셨네요. 무척 안 어울리는 모습이 참 보기 좋습니다. 후두부가 함몰된 건 어떻게 됐나요?"

"그건 어렵지 않게 해결했단다. 깨진 뼈를 제거하고 세라믹 인공 뼈로 교체했거든. 피부도 다시 붙였다. 고치는 김에 편리한 지퍼식으로 했단다. 한번 보려무나."

좀비 선생은 가발을 벗은 다음 귀 뒤에 달린 지퍼를 한 바퀴 돌려 반대쪽 귀까지 열었다. 두피의 뒤쪽 반이 젖혀지며 두개골이 드러났다.

"잠깐만요. 여기서 이러시면 안 돼요!"

히로는 좀비 선생에게 다급하게 뛰어가서 쟁반으로 후두부를 감췄다. 하지만 평평한 쟁반으로 안 보이게 할 수 있는 곳은 한 방향뿐인데다 쟁반 위 크림소다가 바닥에 떨어지는 바람에 주변 사람들이 일순간 두 사람에게 고개를 돌렸다. 히로는 아찔함에 눈을 감았다.

하지만 좀비 선생의 머리를 보고도 놀라는 모습을 보이는 손님은 보이지 않았다. 소란을 보고 달려온 여성 점원도 사과하는 히로에게 "괜찮습니다"라며 웃은 다음 바닥의 크림소다를 깨끗하게 정리한 후 돌아갔다.

"어, 어째서? 지금 분명히 후두부가 벗겨져서 뼈가 완전히 드러난 것이 보였을 텐데?"

"이돌라idola의 숨결을 내쉬고 있으니 내 정체가 드러날까봐 걱정할 필요가 전혀 없단다."

"이돌라의 숨결이요?"

"이돌라의 숨결은 나 같은 좀비가 몸에서 내뿜는 특별한 숨결이란다."

"숨결? 좀비는 심장과 폐가 멈췄다면서요?"

"보통 숨결은 아니란다. 이돌라의 숨결에 닿은 자는 모두 좀비에 관한 인식에 오류가 생기지. 즉 좀비가 이상한 짓을 해도 인간에게는 돌멩이가 굴러가는 정도의 여상하고 대단찮은 풍경으로 보이는 게다."

"하지만 숨결은 그렇게 멀리까지 퍼지지 않잖아요? 멀리서 보는 사람은 속지 않을 텐데요."

"본다는 행위는 빛이 입자인 광자를 통해서 일어난단다. 내 몸을 지나는 광자는 반드시 이돌라의 숨결 속을 통과하지. 따라서 나를 보는 사람은 아무리 멀리 있어도 사진이나 영상을 통해서도 숨결의 영향을 받는단다."

"뭔가 되게 편리한 능력이네요."

"진화란 그런 거란다. 너희 인간의 몸에는 편리한 기능이 다양하게 있지? 혈액을 전신으로 돌리는 기능, 음식물에서 에너지를 흡수하는 기능, 안 좋은 부분을 통증으로 알리는 기능, 몸에 침입한 세포를 퇴치하는 기능처럼 말이다. 모든 것이 다른 세계에서 보면 '그렇게 편리한 게 어디 있어!'라고 코웃음을 칠 만한 믿기 어려운 기능이지."

"말씀을 듣고 보니 그럴 수도 있겠네요."

"그렇다고 모든 좀비가 이돌라의 숨결을 내쉬는 것은 아니다. 죽은 자면서도 철학을 추구하는 철학 좀비만이 이 호흡을 사용할 수 있단다."

"이전부터 궁금했는데 철학 좀비는 도대체 뭔가요? 선생님은 그냥 좀비와는 다른가요? 그보다 선생님 말고도 좀비가 있나요? 어째서 선생님은 좀비이면서 철학을 아시나요? 그리고 선생님의 가발은 왜 철 지난 바람머리인가요?"

"히로야, 진정해라. 이제 겨우 첫 번째 수업이잖니. 너의 의문에 대해서는 앞으로 수업하면서 조금씩 대답해주마."

"어울리지 않는 헤어스타일에 대한 답변은 지금 해주실 수 있지 않나요."

"히로야, 너는 철학에 대해 어떤 이미지를 가지고 있느냐? 철학에 관해서 알고 있는 것은 있느냐?

"음, 그러니까 '갈림길에서 똑바로 나아가 다섯 명을 치어 죽이는 것과 오른쪽으로 돌아가서 한 명을 치어 죽이는 것 가운데 어느 선택이 정의인가?' 이따위 어떤 답을 내도 사이코패스로 몰릴 수밖에 없는 토론이나 하는 학문? 과학이나 수학과 달리 결론도 안 나오고 도움이 안 되는 이야기를 하는 쓸모없는 학문이라는 느낌이에요."

"참신함과 멍청함을 동시에 가지고 있기란 쉽지 않은데 히로 너는 그걸 해내는구나."

"그거 칭찬은 아닌 거죠?"

"그럼 첫 번째 수업은 '철학이란 무엇인가?'다."

"선생님! 시작부터 진도가 너무 빠릅니다."

좀비의 철학 수업 첫 번째 1:

철학이란 무엇인가?

히로 여긴 공부할 만한 분위기가 나는 곳이 아닌데 괜찮으세요?

선생 철학을 하기 위한 특별한 장소 따위는 없단다. 돌이켜보니 우린 아고라에서도 매일 토론했었지. 세상일을 고민할 수 있는 능력과 말이 있으면 그것으로 충분하지 않을까.

히로 아고라? 우리? 선생님께선 도대체 언제부터 사신 건가요?

선생 가만 있자, 예수가 태어나기 오백 년 전이었지, 아마.

히로 그런 시절부터 지금까지 재미없는 철학공부로 스스로를 괴롭히신 건가요? 사는 게 사는 게 아니었겠네요.

선생 살아온 게 아니야. 좀비니까 서서히 썩어갔을 뿐이지.

히로 선생님께서 그리 말씀하시니 굉장히 철학적으로 느껴지네요. 하하…하, 죄송합니다.

선생 좀비가 된 덕분에 오랫동안 마음껏 철학을 공부할 수 있었기 때문에 나름 만족한단다. 나의 고향에서는 "죽기 전에 나폴리는 꼭 봐라"라는 격언이 있는데 좀비가 되면 죽어서도 나폴리를 볼 수 있단다.

히로 그런데 선생님. 긍정적인 것은 좋지만 눈동자가 있어야 할 부분은 구슬로 채워져 있잖아요. 잘 보이시는 거지요? 앞도 내일도 모두 캄캄한 것 같은데요.

선생 그 말은 그대로 돌려주고 싶구나. 그렇게 앞이 캄캄하니 '철학은 도움이 되지 않는다'고 투덜거리기나 하지.

히로 물리와 화학은 우주의 성립과 사물의 구조를 명쾌하게 설명해주지요. 하지만 철학은 아까 말씀드린 것처럼 '기찻길에서 똑바로 나아가 다섯 명을 죽이는 것과 오른쪽으로 꺾어서 한 명을 죽이는 것 가운데 어떤 쪽이 정의인가?'와 같은 사이코패스의······

선생 너는 철학이라고 하면 그런 이야기밖에 안 떠오르는 게냐!

히로 넵, 선생님. 저는 철학이라고 하면 이런 이야기밖에 떠오르지 않아요.

선생 그래, 솔직함은 철학을 공부할 때 꼭 필요한 태도지. 하지만 그 질문 같은 경우엔 비교적 결론이 명확하단다. 다섯 명을 죽이는 쪽을 선택하는 게 정답이거든.

히로 네? 어째서요?

선생 그래야 내 삶이 풍족해지니까.

히로 그것은 좀비의 시점이잖아요! 사람을 포식하는 자의 시점!

선생 히로야, 자신의 형편에 맞는 것 이외의 시점이 이 세상 어디에 있다는 게냐? 가령 다른 사람의 시점을 상상했다고 해도 그 또한 "다른 사람은 분명히 이런 시점을 가지고 있을 거야"라고 단정하는 자신의 형편에 맞는 시점일 뿐이지. 네가 타인의 영혼과 완벽하게 공명하지 않는 한 타인의 시점을 가진다는 것은 있을 수 없는 일이란다. 인간은 결코 타인이 될 수도, 타인을 대신할 수도 없거든.

히로 아, 그럴 줄 알았습니다. 제가 그래서 철학을 싫어하는 거예요. 이렇게 말하면 꼭 저렇게 받아쳐야 직성이 풀리는 저 구질구질함이란! 수학이나 물리처럼 확실하게 결론이 안 나고 말싸움만 하잖아요. 남자답지 못하다고요.

선생 그거다! 그게 바로 철학에 대한 오해란.

히로 남자답지 못하다는 거요?

선생 너는 물리나 수학을 '철학과 다른 것'으로 생각하지만 애당초 그런 학문은 모두 같은 것, 하나인 것이었단다. **처음에는 물리나 화학, 그리고 수학도 철학**이었거든.

히로 철학이 학문의 기본이란 말은 철학자들이 밥그릇 뺏길까봐 지어낸 게 아니란 말씀이시죠?

선생 철학의 시작은 기원전 6세기부터 7세기 무렵으로 거슬러 올라간단다. '철학의 아버지'라고 불리는 탈레스Thales는 '우주의 근원은 무엇일까?', '자연은 무엇으로 이루어졌을까?'라는 의문을 가졌지. 그렇게 오래 고민한 끝에 그는 **"만물의 근원은 물이다"** 즉 이 세계의 모든 것들은 물로 이루어졌다는 주장을 내놨단다. 이후 엠페도클레스Empedocles는 '세계는 불과 물 그리고 흙과 공기 등 4원소로 이루어졌다'라고 생각했고, 레우키포스Leukippos는 세계의 근원은 더는 나눌 수 없는 '아톰', 원자라고 이야기했단다.

히로 원자? 발전소 앞에 붙는 그 원자 말씀하시는 거지요? 그걸 고대 그리스 시대부터 알고 있었다고요?

선생 물론 이천 년도 더 전의 일이니까 지금 우리가 파악한 원자의 성질을 그대로 예언한 것은 아니란다. 하지만 애당초 최초의 철학자들이 품고 있던 것 또한 '자연은 무엇으로 이루어져 있는가?', '이 세상의 근원은 무엇인가?'라는 근본적인 의문이었지.

히로 하지만 그에 대한 답을 고민하는 건 물리나 화학의 영역 아닌가요?

선생 당시는 물리도 화학도 아닌 '자연철학'이라 불리는 철학의 일종이었단다. 그 외에도 정치학과 생물학, 심리학 등 모든 학문이 철학에 집약되어 있었지. 극단적으로 말하면 **인간이 탐구하려는 것은 모두 철학이었다.**

히로 그럼 어째서 지금은 철학 속에 물리와 화학이 포함되지 않은 건가요? 독립한 건가요? 아니면 졸업이라고 해야 하나?

선생 그래, 말 그대로 독립이지. 물체의 운동법칙과 동식물의 생태, 정치하는 방법 등 각각의 분야가 철학에서 독립해서 물리학과 생물학, 정치학이라는 새로운 학문이 된 게다.

히로 그러니까 AKB로 예를 들면 성장한 주요 멤버가 그룹을 졸업해서 배우나 예능인으로 독립하는 것과 같은 거네요.

선생 히로야, AKB가 도대체 뭐니?

히로 참나, 선생님은 일본에 사시면서 AKB도 몰라요?

선생 히로야, 나도 체면이 있고 나름의 긍지가 있는 남자란다. 철학 좀비인 내가 낯간지럽게 아이돌 따위에 흥미를 가질 리가 없잖으냐.

히로 하긴 그렇지요. 철학에서 다양한 학문이 분화해서 독립하는 것이 AKB에서 마에다 아츠코와 오시마 유코가 차례차례 졸업하는 것과 비슷해 보여 그리 말씀 드린 거였습니다.

선생 네 말을 듣고 보니 과연 그렇구나. AKB를 철학이라고 하면 졸업한 마에다 아츠코는 물리학, 오시마 유코는 생물학, 타카하시 미나미가 수학이라면 시노다 마리코는 심리학, 이타노 토모미는 화학이고 코지마 하루나는 정치학이라고 생각하면 되겠구나.

히로 역시 알고 계셨잖아요! 그것도 왠지 기분 나쁠 정도로 잘 알고 계시잖아요! 뭐가 체면이 있는 남자예요! 그 연세가 되도록 아이돌에서 벗어나지 못하고 계시잖아요.

선생 크흠. 나도 일본에 와서 삼 년이나 지났단다. 어느 날인가 누군가 호쿠진보에 버리고 간 것 같은 휴대용 텔레비전을 우연히 집었다가 그만 그렇게 되었단다. 하지만 그 아이들이 열심히 사는 모습, 열정적인 무대… 다만 그런 게 보기 좋을 뿐이지 다른 뜻은 없단다. 내 속에 담아 간직하고 싶다고 할까?

히로 안 돼, 절대로 안 돼요! 속에 담고 싶다니 어디 속이요? 뱃속?

선생 히로야, 이렇게 소란스러운 와중에 오늘날 철학의 위치도 자연스럽게 알게 되었지?

히로 모든 게 계획대로였다는 듯이 자연스럽게 넘어가지 마세요. 현재 철학의 위치라니, 아무것도 모르겠는데요?

성공한 철학은 이미 철학이 아니라는 말이 있다.

철학에서 성공을 거둔 부분들은 분리시켜

새로운 학문의 이름을 붙여 왔기 때문이다.

그러나 이처럼 철학이 무수한 가지를 치며 분화하는 상황에

밝은 면만 있는 것은 아니다.

언젠가부터 "과학자는 철학을 모르고,

철학자는 과학을 모른다"는 말이 상식처럼 통하는 상황이 되었기 때문이다.

장회익, 《장회익의 자연철학 강의》 중에서

선생 철학에서 물리학과 수학 같은 주요 학문이 빠져나간 후 '남겨진 철학 본체'는 어떻게 될까? 예를 들어보자. AKB에서 주요 멤버가 전원 빠져나간 다음 AKB는 어떻게 될까?

히로 글쎄요, 어쩐지 눈에 안 띄고 밋밋한 아이돌 그룹이 될 것 같지 않나요.

선생 그렇지. 많은 주목을 받으며 그룹의 인기를 책임졌던 아이들이 빠지면 AKB는 특징도 확실하지 않으며 미디어에서도 눈에 안 띄는 흐릿한 그룹으로 변할 거란다. 그리고 그것이 바로 지금 현재 철학의 위치라고 할 수 있다.

히로 와! 그렇게 말씀하시니 뭔가 이해가 갈 것도 같아요.

선생 특정한 질문에 선명한 답을 제시할 수 있음으로써 특징이 생기고 또 그렇게 성장한 주요 분야가 차례차례 개별 학문으로 독립한다. 그 결과 철학 본체는 확실하지 않고 정체를 알 수 없으며 도움도 안 될 깃 같은 옅은 인상의 과제만 남게 되는 게다.

히로 그럼 제 말이 맞았네요. 역시 철학은 인생에 도움이 안 되는 것이었어요.

선생 너는 정말 생각이 짧구나. 그건 정말 성급한 결론이다.

히로 "웨이션마为什么?" 어째서요!

선생 예전부터 궁금했는데 그 가끔 나오는 알 수 없는 말은 무슨 뜻이냐?

히로 제가 몇 년 전에 중국에서 유학을 했거든요.

선생 오, 우리 히로도 대륙을 경험했구나. 아주 가끔 날카로운 말을 할 때마다 네가 인간 실격 바보 이하만은 아니라고 생각했었단다. 그래, 겪어본 중국은 어떤 곳이었느냐?

히로 보름 정도밖에 있지 않아서 그건 잘 모르겠네요. 하여튼 중국을 다녀온 뒤론 이렇게 무의식적으로 중국어가 튀어 나오더라고요. 유학파는 정말이지 힘드네요, 후훗.

선생 ….

히로 그보다 어째서 생각이 짧다는 말씀인 건가요?

선생 지금까지도 AKB에서 주력 멤버가 빠지고 스타가 없는 상황이 된 적이 있었지. 그 후 남은 사람은 어떻게 됐느냐? 그대로 사라졌을까?

히로 그렇지 않았죠. 처음에는 "수수한 아이들만 남았잖아, 괜찮을까?"라고 걱정했어도 그중에서 반드시 그룹을 짊어질 만한 멤버가 나타나더라고요. 그렇게 주요 멤버로 성장한 아이가 또 그룹을 지탱하면서 금세 인기를 되찾았죠.

선생 그래, 철학도 마찬가지란다. 하나의 학문이 빠져나가면 '남은 철학'은 얼핏 정체불명이고, 도움이 안 되는 것처럼 보이기 마련이지. 하지만 남은 철학 중에서 반드시 차세대의 에이스, 부동의 센터가 나오면서 철학을 부흥시켜왔단다. 그리고 그 인기 멤버는 다시 철학에서 독립해 개별 학문이 되는 게다. 철학은 지금까지 이런 일을 되풀이해왔고 앞으로도 그럴 것이다. 철학이 도움이 안 되는 것이 아니란다. **철학 속에**

는 항상 가능성이 존재하고, 그 가능성이 성장해서 이윽고 철학을 졸업하는 거란다. 그리고 남겨진 철학은 일시적으로 빛을 잃을지언정 언제나 새로운 빛의 가능성을 품고 있단다. 그 가능성을 발견할 수 있느냐 없느냐는 철학을 공부하는 우리 손에 달린 게지.

히로 어쩜, 이해가 단번에 되면서도 한편으론 뭐든 말하기 나름이라는 생각도 드네요.

선생 그렇다고도 할 수 있지.

좀비의 철학 수업 첫 번째 2:
철학을 왜 배워야 하는가?

히로 현재 위치는 알겠는데 그럼 구체적으로 지금 철학에 남겨진 과제는 무엇인가요? 오늘날 철학에선 무엇을 연구하나요?

선생 가만 보자, '행복이란 무엇인가?', '자유란 무엇인가?', '선이란 무엇인가?', '인간은 자신의 삶을 어떻게 살아가야 하는가?' ….

히로 으아악! 이 아이들은 그룹에 남은 게 아니라 그냥 버려진 거 아닌가요? 막연하고 재미없는 질문들이잖아요.

선생 막연하고 어렵기에 그곳에 본질적인 답, 진리가 있는 거란다. 그렇기에 철학자들은 머리를 쥐어짜며 이 문제를 계속 생각해오고 있지. 그밖에 누가 뭐라고 해도 중요한 과제가 '인식'에 관한 문제다. 우리가 이 세계를 어떻게 인식하는가 하는 것과 이 세계와 실제는 어떤지 차이를 아는 것. 이것은 철학의 최대 테마라고 해도 좋을 게다.

히로 네? 선생님? 뭐라고 하신 거예요? 다시 한 번 말씀해주시겠어요?

선생 됐다. 인식은 다음에 있을 인식 수업에서 다루도록 하자.

히로 하지만 행복이니 인생이니 하는 것은 철학에 기댈 게 아니라 스스로 생각해야 할 문제라는 느낌도 들어요. 그런 중요한 질문까지 다른 사람에게 의지하고 싶지 않거든요. 다름 아닌 내 삶이잖아요? 자신의 머리로 생각해야 비로소 인생이 인생다워지는 게 아닐까요.

선생 그래서 네가 생각이 짧다는 게다.

히로 왜 아까부터 계속 짧다고만 하세요!

선생 너는 콘솔 게임(게임 전용 전자기기를 통해 구현되는 게임)을 좋아하지?

히로 물론이죠. 어릴 때부터 게임과 동물만이 친구였어요. 인간은 인간을 반드시 배신하지만, 게임 속 친구들과 동물만은 저를 순수하게 좋아해주고 제 곁에 있어주니까요.

선생 ···.

히로 응? 왜 그런 안쓰럽다는 표정을 지으세요?

선생 아니다. 게임을 플레이할 때 너는 처음부터 끝까지 모두 자신의 힘만으로 플레이하느냐?

히로 그렇게 하고 싶지만 아무래도 공략본을 참고하거나 인터넷에서 관련 커뮤니티에 가입해 귀동냥을 얻지요. 가끔 SNS로 정보교환도 하고요. 그렇게 할 수밖에 없더라고요.

선생 왜 그런 것에 의지하는 게냐? 스스로의 힘으로 게임 속 난관들을 돌파해야 제대로 즐기는 것 같지 않을까? 남이 정리해놓은 지름길을 따라가는 게 재미있느냐?

히로 물론 선생님 말씀이 맞긴 한데, 저도 나름 사회인이라 학생 때처럼 수업도 빼먹어가며 게임에만 매달릴 수는 없더라고요. 가끔 난이도가 확 올라간 강적이 등장하거나 개발자의 악의가 느껴지는 불합리한 이벤트와 맞닥뜨리게 되면 그것을 혼자 힘으로 해결하겠다고 시간을 낭비하며 붙잡고 있는 것보다 공략법을 참고해 빨리 스테이지를 깨는 것이 아무래도 효율적이죠.

선생 그럼 이렇게 묻고 싶구나. 인생은 한정되어 있지 않으냐?

히로 아무래도 그렇지요.

선생 인생에도 말도 안 되는 강적이 나오지 않느냐? 인생에는 불합리한 문제가 없는 게냐?

히로 게임 얘기 꺼내실 때부터 이렇게 나오실 줄 알았습니다.

선생 히로야, 게임은 어차피 게임이란다. 얼핏 불합리한 적이나 장애가 나올 수도 있지만 어떻게든 클리어할 수 있도록 만들어졌지. 하지만 인생은 어떨까? 너의 인생을 어떤 초월적인

의지가 주변과 밸런스 조정을 하며 만든 것은 아니지 않을
까. 난이도 역시 게임과 비교할 수조차 없을 게다. 너무나 부
조리하게도 당치도 않은 적이나 문제와 만나는 일도 생길
수 있지. 게다가 인생을 플레이할 수 있는 시간은 한정되어
있단다. 그렇다면 너보다 먼저 인생이라는 게임을 진행했던
이들, 인생 게임에 대해 깊이 분석했던 철학자들의 사상을
배우지 않을 이유가 없잖느냐.

히로 말씀대로 배우지 않을 이유가 없네요. 다만 하나만 말씀 드
리고 싶어요. "게임은 어차피 게임이다"라는 말씀이 조금 걸
렸습니다. 게임 개발자들도 목숨을 걸고 게임을 만들고 있으
니 '어차피'라는 말을 붙이는 건 실례가 아닐까요? 저는 그
게 신경 쓰여요. 사소한 것일지 모르지만, 보통은 그냥 지
나칠 일인지도 모르지만, 저는 게이머로서 게임 개발자들에
대한 감사와 존경의 마음을 항상 잊고 싶지 않아요.

픽!

히로 아얏! 뭐예요! 주먹은 게임에서 졌을 때 울분을 토하며 바닥
을 치라고 있는 것이지 게임을 좋아하는 제자 머리나 때리라
고 있는 게 아니라고요.

선생 어쨌든 위대한 철학자들의 사상을 배우는 의미를 이제는 알
겠느냐?

히로 네. 철학자는 행복이 무엇인지, 인생이 무엇인지를 계속 생
각하는 사람들이란 거군요.

선생 철학자는 누구나 일생을 바쳐서 그것을 생각한단다.

히로 어쩐지 철학자에게도 게임 개발자 못지않게 존경의 마음이 샘솟네요. 평생을 걸고 그런 깊고 깊은 질문에 도전한다니, 확실히 보통 일은 아니죠. 저 같이 평범한 사람은 그런 귀찮은 고민 따위는 생각하지 않고 편하게 살아가는데 말이에요. 역시 철학자는 훌륭한 사람만 있나 보죠?

선생 너는 자신을 평범하다고 생각하는구나. 어디에서 그런 자신감이 나오는 걸까?

히로 ···.

선생 네 말처럼 철학자들이 평범하진 않은 듯하구나. 18세기 프랑스 철학자 루소_{Jean Jacques Rousseau}는 《에밀_{Emile}》을 통해 세상의 비판에도 굴하지 않고 당시로는 참신한 교육론을 발표했단다.

히로 역시 철학자들은 훌륭하네요. 어떤 내용이었나요?

선생 그가 살던 시대에는 아이를 엄하게 훈육하는 것이 당연했단다. 하지만 루소는 아이에게 먼저 삶에 대한 기쁨을 실감하게 하는 것이 중요하다고 주장했다. 단순히 엄하게 훈육하는 교육을 부정하고 어느 정도 자유로운 교육을 함으로써 아이가 감성과 지성을 자연스럽게 기르도록 도움을 주는 것이 어른의 책무라고 본 게지.

히로 정말 침신힌데요. 일본도 얼마 전까지 체벌이 일상이었고 스파르타식 교육이 당연했는데 이백 년도 훨씬 전에 자유로운 교육을 주장하다니, 부럽습니다. 그런 아버지 밑에서 자란 아이는 정말 행복했겠어요.

선생 그게 그렇지도 않단다. 안타깝지만 그는 아이를 한 명도 기르지 못했거든.

히로 저런, 루소에게는 아이가 없었나 보네요.

선생 아니. 루소와 아내 사이에 다섯 명의 아이가 태어났지만 육아가 귀찮아서 모두 태어나자마자 고아원 문 앞에 버렸단다.

히로 그게 뭐예요! 사람이 정도가 있지. 삶의 기쁨을 실감하게 하는 게 중요하다면서요? 인격자가 아니라 인간 실격이잖아요! 태어나자마자 버리는 것은 스파르타보다 더 심하잖아요!

선생 그런 항의는 나에게 하지 말고 루소에게 하려무나.

히로 정말 형편없는 사람이네요. 하지만 루소는 특수한 케이스죠? 다른 철학자는 모두 훌륭한 사람뿐이겠죠?

선생 그럼. 프로이트_{Sigmund Freud}라는 사람을 아느냐?

히로 이름을 들어본 적은 있어요! 잠재의식이 어쩌고 했던 심리학자죠?

선생 우리 히로까지 알고 있는 걸 보니 정말 유명한 게구나. 그 잠재의식이 어쩌고 했던 프로이트가 맞다. 프로이트는 정신과 의사이며 동시에 철학자였지. 그 역시 "행복이란 무엇인가?"를 탐구했단다. 그리고 프로이트가 도달한 결론은 인간의 본능적 욕구는 '근친상간', '살인', '카니발리즘(식인)'이라는 세 가지이며 따라서 인간은 다른 사람을 죽이거나 먹거나 어머니와 성적 관계를 가짐으로써 행복해진다고 봤단다. 실제로 프로이트 자신도 어린아이일 때 어머니의 나신을 보고 성에 눈을 뜨고 어린 남동생이 죽었을 때는 '이제 자신이 어머니를 독점할 수 있다!'라는 생각에 말할 수 없는 행복감을 느꼈다고 하지.

히로 선생님께서 지어낸 얘기인 거죠? 말씀대로라면 순도 높은 변태잖아요! '알고 보면 프로이트에 대한 대표적인 오해', 그런 게 아닐까요?

선생 카니발리즘이 기본적인 욕구라는 의견에는 나도 조심스럽게 찬성한단다.

히로 선생님은 그렇겠지요! 도대체 어떻게 된 건가요? 철학자들의 계보도는 변태와 인간미달자들의 단체미팅인 건가요? 대학교보다는 경찰서 강력반 벽에 걸려 있어야 할 것 같은데요.

선생 물론 극단적인 예를 들었을 뿐이란다. 하시만 어떠냐? 철학자가 나무랄 데 없는 인격자가 아니라 보통사람과 마찬가지로 결점이 많은 인간이기에 친근감이 들지 않느냐?

히로 아니요. 뭐라고 할까, 나 같은 사람과는 다르게 철학자는 반듯하고 큰 인물이었으면 했거든요…. 그게 인생을 공략하는 데 의지할 수 있을 만큼 믿음직스럽지 않나요?

선생 히로 네가 스스로를 그렇게 냉철하게 파악하고 있을 줄은 몰랐구나. 하지만 생각해보려무나. 철학자들도 너와 마찬가지로 문제 앞에서 헤매고 괴로워하며, 결점을 가지고 있는 인간이기에 그들이 내놓은 공략법도 보통사람들에게 참고가 되는 것이 아닐까? 게임 공략본을 참고할 때도 마찬가지잖니. 너보다 훨씬 대단한 테크닉을 가진 고수가 정리한 공략법을 봐도 너에게는 도움이 안 될 게다.

히로 그렇긴 하지요.

선생 어이쿠! 말이 길어졌구나. 오늘은 여기까지 하자. 아까 나 때문에 크림소다를 엎었지? 이걸로 다시 사도록 해라.

히로 300엔이나 필요 없어요. 반액 쿠폰을 사용했으니까 150엔이면 돼요. 그런데 선생님도 돈을 가지고 다니시네요? 혹시 숲속에서 돌아가신 분들의 유품을….

선생 흠흠, 그럼 나는 바쁜 일이 있어 먼저 일어나마.

히로 선생님, 왜 그리 서둘러 나가시나요? 다음 수업은 언젠가요? 다음은 어디서 만나면 될까요?

선생 우리는 만나야 할 때 만나게 될 게다. 그럼 안녕.

▼▼▼

좀비 선생은 벗어놓은 가발을 손가락 끝으로 빙글빙글 돌리면서 가게를 미끄러지듯 나갔다. 히로는 처음과는 다르게 기대감이 조금 차올랐다. 좀비 선생의 철학 수업이 이제 막 시작됐다.

인간은 태어나면서부터
앎을 원한다

첫 번째 수업을 받은 일주일 후 히로는 료고쿠兩國의 에도도쿄박물관에서 좀비 선생과 다시 만났다. 처음부터 약속한 것이 아니었다. 아르바이트가 쉬는 날이었던 히로는 에도도쿄박물관에서 열리는 '대요괴전'을 관람하러 갔다. 그곳에서 에도 후기에 그려진 〈백귀야행 요괴도〉를 넋을 잃고 바라볼 때 갑자기 좀비 선생이 등 뒤에서 "히로구나, 이런 우연이 있나!"라며 불렀다.

화들짝 놀라 정신을 잃은 히로를 학예사들이 구급실로 옮겼다. 머지않아 의식을 회복한 히로는 좀비 선생과 함께 박물관에서 걸어서 8분 거리에 있는 미도리초綠町 공원 벤치로 이동했다.

"깜짝 놀랐어요! 갑자기 등 뒤에서 그렇게 큰 소리로 부르시다니, 게다가 선생님은 좀비잖아요!"

"이제는 나에게 익숙해질 때도 되지 않았느냐? 조금은 서운하구나."

"꼭 좀비가 아니라도 그렇게 어두운 곳에서 갑자기 나타나면 놀랄 수밖에요. 그런데 선생님께서 요괴전엔 어인 일이신지요."

"전 세계에서 큰 인기라는 일본 호러의 역사를 배우려고 왔단다. 기대대로 진귀한 괴물을 많이 볼 수 있어서 퍽 즐거웠구나."

"선생님께서 진귀한 요괴들을 구경한다고 말씀하시니까 동물원에 놀러간 미어캣이 떠오르는데요."

"말을 함부로 하는구나! 그럼 내가 괴물이라도 된다는 게냐?"

"죄송합니다. 하지만 선생님께선 이돌라의 숨결을 뱉을 수 있고, 두피도 탈착할 수 있고, 숨도 안 쉬고, 인간을 조각내서 맛있게 드실 수도 있잖아요. 저기 진열된 어떤 괴물보다도 진귀한 존재지요. 선생님께서 요괴전에 함께 진열돼도 충분히 이해할 수 있다고… 아욱!"

덥썩!

"농담 좀 했기로서니 깨물다니요!"

"현대인들은 예의 없는 말을 해도 깨물리지 않기 때문에 좀비보다 무례하다고 하더구나."

"그거 어디서 많이 들어본 말인데요. 잠깐, 그럼 인간이 좀비에게 물리면 어떻게 되죠?"

"너도 잘 알고 있지 않느냐. 좀비에게 물린 인간은 당연하겠지만 좀비가 된단다."

"끼야아아아악!"

"저런, 놀랐구나. 좀비가 되는 경우는 상처로 좀비의 타액이 침입했을 때뿐이란다. 타액 속의 좀비 바이러스에 감염되지만 않으면 괜찮아. 그러니까 이렇게 살짝 깨물린 정도로는 좀비가 되지 않는단다."

"아무리 그래도 장난이 조금 지나친 것 아닌가요? 혹시 제 팔에 상처라도 있었으면 어쩔 뻔했나요? 아니면 선생님께서 살짝 물었다가 식욕이 동해 힘 조절을 잘못하실 수도 있잖아요."

"지로야, 나 철학 좀비란다. 내가 살짝 깨무는 성공률은 99.7% 이상이고, 상대의 팔에 상처가 없는 것도 미리 확인한다. 아무렴 실수로 제자를 좀비로 만들겠느냐."

"아무리 그래도 적은 확률이나마 좀비가 될 수도 있다는 거잖아요. 좀비가 되는 건 죽는 거잖아요. 곱게 죽는 것도 아니고 사람을 먹게 되잖아요. 그런 무서운 방법으로 혼낼 것까지는 없잖아요!"

"괜찮다, 괜찮아. 만일 감염돼도 즉시 어깨에서 팔을 떼어내면 좀비로 변하지 않는단다."

"그건 또 무슨 끔찍한 말씀이세요! 그런 위험한 체벌은 당장 교육부에 신고해야 해요!"

"내 교육 방식이 마음에 들지 않는다면 언제든지 철학 수업을 그만둬도 좋단다."

"들어올 땐 마음대로지만 나갈 땐 아니라고 하셨잖아요. 솔직히 세계의 진리를 알고 엿보고 싶긴 해요. 저 말고는 아무도 좀비를 인식할 수 없다는 데에서도 잠시나마 제가 특별한 사람이 된 것 같은 기분도 들고요. 제 삶에서 이런 경우는 정말 흔치 않죠…."

공원에는 비행기 모양의 놀이기구를 타고 노는 아이들을 비롯해 이들을 데리고 온 부모의 모습이 여럿 있었으나 좀비 선생이 내쉬는 이돌라의 숨결 덕분인지 좀비와 히로에게 신경 쓰는 사람은 아무도 없었다.

"그런데 선생님은 '철학 좀비인 좀비 선생'이잖아요? 철학 좀비는 무엇인가요?"

"좀비에는 두 가지 종류가 있단다. 하나는 너도 텔레비전이나 영화로 자주 보는 것이다. 말하지도 못하고 몸도 흐느적거리는, 썩어 문드러진 보통 좀비지. 움직이기만 할 뿐 시체나 마찬가지다. 대부분의 좀비는 이쪽이란다."

"예, 좀비라고 하면 아무래도 그쪽이 익숙하죠."

"보통 좀비와 달리 사고능력이 남아 있으며 몸도 붕괴하지 않고 덤으로 이돌라의 숨결 같은 특수한 능력을 획득한 좀비가 바로 철학 좀비란다."

"그럼 어떤 사람이 철학 좀비가 되나요?"

"먼저 인간이었을 때 철학적 명제에 대해 생각을 거듭해 혼까지 철학에 매달렸어야 한다. 그리고 좀비에게 물릴 때 상처가 깊지 않으며 육체 손상도 최소한으로 그쳐야 하지. 이런 조건을 만족한 자는 좀비가 된 후에도 지능을 유지하고 계속 철학을 하는 철학 좀비가 되는 게다."

"그럼 선생님께서도 좀비에게 물렸을 때 상처가 깊지는 않았던 거군요?"

"나는 한입 물리자마자 바로 아카데모스의 숲으로 도망쳤단다. 안타깝게 피부가 찢어졌기에 좀비로 변하는 것은 피할 수 없었지만, 다행히 상처는 그곳뿐이었고 아고라에서 철학 토론을 거듭해왔기에 철학 좀비가 될 수 있었구나."

"그대로 돌아가실 수 있었으니 행운이라고 해야 하겠지요."

"구사일생이었지."

"구사일생이라는 표현은 좀 이상한데요? 어쨌든 돌아가신 거잖아요."

"넌 이런 쪽으론 집요하고 깐깐하구나."

"아고라는 고대 그리스의 광장이죠?"

"그래, 최초의 철학은 고대 그리스 시대에서 시작됐단다."

"어째서 철학은 고대 그리스에서 시작됐나요? 인간이 인생에 관해서 생각하는 데 특별한 이유가 있어야 하는 건 아니잖아요. 그런데 왜 하필 그리스였을까요? 그냥 우연이 아닐까요?"

"그래, 오늘의 수업은 바로 거기서부터 시작하자."

좀비의 철학 수업 두 번째 1:

철학이 어려운 까닭은 철학 공부를 말리기 위해서다?

선생 철학이 고대 그리스에서 시작된 것은 우연이 아니란다.

히로 모든 일에는 반드시 이유가 있다는 식의 생각은 좀 숨 막히지 않나요? 그래서 이유가 뭔데요?

선생 질문하기 전에 생각부터 하도록 하려무나! 스스로 생각하지 않으면서 어떻게 철학을 배운다고 하는 것이냐. 그래, 너는 왜 고대 그리스에서 철학이 융성했다고 생각하느냐?

히로 그게, 흠…. 고대 그리스 사람들이 쓸데없는 것까지 고민할 정도로 한가해서?

선생 뭐라고?

히로 죄송합니다. 재미없는 농담이었네요.

선생 핵심은 '노예'였다.

히로 노예라고요? 철학이 노예에서 나왔다고요? 인간은 누구나 평등하다는 생각도 철학에서 나온 게 아니었나요?

선생 그건 네가 현대인이기에 할 수 있는 말이다. 지금의 잣대로 과거를 평가해서는 안 된다.

히로 하긴, 옛날 전장에선 말에다 자신이 죽인 장수들 목을 매달고 다니는 게 용맹함에 대한 과시였죠. 지금 그랬다간 바로 한니발 박사님 옆자리에 수감되겠지만요.

선생 고대 그리스는 전쟁으로 점령한 다른 나라에서 많은 노예를 모았다. 그리고 '노동'은 모두 노예가 담당했단다.

히로 노동은 모두 노예가 담당했다…. 그럼 그리스인은 전혀 일하지 않는다는 건가요?

히로 그래, 그리스인은 열심히 일하지 않아도 노예 덕분에 생활에 불편함이 없었다. "곳간에서 인심난다"라는 말이 있는 것처럼 인간이란 생활에 만족스러워야 마음의 여유도 생기는 법이란다. 고대 그리스에서도 사람은 시간과 정신에 여유가 생기면서 '인생이란 무엇인가?', '바르게 살려면 어떻게 해야 하는가?'와 같은 복잡한 문제를 생각하게 된 게다.

히로 그럼 한가해서 철학을 하게 된 거군요? 제 말이 맞았네요!

선생 그래, 네 말이 정답이다.

히로 진짜로 그런 시시한 이유였다니….

선생 문화에는 그런 측면이 있단다. 도쿄에도박물관의 그림 가운데 1700년 전후에 그려진 것이 몇 점이나 있었지?

히로 기억에 없는데요.

선생 1700년을 전후로 한 시기는 겐로쿠元禄 문화로 불리며 일본에서 새로운 학문과 독창적인 예술이 생겨난 때였단다. 그리고 그 겐로쿠 문화가 개화할 수 있었던 까닭도 농업과 경제가 발전하면서 서민 생활에 여유가 생겼기 때문이란다. 극단적으로 말하면 '한가했기 때문'이지.

히로 확실히 어떻게든 살아내야 하는 자체가 전부인 상황이라면 다른 데 눈을 돌릴 겨를이 없겠죠. 여유가 있고 흥이 나는 세상이어야 풍속화 같은 것도 그릴 테니까요.

선생 현대 일본도 고대 그리스와 비슷한 면이 있단다.

히로 지금 일본이요?

선생 2차 세계대전이 끝나고 수십 년 동안 일본인은 풍요로운 생활을 위해 엄청나게 노력했다. 그리고 일본은 세계에서 손꼽히는 선진국이 되어 텔레비전과 냉장고, 에어컨이 거의 모든 사람에게 공급됐지. 그러나 원했던 풍요로움을 손에 넣으면서 일본인들은 그때까지 의지해왔던 '생활을 풍요롭게 한다'는 목표를 잃게 된 게다. 지금까지 일방통행인 레일 위를 달려왔던 사람들이 '풍요로움'이라는 종착역에 도착하자마자 "지금부터는 레일도 목적지도 없습니다. 마음대로 가세요"라는 안내를 받고는 광야에 버려진 게지. 당연히 망설이지 않을 수 없었을 게야. '인생이란 무엇인가?'라는 생각을 할 수밖에 없게 된 게다.

히로 분명히 버튼 하나로 청소도 알아서 해주고 세탁도 할 수 있고, 클릭 한 번으로 집까지 무엇이든 배달해주니까 시간이 남아돌아서 쓸데없는 것을 생각하기 시작한 거겠죠.

선생 물론 '한가하다'는 것이 전부는 아니란다. 무언가를 알고 싶어 하고 세상을 이해하고 싶어 하는 것은 인간의 근본적인 욕구란다. **인간은 태어나면서부터 무언가를 알고 싶어 한다.** 인간에게는 앎에 대한 욕구가 있다는 게지.

히로 그건 알겠어요. 자신과 전혀 관계없는 일이라도 인간은 참견하고 싶어 하니까요. 아무리 쓸데없는 일이라도 말이죠.

선생 인간은 호기심을 억누를 수 없단다. 그리고 자연을 제어하지
　　　못하면 문명의 발전은 없으며, 자연을 제어하기 위해서는 반
　　　드시 자연을 알아야 하는 게지. 또한, <u>인간은 '이해할 수 없
　　　는 것', '무엇인지 알 수 없는 것'을 지나치게 두려워하는 경
　　　향이 있단다.</u> '안다'는 행위는 그런 두려움과 불안을 불식하
　　　는 것으로 이어지는 게다.

히로 이해가 잘 안 돼요. 모른다는 것만으로 두려워하는 것은 아
　　　니라고 생각해요. 저 역시 함께 아르바이트하는 사쿠라코의
　　　사생활을 잘 모르지만 그렇다고 사쿠라코가 두렵지는 않은
　　　걸요. 오히려 사쿠라코를 좋아해요.

선생 그것을 '모른다'고 할 수는 없단다. 애당초 너는 사쿠라코를
　　　잘 알고 있거든. 사쿠라코의 속성인 '인간', '일본인', '여성',
　　　'샤브샤브집 알바생'이라는 것도 나름대로 이해하고 있을 게
　　　다. 이해하고 있으므로 무섭지 않은 게지. 혹시 네가 인간이
　　　아닌 생물이고 처음 만난 인간이 사쿠라코였다면 너는 사쿠
　　　라코를 두려워했을 게다.

히로 어쩐지 알쏭달쏭하네요. 단지 모르는 것만으로 두렵다니요.

선생 짠! 이 상자 속에 무엇이 들어있을까?

히로 갑자기 "짠!"은 또 뭐예요?

선생 상자 속에 무엇이 들어있을지 맞혀보려무나. 이런 일도 있을
　　　것 같아서 벤치 밑에 숨겨뒀단다. 이 구멍으로 손을 넣고 만

져보면 무엇이 들어 있는지 알 수 있을 게다.

히로 싫어요! 사람 머리나 붉은등거미가 있을지도 모르잖아요.

선생 히로 네 상상력은 정말 대단하구나. 그러지 말고 '남자'라는 표현을 입에 달고 살았으니 남자답게 한번 넣어보려무나.

히로 싫어요, 무섭단 말이에요! 붉은등거미가 손등을 깨물거나 사람 머리가 손가락을 핥으면 어떻게 해요!

선생 참 어이없는 상상이구나. 이것 보렴. 안에는 이게 들어 있지? 박물관에서 구매한 마스코트 '긴팔원숭이' 인형이란다.

히로 아이 참, 선생님도! 봉제인형이라는 걸 알았다면 남자답게 망설임 없이 손을 넣었을 거잖아요.

선생 하지만 모르니까 손을 넣지 못했지. 알고 보면 아무것도 아 닌데 말이다.

히로 인간은 상상하니까 불안한 거군요.

선생 그리고 동시에 상상할 줄 몰라서 두려운 거란다. 사람이 변 화를 싫어하는 것도 그 때문이지. 변화 후의 일은 충분히 설 명을 듣고 정보를 수집한 다음에야 가까스로 상상할 수 있 게 된단다. 그래서 사람은 '미지에 대한 불안'으로 변화에 저 항감을 가지는 게다.

히로 하긴 학창 시절 선생님께 맞는 매도 회초리가 닿는 순간보다 맞기까지의 그 막연한 기다림이 고통스러웠지요.

선생 사례가 정확히 들어맞는지는 모르겠지만 새삼 히로 네가 안 쓰럽구나. 어쨌든 인간이 철학을 하게 된 이유도 바로 거기에 있는 거란다. 이런 것을 염두에 두면서 실제로 철학에 들어가 보자꾸나.

히로 드디어!

선생 철학을 배우려면 두 가지를 빼놓을 수 없단다. 하나는 주변의 여러 가지 일에 의문을 가지고 스스로 생각할 것, 그리고 또 하나는 앞서 간 철학자들의 사상을 배우는 것이다. 어느 하나가 빠져도 철학을 배운다고 할 수 없는 게다. 즉 고대 그리스 시대부터 이천오백 년 이상에 걸쳐서 철학자가 무엇을 생각해왔는지, 그들이 어떤 사상에 도달했는지, 그것을 배우는 동시에 "나라면 어떻게 생각했을까?"라고 생각해보는 것이 중요하단다.

히로 철학자들이 뭘 생각했는지 어떻게 알 수 있는데요?

선생 철학자의 사상은 그들이 남긴 책을 읽음으로써 알 수 있단다. 철학자 대부분은 자신의 사상을 책으로 정리했거든. 책이 있기에 그들의 사상은 시대를 넘어서 전해지는 거란다.

히로 그건 무척 낭만적이네요. 자신이 죽어도 생각은 남는다···. 저도 시대를 넘어서 사상이라는 배턴으로 이어지는 계주의 멤버가 되고 싶습니다!

선생 좋은 마음가짐이다. 그럼 시간이 얼마 없으니 철학서가 어떤 것인지 가볍게 살펴볼까?

히로 선생님, 해가 저물려면 아직 멀었습니다.

좀비의 철학 수업 두 번째 2:

철학은 그들의 무기가 아니라 우리의 일상이다

선생 그래, 그럼 '20세기 최고의 철학자'라고 불린 하이데거Martin Heidegger의 저서를 살펴보자. 하이데거는 《존재와 시간Sein und Zeit》에서 이렇게 이야기했단다.

히로 이렇게 어스름한 오후에 '존재와 시간'이라는 말을 들으니 어쩐지 멋있는데요.

선생 "환경 세계의 도구적 존재자는 현존재가 배제된 영원의 관찰자에 의해서 사물적으로 존재하는 것이 아니라, 현존재의 배시적이고 배려적인 염려 중에 일상성 속에서 만날 수 있다. … 현존재의 일상성이 멀어짐을 배시적으로 약탈하면 비로소 '진정한 세계'의 자체존재 즉 현존재가 실존하고 있다는 것으로, 그때마다 매번 그 바탕에 존재하는 존재자의 자체존재가 폭로되는 것이다."

히로 뭐라고요? '영원의 관찰자여, 헬존재의 배시한 염화로 적을 폭발 어쩌고…'. 혹시 대마왕을 소환하는 주문이라도 외우신 건가요? 아니면 독일어로 말씀하신 거죠?

선생 안타깝구나. 그럼 칸트Immanuel Kant는 어떠냐? 칸트는 철학자의 정점에 군림하는 18세기 철학자다. 그는 《순수이성비판 Kritik der reinen Vernunft》에서 이렇게 말했단다.

히로 순수이성비판은 저도 들어본 적이 있는 것 같습니다.

선생 표상은 그것이 외적 사물을 대상으로서 가지는지에 대한 것과 무관하게 그 자신 심성의 규정으로서 내적 상태에 속한다. 그리고 이 내적 상태는 내적 직관의 형식적 조건에 속하며, 따라서 시간에 속하기 때문에 시간은 모든 현상 일반의 아프리오리(선험적) 조건이다.

히로 아무리 생각해도 알려주고 싶은 생각이 없는 거잖아요! 진심으로 후세에 전하려고 한 것 같지 않은데요. 어렵게 얻은 깨달음을 막상 전하려니까 배가 아팠던 게지요. 하여튼 철학자들이란….

선생 네 마음을 모르는 건 아니란다. 특히 하이데거의 《존재와 시간》은 철학서 중에서도 어렵기로 유명한 책이지.

히로 하이데거는 '20세기 최고의 철학자'라면서요? 그렇게 불린다는 건 누군가 그의 책을 읽고 그의 사상을 이해했기 때문이겠죠? 그런데 저는 하이데거보다 하이데거의 그 자기 뱃속만큼이나 꼬인 글을 해독한 사람이 더 대단한 것 같네요.

선생 하지만 해독된 건지 안 된 것인지 단언할 수 없단다. 네 말처럼 하이데거가 성격이 삐뚤어졌는지는 모르겠지만, 자기 생각을 다른 사람에게 알려주기 싫어하는 성격이라 일부러 어렵게 말을 돌려서 사용한 혐의가 있거든. 여하튼 그의 동료 철학자도 "저 녀석이 무슨 말을 하려는 건지 잘 모르겠다"라고 증언했을 정도니까 말이다.

히로 학교 다닐 때 보면 꼭 그런 친구 하나쯤 있었지요. 매일 변비

에 시달리는 것 같은 얼굴이나 하고 다니면서 있는 허세 없

는 허세 다 끌어 모아 뭐라도 되는 척하는 헛똑똑이.

선생 이 녀석! 대학자에게 그게 무슨 말버릇이냐!

히로 하이데거야말로 독자들한테 무슨 말버릇이에요!

선생 너무 서두르지 말거라. 지금 소개한 것은 《존재와 시간》의

상권 내용이란다. 분명히 상권은 이해하기 어려운 내용이

지만 하이데거는 상권은 어디까지나 서장이며 사상의 모든 것

은 하권을 읽으면 밝혀질 것이라고 했단다.

히로 참, 진작 말씀해주시지. 훌륭한 철학자를 매도했잖아요. 그

럼 하권까지 읽으면 저 같은 보통사람도 하이데거가 하려는

말을 이해할 수 있다는 거네요?

선생 안타깝게도 하이데거는 하권을 죽을 때까지 쓰지 않았단다.

히로 헛똑똑이가 맞잖아요! 허무 개그도 아니고 좋게 봐주려고

해도 안 되네요. 도대체 어디가 20세기 최고의 철학자인가

요? 하이데거도 이상하고 그런 사람을 치켜세우는 주위 사

람들도 이상해요. 사실은 아무것도 모르면서 아는 척하는

게 아닐까요? 벌거벗은 임금님의 실제 사례가 바로 여기 있

었네요.

선생 히로야, 그렇게만 잘라 말할 수는 없단다. 하얀 캔버스에 물

감을 던진 것이 전부인 그림이라도 보는 사람에 따라서는 예

술성을 느낄 수 있잖느냐. 하이데거가 명성을 얻은 까닭은

실제로 그의 문장에 감명을 받은 사람들이 있기 때문이다.

대부분은 이해할 수 없는 문장이라고 해도 말이다.

히로 저는 이제 철학이라는 게 뭔지 잘 모르겠어요.

선생 그래, 하이데거는 좀 극단적인 예겠구나. 다만 시작하기 전
에 꼭 말해두고 싶은 것이 있단다. 사실 철학의 세계에 "어려
운 것을 어려운 문장으로 표현하는 것이야말로 훌륭하다"라
는 통탄할 만한 생각이 만연해 있는 건 사실이란다. 특히 근
대에 가까워질수록 철학자들이 쓰는 글은 보통사람들이 도
저히 이해할 수 없는 방향으로 변해갔지. 굳이 난해한 표현
을 골라 사용하고 스스로 새로운 철학용어를 만드는 등 '독
자에게 자신의 사상을 전하는 것'이 아니라 '자신의 사상 영
역이 높음을 선언'하기 위한 과시가 되어버린 게야.

히로 어쩌다 그렇게까지 되었을까요.

선생 프랑스 철학자 데카르트Rene Descartes는 철학은 "몇 세기나 옛
날에 태어났던 사람 중에 가장 뛰어난 성신을 가진 자들이
배양해온 것"이라고 했단다.

히로 어쩐지 우쭐거리는 느낌이네요.

선생 그들이 스스로를 '태어났던 사람 중에 가장 뛰어난 정신을
가진 자'라고 믿으면서 자신의 문장 또한 항상 바르다고 생
각하게 된 게다. 다시 말해 자신의 문장을 이해하지 못한다
면 그것은 읽는 사람의 배움이 모자란 탓이라는 게지.

히로 그럼 해설서 같은 책은 없나요? 일부러 어렵게 썼다고 해도
누군가는 저 같은 평범한 사람들을 위해 쉽고 친절하게 풀

어줬을 텐데요.

선생 네 말처럼 그런 책들은 이미 많이 나왔단다. 하지만 안타깝게도 '철학을 알기 쉽게 해설한 입문서'라는 책들도 일반인은 어려워서 읽을 수 없었지.

히로 해설서인데도요?

선생 그래. 해설서들의 저자 또한 철학과 교수들이나 철학을 깊게 공부한 이들이니까. 물론 모두 그렇다는 건 아니란다. 하지만 오래전 어렵게 책을 쓴 철학자들의 발자국을 좇다 보니 '격조 높은 문장을 사용해야 격조 높은 연구자로 인정받는다'는 신조까지 따라가는 경우가 없지 않단다. 그 결과 칸트를 쉽게 해설한 입문서가 칸트의 원서와 다를 바 없이 어려운 황당한 상황이 발생한 게다.

히로 그럼 입문서나 해설서를 읽어도 소용없다는 거네요.

선생 물론 시간을 들여서 읽으면 못 읽을 것도 없단다. 질질 끄는 긴 문장의 어느 주어가 어느 술어와 호응하는지 검토하거나, 문장 도중에 마침표를 찍어서 구별하거나, 궁리해서 꾸준히 연구하면 언젠가는 이해할 수 있을지 모르잖니.

히로 그건 이미 해설서가 아니잖아요.

선생 연인끼리 은밀하게 주고받는 비밀편지도 아니고, 책이란 널리 읽어주기를 바라는 마음에서 만드는 게 아닐까? 어쩌면 대다수가 소화하기 버거워하는 '격조 높은 문장'이란 그저 '전달력이 떨어지는 못쓴 글'일지도 모르겠구나. 심할 때는

미더운 말은 요란하지 않고,

우아한 말은 미덥지 못하다.

어진 이는 말로 재주를 넘지 않고,

말로 재주를 부리는 자는 어질지 않다.

信言不美 美言不信, 善者不辯 辯者不善

(신언불미 미언불신, 선자불변 변자불선)

노자, 《도덕경》 중에서

'철학에 대해 아무것도 모르는 데에서부터 시작하는 철학 입문'을 표방하는 책의 문장에 예비지식이 필요한 철학용어를 나열한 경우도 있지. 여기까지 오면 저자는 히로가 말한 대로 헛똑똑이라고 해도 좋다.

히로 시원하게 말씀하시네요. 오늘 선생님은 대담하신데요.

선생 대담한 게 아니라 분개하는 게다! '철학을 배우고 싶어서' 서점의 철학 코너로 간 젊은이가 그런 해설서 때문에 "나는 역시 무리야"라고 포기하게 만드는 일이 몇 번이나 있었겠느냐! 적어도 앞으로는 철학을 배우려는 사람에게 '어려운 말이야말로 뛰어난 표현'이라는 어리석은 생각을 가지게 하고 싶지 않구나. 읽는 사람을 무시한 채 자기만족을 위해서만 쓴 책과 같은 어리석은 생각을 말이다.

히로 선생님 마음을 가라앉히세요! 심호흡을 해보세요. 들이쉬고, 내쉬고, 들이쉬고, 내쉬고.

선생 쓰읍, 하아…. 쓰읍, 하아…. 가만, 나는 원래 호흡을 하지 않잖아!

히로 그래도 화가 조금 가라앉지 않았나요?

선생 내가 너무 흥분했구나. 독일 철학자 헤겔Friedrich Hegel은 평소 **"철학은 만인이 알 수 있는 말로 이야기해야 한다"**고 주장했지. 우리는 헤겔의 교훈을 잊어서는 안 된다.

히로 오, 그런 철학자의 책이라면 저도 읽어보고 싶어요.

선생 그래, 히로가 마음에 드는 철학자는 헤겔이구나.

히로 "워아이我愛 헤겔!" 만인이 알 수 있는 말이라니 멋지네요.

선생 그럼 마지막으로 헤겔을 조금 살펴볼까? 헤겔은 《정신현상학Phänomenologie des Geistes》에서 이렇게 말했단다.

히로 드디어 해독하지 않아도 되는 철학이 나오는 건가요!

선생 "이성은 모든 실재성이라는 확신이다. 하지만 이 자체 또는 이 실재성은 아직 순전한 보편자, 즉 실재성의 순수한 추상이다. 자기의식 그 자체는 대자적인 것으로서 최초의 긍정적 계기다."

히로 저는 철학자에게 배신당했습니다. 도대체 이 사람들은 뭘까요? 말과 행동이 전혀 다르잖아요! 머리가 좋은 사람들이 어째서 '어떻게 써야 읽는 사람이 알 수 있을까'라는 상상은 할 수 없는 걸까요. 이제 철학에 대한 의욕을 잃었습니다.

선생 그런 너를 위해서 나의 철학 수업이 있는 것이다. 너는 행운아다. 나의 철학 수업으로 철학에 입문할 수 있으니까.

히로 네네, 이 행복을 곱씹고 싶네요.

선생 너무 냉소하지는 말거라. 내가 이천 년이 넘게 철학을 공부하며 깨달은 게 있다면 철학은 어렵지도 않고, 극소수만을 위한 좁은 문도 아니며, 저 하늘의 별과 같이 일상에서 떨어진 학문도 아니란 거다. 차근차근 배워나가자꾸나.

히로 그렇게까지 말씀해주시니 한 번 더 용기를 내보겠습니다. 조심히 들어가세요.

▼▼▼

　해가 지면서 공원 놀이기구에서 무리를 지어 놀던 아이들도 삼삼오오 흩어져 어느덧 공원에는 아무도 남지 않았다. 히로는 선생이 남기고 간 긴팔원숭이 봉제인형을 가만히 보다가 주머니에 넣었다. 그리고 저녁을 해결하기 위해 료고쿠역 주변 식당가로 향했다.

두 번째 장

내가 세계를 바꾸거나,
세계를 바라보는 내가 바뀌거나

'올바름'의 기준을
남에게 맡기지 말 것

"확인 차원에서 여쭙겠는데 선생님께선 그리스에서 오신 거죠? 거기서 좀비에게 물려 이래저래 이천 년이 넘도록 철학 좀비로 사신다는 거잖아요."

히로는 차를 마시며 좀비 선생을 물끄러미 바라보다 물었다.

"뜬금없이 그건 왜 묻는 게냐?"

"'인간은 태어나면서부터 지식을 원한다'고 하셨잖아요. 그렇다면 선생님은 그리스인인가요? '좀비 선생' 말고 본명은 뭔가요? 본적은요? 직업은 있으셨나요?"

두 사람이 앉아 있는 곳은 츠키지의 북쪽에 있는 돈가스 전문점 '야베돈'이다. 좀비 선생님이 맛있는 돈가스를 먹고 싶다고 해서 히로의 휴일에 맞춰 방문했다.

"히로야. 너는 네가 두 살 때 어떻게 지냈는지 기억이 나느냐?"

"에이, 그런 걸 기억할 리 없잖아요. 이십 년도 넘게 지난 일이에요."

"마찬가지란다. 내게 이천 년 전 일을 떠올려보라는 것도 무리한 요구야. 이천오백 년이란, 이십 년을 125회나 되풀이한 시간인 게다. 만나고 헤어진 사람들을 모두 이 초라한 몸에 새기기에는 너무 긴 세월이지."

"그렇게 오랫동안 사람을 잡아드시며 살아, 아니 죽어 계셨던 것이군요. 그럼 지금까지 총 몇 명 정도나 잡수셨나요?"

"민감한 질문이구나. 너는 지금까지 먹은 돈가스의 갯수를 기억하느냐?"

"지금 그 말씀은 《죠죠의 기묘한 모험》에 나온 흡혈귀 디오의 대사를 베끼신 거죠? '너는 지금까지 먹은 빵의 수량을 기억하느냐?'였지 아마? 꼭 그런 사람이 있어요. 만화 명대사나 주워 읊으면서 멋진 말을 했다고 득의양양한 얼굴을 하는 사람들. 선생님, 정말 꼴불견이세요."

덥석!

"으악! 뭔가요!"

"안심하려무나. 여느 때처럼 살짝 깨물었단다."

"살짝 깨무는 것도 그만두세요! 좀비에게 팔을 물리는 건 시각적으로 충격이 너무 강해요! 체벌을 하시려거든 차라리 다른 걸로 해주세요."

"이천 년의 세월이 지났어도 잊히지 않는 기억도 있단다. 아고라를 시작으로 대륙 각지에서 함께 토론을 해왔던 철학 논객들과 그들의 사상, 내 철학 수업을 받았던 제자들⋯. 그 녀석들의 얼굴은 잊으려 해도 잊을 수 없지."

"대륙이라니, 혹시 중국이요?"

"지금처럼 세계지도가 만들어지지 않았던 시절 서방세계에서 '대륙'이란 유럽 본토를 의미했단다. 나는 대륙을 떠돌며 제자들을 키웠지."

"그럼 유럽에서는 선생님의 제자들이 창궐했겠네요?"

"내가 전염병도 아니고 창궐이란 표현은 좀 그렇구나. 그렇지, 삼 년 전 내가 아시아로 건너오려 대륙을 떠날 때 배웅을 나온 제자가 인간과 좀비를 합쳐 백 명은 넘었단다."

"그렇게나 많이! 근데 좀비를 셀 때 사람처럼 명名이란 단위를 써야 할까요, 아니면 시신을 셀 때 쓰는 구軀를 써야 할까요. 어쨌든 그 수많은 제자들이 말리지는 않았나요?"

"물론 만류했다. 하지만 그 녀석들은 이제 나의 가르침을 충분히 이해하고 스스로 철학을 할 수 있게 됐다. 나의 역할은 그것으로 끝난 거다. 노병은 죽지 않고, 다만 사라질 뿐이라지."

"죄송하지만 선생님께서는 애당초 돌아가셨잖아요."

"성불해서 사라진 것은 아니잖느냐."

대화가 한창 오가는 중에 식사가 나왔다. 두 사람 모두 된장 돈가스 정식이었다. 야베돈은 나고야를 본거지로 하는 된장 돈가스 전문점이기에 된장 돈가스 정식을 시키는 게 가장 무난한 선택이기도 했다.

"나왔구나, 나왔어. 사랑스러운 나의 돈가스! 아르바이트 신세라서 야베돈의 돈가스는 사실 사치예요…. 그래서 아주 가끔 된장 돈가스를 먹을 때마다 느끼는 행복감은 장난이 아니죠. 제게 행복이란 야베돈의 된장 돈가스 정식을 먹는 삶이에요."

"히로야, 새삼 나는 네가 참 안쓰럽구나."

"그런데 선생님께선 이런 음식을 드실 수 있나요?"

"사람 잡아먹으면서 돼지는 괜찮으냐는 거지? 그래, 네 말처럼 인육 말고는 식욕이 동하지 않는구나. 하지만 호쿠진보에서와 달리 도쿄에서 잡아먹을 사람을 조달하는 일은 무척 힘들단다. 그래서 돼지고기라면 어떻게 먹을 수 있지 않을까 하는 마음에 도전해보는 게다. 어디 보자, 그럼 한 입…."

좀비 선생은 능숙한 젓가락질로 돈가스 한 조각을 입에 넣었다. 그리고 잠시 우물거린 후 화장실로 뛰어갔다.

"선생님, 왜 그러세요?"

"콜록. 하아, 하아…. 역시 내 위는 사람만 받아들이는 것 같구나. 나는 뼛속까지 좀비인 게지."

"큰맘 먹고 샀는데, 이 맛있는 걸 왜 드시질 못하세요!"

"너는 스승이 구토를 하는데 걱정스럽다는 시늉도 하지 않고 그저 음식 남길 걱정만 하는 게냐. 걱정하지 말고 내 것까지 먹으려무나. 처음부터 내가 한턱 쏘려고 생각했었다."

"싫어요! 좀비가 남긴 밥을 누가 먹고 싶겠어요. 그리고 이렇게 맛있는 된장 돈가스 정식을 먹을 수 없다니 믿을 수가 없어요."

"넌 참 아무렇지도 않게 좀비 가슴에 못을 박는구나. 그럼 내가 이상하다는 게냐?"

"굳이 말씀드리자면 그렇죠. 된장 돈가스는 세계 최고의 요리니까요. 저는 대학에 입학해서 처음 된장 돈가스를 먹었을 때의 충격을 지금도 잊을 수 없어요. 전 세계 요리 중에서도 된장 돈가스가 톱 오브 톱, 가장 맛있는 음식일 게 분명합니다."

"네 말을 듣고 보니 나도 된장 사람이라면 어떻게 먹어볼 수 있을 것 같단 생각이 드는구나."

"그런 무시무시한 말씀을 아무렇지 않게 하지 마세요. 선생님 빼고는 누구라도 된장 돈가스가 맛있다고 할 거예요. 된장 돈가스 넘버원! 된장 돈가스 천하제일! 이것은 불변의 진리입니다. 된장 돈가스의 맛을 이해할 수 없는 사람과 철학을 논할 수는 없네요. 저는 그런 사람은 인정할 수 없습니다."

"너는 변함없이 멍청하구나."

"왜요!"

"어차피 나는 사람이 아니잖니. 이쯤에서 오늘의 수업을 시작하자구나."

좀비의 철학 수업 세 번째 1:

프로타고라스와 상대주의

좀비 히로야, 너는 누구나 된장 돈가스가 가장 맛있다고 할 거라는 주장을 하는데 그것이 정말 절대로 변하지 않는 사실이라고 생각하느냐?

히로 당연하죠. 저의 주장은 영구불변이에요!

선생 그럼 빌 게이츠도 된장 돈가스를 한입 물자마자 돼지가 기름 속에서 춤을 추는 환상이 눈 앞에 펼쳐질까?

히로 빌 게이츠? 사업가 빌 게이츠 말씀이시지요? 환경 보호를 위해서 정화된 똥물을 벌컥벌컥 마신다는 그 억만장자….

선생 너는 참 예를 들어도 그런 것만…. 그래. 그 빌 게이츠다.

히로 아니 그게, 그러니까 뭐냐. 그 정도 부자라면 다른 맛있는 것을 많이 알고 있을 테고, 요즘 들어선 된장보단 그 비슷하게 생긴 다른 것에 관심이 더 많으신 것 같아서 된장 돈가스에 그다지 매력을 느끼지 않을지도 모르겠네요.

선생 그 말은 네게 가장 맛있는 음식이 다른 사람에게도 가장 맛있는 음식이 아닐 수 있다는 거겠지?

히로 네, 아쉽지만 인정합니다.

선생 그럼 고수는 어떠냐? 너는 된장 돈가스와 마찬가지로 고수가 맛있다고 생각하느냐?

히로 설마요! 고수는 미식가인 척하는 사람들을 골리기 위해 개발된 식물인 게 분명하거든요. 면이나 수프에 조금 떠 있는 것만으로도 못 참겠어요.

선생 고수 향에서 고향의 맛을 느끼는 이들에게 실례되는 경솔한 발언이구나. 일본에도 고수가 들어가야 비로소 음식다워진 다고 하면서 일부러 고수를 찾아다니는 사람들이 제법 된단 다. 베트남 쌀국수를 자주 즐기다가 고수 특유의 향에 익숙 해진 경우도 많고 말이지.

히로 에이, 그거야 과장되게 가공한 텔레비전 방송에서나 볼 수 있는 극소수의 괴짜들인 거죠.

선생 그럼 다시 묻겠는데 고수는 맛있는 음식이냐? 아니면 맛없 는 음식이냐?

히로 드물게 맛있다고 느끼는 사람도 있는 맛없는 음식.

선생 카메라 앞에서 어물쩍 말을 흐리는 정치인도 아니고, 그런 궤변은 인정할 수 없구나.

히로 쩨쩨하세요.

선생 이미 알겠지만 '무엇을 맛있게 느끼는'지는 사람에 따라 다 르단다. 즉 '맛'에 불변의 기준이란 없다. 따라서 어떤 음식 도 모두에게 맛있을 순 없고, 누구에게나 공통되고 불변인 기준으로 맛있는지 맛없는지 그리고 얼마나 맛있는지를 평 가하는 것은 불가능하지.

히로 그렇다고 해도 그게 어떻다는 건가요?

선생 고대 그리스에 프로타고라스Protagoras라는 철학자가 있었다.

프로타고라스가 "인간은 만물의 척도다"라는 말을 남겼지.

히로 음, 척도라면 그걸 말씀하시는 거지요?

선생 히로야, 모르는 건 죄가 아니란다. 어설프게 아는 척할 필요 없다. 척도란 '자'를 가리킨단다. 사물의 사이즈를 잴 땐 자를 사용하지? 자는 그것 자체가 늘어나거나 줄어드는 것이 아니다. 사이즈의 기준인 자가 늘어나거나 줄어들면 사물을 정확히 잴 수 없기 때문이지.

히로 예, 자는 변화하면 안 되겠죠.

선생 그런데 <u>'인간'이라는 자는 개개인에 따라 눈금의 폭이 완전히 다르다.</u> 따라서 무언가를 잴 때에 사람의 감각이 기준이 되는 것, 이를테면 맛있다거나 덥다거나 높다거나 넓다거나 하는 등의 항목은 절대로 불변의 평가를 할 수 없다. 그것이 프로타고라스가 '인간은 만물의 척도다'라고 남긴 말에 담긴 의미란다.

히로 '맛있다'는 것이 사람에 따라 다른 것은 알겠어요. 하지만 높다거나 넓다거나 하는 것도 감각이 기준이 되나요?

선생 물론이란다. 가령 '신장이 몇 센티미터 이상이 되어야 큰 키인가'라는 질문에 대해서는 서로의 평균 체격이 다른 만큼 일본인의 기준과 미국인의 기준은 다르겠지. 네가 큰맘 먹고 사준 돈가스 정식 가격인 천 엔도 빌 게이츠에게는 푼돈조차 되지 않을 수도 있고 말이다.

히로 잠깐 울어도 될까요?

선생 울어서 해결된다고 생각한다면 그러려무나.

히로 하지만 춥고 더운 것을 구별하는 기준은 좀 다르지 않을까요? 온도계가 있잖아요. 온도계로 재면 정확하고 불변인 기온이 표시되잖아요.

선생 온도계로 재는 것은 '온도'지 더위나 추위가 아니잖느냐. 섭씨 22도를 덥다고 느끼거나 춥다고 느끼는 것은 사람에 따라 다르단다. 인간은 만물의 척도이며 더위의 척도, 추위의 척도이기도 하지. 마찬가지로 '무엇이 아름다운가?'에 대한 기준도 사람마다 제각각이고 '무엇이 행복인가?'의 기준도 사람마다 다를 테고 말이다.

히로 말씀하신 것처럼 미소녀 피규어를 보고 아름답다고 느끼는 사람이 있는가 하면 그렇지 않은 사람도 있고, 미소녀 피규어를 모으며 행복을 느끼는 사람이 있는가 하면 그렇지 않은 사람이 있죠. 인간은 제각각이니까요.

선생 이왕 드는 예라면 '미소녀 피규어'보단 '길가의 달맞이꽃'이 훨씬 고상할 것 같구나.

히로 어느 쪽 예가 더욱 와 닿는지도 느끼는 사람마다 제각각이잖아요.

선생 너는 평소에는 멍청하다가도 이럴 때에만 밉살스럽게 또박또박 말대꾸하는구나. 그러니까 모든 것에 절대적인 기준이 없다는 것은 사람마다 모두 제각각, 말하자면 <u>상대적</u>이라는 것이며 이처럼 '세상의 모든 기준은 상대적이다'라고 하는 사고방식을 <u>상대주의</u>라고 부른단다. 프로타고라스는 상대주의의 대표적인 철학자였지.

히로 그렇다면 이 세상에서는 상대주의가 올바른 사상이네요?

선생 그렇지는 않단다. '상대주의가 올바른 사상'이라고 단정할 수만도 없거든. '바르다'는 기준 또한 상대적이니까 말이다. 상대주의적으로 생각한다면 "상대주의가 올바른지 아닌지도 그것을 받아들이는 인간에 따라서 정해지는 상대적인 것이다"라는 것이 되겠지.

히로 이럴 줄 알았습니다. 철학자들이 왜 잠잠하나 했네요. 그냥 그 정도에서 '올바르다'라고 정하면 되잖아요. 상대주의가 올바르니까 비로소 상대주의조차 상대적으로 파악할 수 있는 거잖아요?

선생 아니란다. 상대주의를 주장할수록 더욱 '상대주의가 올바르다'라는 절대적 평가를 할 수 없게 되거든. 상대주의가 올바르다고 생각하면 할수록 '상대주의가 올바르다'라고 말해서는 안 되는 거란다.

히로 하여튼 철학자들은 다들 뱃속이 꼬였어요. 하다못해 '상대주의가 올바르다'라고 딱 부러지게 말할 정도의 용기는 가져야 하는 것 아닌가요?

선생 그렇게는 안 된다. '무엇이 올바른가?'만큼 그 중요성에 비해서 기준이 각양각색인 것은 없으니까.

좀비의 철학 수업 세 번째 2:

세상에 절대적인 기준이라는 것은 없다

히로 올바른 것의 기준은 세계 공통이잖아요. 예를 들어서 가만 있자…. 그래요, 테러! 무고한 사람들까지 끌어들여 사방을 비극으로 만드는 잔인한 사건을 일으킨 사람이나 집단은 누가 봐도 올바르지 않잖아요. 그거야말로 절대악이지요.

선생 과연 그럴까? 다른 사람들은 어떻게 생각하든 적어도 테러리스트 자신만큼은 스스로의 행동이 잘못되지 않았으며 정의를 위한 희생이라고 믿을 게다. 그것도 그냥 정의가 아니라 자신의 목숨까지 걸 만한 가치가 있는 절대적인 정의라고 말이다.

히로 그건 그 사람들이 일방적으로 생각하는 것뿐이잖아요. 전 세계의 기준으로 생각하면 테러만큼 민폐가 어디에 있나요? 테러야말로 악인 것은 더 논쟁할 거리도 되지 않아요.

선생 그 또한 네 일방적인 생각일 뿐이란다. "전 세계 기준으로 생각하면"이라고 하지만 현재 전 세계에서 그것을 정의라고 믿으며 테러에 몸을 던지는 자가 있는 한 절대적인 전 세계가 만장일치로 합의한 기준 따위는 없는 게다. 혹시 모르겠다. 절대자가 스스로의 존재를 세상 사람들에게 선명하게 드러낸 다음 정의의 기준을 세워 연말마다 《내년도 진짜 올바른 행동은 이것이다! 신이 선택한 올바른 일 대 나쁜 일 리스트

완전개정판》과 같은 책이라도 나온다면 모를까, 이런 절대적인 지표가 없는 한 선과 악의 판단은 개인과 조직 저마다의 주관적인 것일 수밖에 없는 게다. 즉 선악과 정의도 상대적이라고 할 수 있지.

히로 하지만 저만의 기준이 있어요! 다른 사람은 아닐지 몰라도 적어도 저는 선악에 대한 절대적인 기준이 있다고요. 그리고 언제나 바르다고 믿는 행동을 하면서 살아가려 해요. 앞으로도, 언제까지나 그런 모습으로 살아가려고 해요.

선생 그렇게 개개인이 자신의 기준에 따라서 행동하는 것이 말 그대로 상대적이라는 게다.

히로 아니, 아무리 그래도 역시 선악까지도 상대적이라는 것은 납득할 수 없네요. 악은 어떤 시점에서 보더라도 악이라고 생각하거든요.

선생 전에도 물은 적이 있는데 너는 좀비가 사람을 먹는 것이 나쁜 짓이라고 생각하는 게냐? 하지만 너는 돼지를 죽여 튀기기까지 해서 먹는 일을 나쁜 짓이라고는 생각하지 않겠지. 그 차이는 도대체 무엇일까?

히로 그거야 사람과 돼지는 다르니까요. 인간이라면 누구나 돼지를 죽여서 먹지만, 인간을 죽이는 것은 법률로 명확히 금지되어 있으니 안 되는 거죠.

선생 좀비 또한 누구나 인간을 먹고, 사람도 아니니 인간의 법률과도 관계없잖느냐?

히로 국가가 신분을 증명하지 않는다고 해서 사람이 아닌 건 아니잖아요. 이 사회에서 더불어 살아가는 한 사회 합의의 바탕이라고 할 수 있는 법은 존중해야죠.

선생 너답지 않게 제법 논리정연한 말이구나. 그럼 혹시 돼지가 인간과 더불어 살고 싶다면서 "돼지를 먹으면 안 된다"라는 돼지 세계의 법을 제안한다면 너희는 돼지를 안 먹을 게냐?

히로 이렇게 맛있는데 먹어야죠. 돼지 세계의 법이야 인간과 관계없잖아요.

선생 인간은 자주 "남기지 말고 맛있게 먹어주는 것을 구이가 된 생선도 좋아할 거야" 따위의 말을 하지. 프라이드치킨 가게 간판에는 자신의 다리를 들고 입맛을 다시는 닭이 그려져 있고 말이야. 그럼 너희가 좀비에게 먹힐 때 좀비가 너희에게 감사해하며 너희의 몸을 남기지 않고 맛있게 먹어주면 너희는 기뻐할까?

히로 그럴 리가 없죠. 아무리 감사를 받는다고 해도 결국은 먹히는 거고, 하나도 남기지 않고 먹는다고 하니 더욱 괘씸하네요. 하다못해 조금이라도 남겨서 장례식을 치를 수 있게 해줘야죠. 좀비는 음식에 대한 예의를 다하려고 하는 것이지만 식자재 입장에서는 감사를 받든, 예의를 차려주든 어떤 위안도 안 되잖아요.

선생 하지만 좀비의 마음가짐은 돼지와 소를 보며 품는 인간의 마음과 다를 바 없잖으냐?

^{히로} 무슨 말씀을 하시려는 건지는 알겠습니다. 하지만….

^{선생} 선악의 기준 또한 그런 것이다. 인간은, 생물은, 상대에게 아무리 잔혹한 행동을 하더라도 그것이 자신에게 선이라면 선인 게다. 그리고 인류의 역사를 살펴보면 서로의 목숨을 빼앗는 일은 대개 '선과 악'이 아니라 각자가 가진 '선과 선'의 대립에 의해서 일어났단다.

^{히로} 어려운 말씀이네요. 하지만 많은 것이 상대적이라는 것은 잘 알겠습니다.

^{선생} 이로써 상대주의를 이해했으리라 본다. 다음에는 철학사에서 상대주의의 역사를 살펴보도록 하자꾸나.

좀비의 철학 수업 세 번째 3:

일단 반대하고 본다! 소피스트의 등장

^{선생} 상대주의가 융성한 시기는 최초의 철학자 탈레스가 나타난 다음 약 백 년 정도 지나서란다. 프로타고라스도 활약한 기원전 5세기가 되겠지. 그 배경에는 고대 그리스의 민주주의가 있었다. 당시 민주주의 아래에서 정치가를 지망하는 사람은 인심을 얻기 위해 변론이 뛰어날 필요가 있었단다. 그 때문에 교사인 <u>소피스트</u>Sophist가 우대를 받았지.

^{히로} 소피스트라, 어쩐지 나른한 오후에 카페 구석에서 커피 한

잔을 음미하며 에세이를 즐겨 읽을 것 같은 사람의 이름 같네요.

선생 소피스트란 상대주의를 주창하는 변론술 지도자들이란다. 프로타고라스도 그 일원이었지. 정치적 토론의 장에서는 어떻게 상대 주장의 가치를 무너트리고 이쪽 의견의 정당성을 보여줄 수 있을지가 승리의 열쇠가 된단다. 상대가 '백'이라고 주장할 때 나도 "그렇군요. 저도 백이라고 생각합니다"라고 하면 토론이 안 되겠지?

히로 상관없잖아요? 모두가 백이라고 일치단결하면 백을 향해서 나아가면 되잖아요.

선생 정치 토론의 장은 정치가를 목표로 하는 자들의 전쟁터란다. 하나밖에 없는 의자에 자신이 앉아야 한다면 반드시 상대와는 다른 독자적인 정책을 제시해서 시민들에게 자신의 차별점을 설득해야 한단다. 그래서 상대가 "증세를 해서 살기 좋은 마을을 만들자"라고 주장하면 "시민을 괴롭히다니, 내가 당선되면 세금을 줄이겠다!"라고 반론해야지. 그런 식으로 토론할 때 상대주의는 무척 도움이 된단다.

히로 그건 상대주의라기보다 그냥 트집을 잡는 느낌이 드는데요. 정치가들도 철학자들만큼이나 속이 꼬였네요.

선생 솔직히 소피스트들이 이야기하던 상대주의에는 그런 측면도 있었단다. 상대주의가 고대 그리스에서 활발히 받아들여진 까닭은 진리를 배우기 위해서라기보다는 토론에서 이기기 위해서였으니까 말이다. 상대주의는 "결국 이 세계에 확실한 것은 아무것도 없다"라는 점에서 '회의주의'라고도 불리는데 그 사고방식은 일정 부분 세상의 본질을 꿰뚫고 있다고 할 수 있겠지.

히로 '프로타고라스가 활약한 시기는 기원전 5세기'와 같은 엄연한 사실 이외에는 절대적인 것은 없다는 것이군요.

선생 프로타고라스가 활약한 시기는 기원전 5세기라는 말 또한 충분히 상대적이지.

히로 네? 혹시 활약했는지 활약하지 않았는지가 상대적이라는 건가요?

선생 그것도 그렇지만 '기원전 5세기'라는 표현도 상대적이다.

히로 "웨이선머为什么?" 어째서요? 예수의 탄생을 기원으로 삼은 서력은 세계적으로도 기준이 되는 책력이잖아요?

선생 히로야, 아무렴 고대 그리스에 살던 프로타고라스가 "지금은 예수가 태어나기 오백 년 전이구나"라고 인식하면서 살아갔을까?

히로 그렇게 나오시다니, 비겁합니다.

선생 '기원전'이라는 것은 어디까지나 '기원후'의 인간이 바라보는 시점일 뿐이다. 기원전에 살았던 인간 중에 '나는 기원전을 살고 있다'라고 인식하던 사람은 한 명도 없었을 게야. 그러므로 '프로타고라스가 활약한 때가 기원전 5세기'라는 언사는 서력이 전 세계에 퍼진 오늘날 우리의 시점일 뿐이란다.

히로가 살아가는 올해도 미래의 달력으로 표시하면 '문명 전 780년'일지도 모르잖느냐?

히로 선생님, 지금 21세기예요. 구글에서 보낸 알파고가 한국의 이세돌 9단과 바둑으로 진검승부를 벌인 세상이라고요. 이만큼 과학이 발달했는데 문명 전일 리가 없잖아요.

선생 너와 같은 이야기를 오십 년 전 인간도 생각했고, 오백 년 전 인간도 생각했으며 이천 년 전 인간도 생각했단다. 언제나 그 시대의 '지금'은 역사상 가장 최첨단일 테니까.

히로 별수 없네요. 기원전의 여러분. 멋대로 기원전이라고 해서 죄송합니다.

선생 그거다. 그 겸허한 마음을 잊어서는 안 된다.

▼▼▼

대화가 한창 무르익어갈 때 점원이 다가왔다.

"손님. 죄송하지만 식사를 기다리는 다른 손님들이 계셔서요."

난처하다는 표정으로 말하고 있었지만 결국은 자리를 비워달라는 요구였다. 좀비 선생은 히로에게 눈짓을 하며 "히로, 반론해라! 상대주의다"라고 속삭였다. 스승의 뜻을 이해한 제자 히로는 고개를 힘껏 끄덕이고는 반론을 시작했다.

"물론 당신의 말에도 일리는 있습니다. 하지만 누군가 한 자리에 오래 있었는지 아닌지는 어디까지나 상대적인 생각일 뿐이지요. 가게 입장에서 보면 저희가 오래 죽치고 있었을지 몰라도 손님 입장에서는 그게 아닐지도 모르잖아요. 이런 것이 말 그대로 상대적 감각이라는 겁니다. 무슨 말인지 이해하셨나요? 상.대.적.이.라.고.요. 그럼에도 불구하고 우리에게 자신만의 일방적인 해석을 강요하는 것은 사람을 상대하는 업종에 어울리지 않는 태도라고 생각하지 않으신지요. 상대주의를 이해하지 못한 주관적인 사고방식이란 말이죠. 그러니까 정중하게 제안을 하나 드리겠습니다. 철학 공부를 권유하… 아욱!"

말이 끝나기 전에 둘은 가게에서 쫓겨났다.

알지 못한다는 것을 알아야
성장하고 변화할 수 있다

히로는 두 눈을 의심했다.

눈앞에 앉아 있는 존재는 분명히 좀비다. 빛이 사라진 동공, 검푸르게 변색한 피부, 썩어서 짓무른 몸은 곳곳이 손상되있으며 벌어진 상처 사이로는 뼈가 보였다. "우우우, 크아아아" 따위의 신음을 흘리며 발을 질질 끄는 그 생물, 아니 그 사체, 조금 더 정중한 표현으로 그 시신은 제트욕조에 도착하자 천천히 욕조에 몸을 담갔다.

여기는 '오오에도 온천일기'라는 공중목욕탕이다. 고토江東구에 있는 온천 목욕탕으로 히로가 단골로 다니는 곳이다. 하지만 이 날 온천에는 평소처럼 욕조 속에서 방귀를 뿡뿡 뀌며 노래 한가락 뽑는 할아버지가 아니라 좀비가 앉아 있었다. 몸을 씻던 히로는 좀비를 보곤 그 자리에서 벌떡 일어섰다.

그러자 뒤에서 좀비를 쫓는 목소리가 들렸다.

"멋대로 돌아다니지 말거라. 내게서 떨어지지 말라고 몇 번이나 말했잖느냐."

"앗! 선생님?"

히로의 부름에 낯익은 좀비가 돌아보았다.

"응? 히로구나! 이런 곳에서 다 만나다니, 우연도 이런 우연이 있나."

"선생님이 여기 계시다는 것은…, 역시 저 앞에 있는 뭔가는 좀비죠? 철학 좀비가 아닌 말 그대로 좀비! 어째서 오오에도 온천일기에 좀비가?"

"모처럼 만났으니 우리도 제트욕조에 들어가서 천천히 이야기하자꾸나."

원형 제트욕조에 좀비 콤비와 히로가 어깨까지 몸을 담그자 좁은 공간은 그것만으로 꽉 찼다.

"우어어어, 크르르…."

"실례입니다만 이 좀비는 뉘신지?"

히로는 자신의 맨살이 좀비와 닿지 않도록 거리를 벌리며 좀비 선생에게 물었다.

"이 녀석과는 도쿄에 와서 알게 되었단다. 편하게 '좀지로'라고 부르려무나. 뼈가 부서져라 열심히 살기에 가끔 목욕이라도 하면서 쉴 수 있도록 해주려고 데리고 왔단다."

"선생님 말고 좀비가 도쿄에 더 있다고요? 그리고 드러난 뼈가 바스러질 정도의 일은 또 뭔가요."

"잠깐 어떤 일을 돕게 됐다. 이 녀석은 이돌라의 숨결을 내쉬지 못해서 철학 좀비가 없으면 외출할 수가 없어. 그리고 일할 때는 나도 일부러 숨결을 멈추고 이 녀석의 모습을 그대로 보여주지."

"선생님답지 않게 말씀을 흐리시네요. 그러니까 어떤 일이란 게 뭔데요? 혹시 식량 조달⋯. 선생님은 사람을 죽이지 않는다고 하셨으니까 대신 그런 지저분한 일을 좀지로 씨에게 시키는, 비열한 범죄조직의 보스가 순진하고 머리 나쁜 말단에게 살인 청부를 맡기는 식의 일은 아니겠죠?"

"새삼 느끼는 거지만 너의 맥락 없는 상상력에는 삼천 년 가까이 지냈음에도 놀라게 된단다. 당연히 그럴 리 없지. 나는 공공장소에서는 인간을 습격하면 안 된다고 좀지로에게 단단히 가르쳐줄 정도란다."

"공공장소가 아니라도 인간을 습격하지 말라고 가르쳐주셔야지요! 잠깐, 그럼 선생님께선 좀지로 씨와 의사소통할 수 있다는 거네요. 보통 좀비는 사고능력이 없잖아요, 도대체 어떻게요?"

"좀비라고 해서 전혀 생각이 없는 것은 아니란다. 좀비물 영화에서 좀비들이 쇼핑몰이니 하는 곳에 곧잘 모여들지? 실제로도 그렇단다. 그건 그들이 생전에 쇼핑몰을 다니던 습관을 죽은 후에도 기억하기 때문이란다. 특히 좀비가 된 지 얼마 안 된 무리는 아직 지능이 남아 있어서 살아 있을 때의 습성이 나오는 경향이 있거든. 아마 일주일 정도 전의 일이었지? 먹방(식사하는 모습을 보여주는 인터넷 방송 콘텐츠를 가리키는 신조어) 유튜버인 젊은 여성이 좀비가 됐는데 그만 저녁식사로 사람을 걸신들린 듯이 먹고선 습관처럼 그 모습을 영상으로 찍어 유튜브에 올리는 바람에 큰 소동이 벌어지기도 했단다."

"요즘 흔하게 볼 수 있지요. 음식이 나오면 일단 사진부터 찍고 자신이 무엇을 먹었는지를 인터넷에 증거로 남겨야 직성이 풀리는 사람들. 토할 때까지 먹는 것으로 관심을 받고, 또 그런 모습을 보면서 대리만족하는 사람들. 좀비가 되어서도 그런 욕망은 여전했나 보네요. 그래서 어떻게 처리됐나요?"

"다행히 우리 쪽에서 대응하기 전에 먼저 계정이 정지되어서 널리 퍼지지는 않았단다."

"역시 누구 말씀처럼 SNS는 인생의 낭비네요. 아니, 이건 좀생이라고 해야 하나."

"어쨌든 보통 좀비에도 동종 간에 의사가 통하는 정도로 최소한의 지능은 남아 있단다. 이렇게 기분 좋게 욕조에 몸을 담그고 있는 것을 보니 좀지로는 생전에 온천을 좋아했던 것 같구나."

"좀비도 사람이었으니까…. 그런데 자꾸 이야기를 돌리시는데 말씀하신 일이라는 게 도대체 뭔가요?"

"그리 서두르지 마라. 모처럼 제트욕조에 들어왔으니 거품을 충분히 맛보자꾸나. 후우, 기분 참 좋구나."

"선생님, 그리스에서 오셨다면서 욕탕에서 무슨 노래를 그렇게 구성지게 부르세요. 그런데 제트욕조치고는 제트거품이 조금 약하지 않은가요? 어디 보자, 이걸로 조절할 수 있네요."

히로는 쉴 새 없이 말을 이어가면서 욕조 바깥쪽에 있는 조작 패널에 손을 뻗었다.

"역시 '약함'으로 되어 있네요."

"히로야, 직원에게 말도 없이 시설을 그렇게 맘대로 조작해도 되는 거냐."

"괜찮아요, 저는 손님이고 손님은 왕이죠. 화살표를 상향으로 최대한 누르면… 좋아, '최강'이 됐어요."

히로의 조작으로 제트욕조는 모처럼 최고의 기량을 발휘했다. 바닥과 좌우 분사구에서 거품과 함께 뜨거운 물이 맹렬한 기세로 튀어나오면서 물기둥이 격렬하게 솟아올랐다.

"어, 시원하다, 마사지 효과가 최고네요! 선생님 어떠세요? 콧노래가 절로 나오시죠? 좀지로 씨는 어떠세요? 마음에 드세… 좀지로 씨? 좀지로!"

몸과 마음이 시원해진 것은 잠깐이었다. 그때까지 투명했던 물기둥이 조금씩 흐려지더니 욕조가 늪처럼 거무칙칙하게 물들었다. 제트의 수압을 견디지 못한 좀지로의 몸이 가늘게 찢어져서 썩은 살조각들이 욕조 사방으로 튀어 흩어진 것이었다.

"우엑! 이게 뭐예요, 좀지로 씨. 아무리 기분이 좋다고 해서 그렇게 몸이 흐물흐물해지면 어떻게 해요! 민폐라고요!"

"그렇게 경우가 바른 녀석이 왜 직원도 아니면서 멋대로 수압

강도를 바꾼 게냐?"

"할 말 없네요. 제가 책임지고 좀지로 씨의 살들을 주워 되돌려 놓겠습니다…. 하지만 물부터 갈아야겠죠. 목욕탕에는 뭐라고 알려야 할지 막막하네요."

"네가 허튼짓했다고 솔직하게 얘기하고 변상해야지. 다른 방법은 없다. 돈은 내가 줄 테니 사과하고 오너라."

"예…"

히로는 욕조에서 나와 마지못해 탈의실로 향했으나 도중에 바닥에 튄 좀지로 씨의 조각을 밟고 넘어지면서 그대로 정신을 잃었다.

좀비의 철학 수업 네 번째 1:

소크라테스와 무지의 지

선생 몸은 좀 어떠냐. 괜찮으냐?

히로 흑흑, 정말 수치스러워요. 알몸 상태로 목욕탕 직원 분에게 안겨서 간호를 받고 거기다가 제트욕조에 오줌을 쌌다고 사과까지 했잖아요!

선생 충고를 듣지 않은 네 잘못이지. 다행히 출입금지는 당하지 않았으니 여기서 철학 수업을 하자꾸나. 노천탕이라서 분위기도 좋구나.

히로 선생님, 저 환자라고요. 그것도 오줌싸개라는 억울한 누명을 쓰고 발가벗겨진 채 답답함과 모멸감에 몸을 떠는 가련한 미소년 환자….

선생 저번에는 "세상의 모든 것은 상대적이다"라는 상대주의를 배웠지?

히로 제 하소연이 무시당한 것 같지만, 프로타고라스였죠. 이렇게 목욕탕에서 알몸이 되는 것이 아무렇지 않은 사람이 있는가 하면 창피하다고 느끼는 사람도 있다. 모든 것은 상대적이며 '인간은 만물의 척도다'였죠.

선생 그래, 하지만 정말로 모든 것이 상대적이면 되는 걸까? 세계의 모든 것이 '사람 나름'이면 좋은 것일까?

히로 그것이 좋다는 이야기를 저번 수업에서 하셨잖아요?

선생 철학의 역사는 곧 지양의 역사이기도 하단다. 히로야, 한번 생각해보자. 모두가 자신만의 가치판단에 따라서 행동한다면 사회 질서는 어떻게 될까? 이 목욕탕으로 예를 들어볼까? 일본에는 다양한 목욕 문화가 있지? 유자를 띄우는 사람도 있고, 창포니 생강이니 하는 것을 넣는 사람도 있다. 사치스럽지만 우유나 와인으로 목욕물을 채우는 경우도 있지. 목욕의 취향은 사람 나름이고 상대적이니까 무엇을 넣든 자유다. 그런데 공공장소인 목욕탕에서 몇 사람이 자신의 취향을 강요한다면 어떻게 될까? 그런 사람 몇몇이 자신이 건강에 좋다고 믿는 것들을 멋대로 가지고 와서 풀어 넣는다면, 욕조 하나 안에 유자와 창포, 생강과 고추, 장미와 우유, 사케와 와인이 한꺼번에 섞인다면 최고의 목욕탕이 될까?

히로 그런 탕은 말 그대로 잡탕이죠.

선생 그래. 각각은 좋을 수 있어도 그것이 질서 없이 모이면 아까 네가 만든 좀지로탕과 큰 차이 없는 혼돈의 욕탕이 되겠지.

히로 좀지로탕이라고 하시니 차라리 그 혼돈의 탕에 고기까지 넣어서 잘 끓이면 맛있을 것 같긴 하네요.

선생 지로야, 아직은 사람을 포기하지 말자꾸나. 하이데거는 "현존재는 항상 다른 존재자와 관계성 안에 있다"라고 했다. 쉽게 풀자면 인간은 혼자서 살아가는 동물이 아니라는 거지. 인간은 태어나면서부터 사회적 동물이란다. 사회가 있는 이상 무엇이든 상대적이라고 이해하고 넘어갈 수는 없지. 특히 개인의 가치관을 지키는 것이 다른 사람에게 영향을 주는, 이를테면 윤리와 예절에 관해서는 말이다.

히로 그럼 저번 수업은 무엇이었나요? 상대주의를 강하게 주장하셨잖아요.

선생 지로야, 다시 말하지만 철학의 역사는 **철학을 부정하는 역사**이기도 하단다. 어떤 사상가가 학설을 세우면 다음의 철학자는 그것을 부정하며 다른 학설을 주장한다. 모든 것을 부정할 수도 있고 반은 부정하고 반은 받아들여서 새로운 사상으로 발전시킬 수도 있지. 철학뿐 아니라 인간의 역사라는 것은 애당초 그렇게 만들어져 온 것이란다.

히로 그러니까 인간의 역사란 부정의 반복이란 말씀이신가요?

선생 일본의 역사만 봐도 그렇잖니. 다이라씨平氏의 역사가 미나모토씨源氏에 의해서 부정당하고, 미나모토의 가마쿠라鎌倉 막부는 아시카가足利 가문의 무로마치 막부에 의해서 부정당하고 무로마치 막부는 오다 노부나가織田信長에 의해서 부정당하고, 센고쿠戰國시대는 에도 막부에 의해서 부정당하고, 에도江戸 막부는 메이지유신明治維新에 의해 부정당하는 식으로 오늘날에 이르기까지 항상 기존의 것을 새로운 것이 부정했으며 이런 부정이 되풀이되면서 역사는 앞으로 나아갔다.

히로 선생님께선 그리스인이면서 AKB부터 일본의 역사까지 어떻게 그렇게 잘 아세요? 저보다 많이 알고 계신 것 같은데요.

선생 덴쇼 소년사절단(1585년 일본 규슈의 크리스천 다이묘들이 조정을 대신해 교황을 알현하기 위해 파견한 기독교 사절단)을 통해 일본이라는 나라를 알게 된 다음 꾸준하게 일본어와 일본사를 공부했으니 네 나이보다 훨씬 길게 일본에 대해 공부한 셈이구나. 호쿠진보의 숲속에 있는 동안에는 현대문학도 연구하며 철학 수업을 일본 실정에 맞게 다듬으려고도 했었지.

히로 선생님 말씀을 듣다 보니까 한 가지 의문이 생기는데요. 새로운 사상이 이전의 사상을 부정했다면 부정된 사상은 배우지 않아도 괜찮지 않나요? 이미 부정됐으니까요.

선생 히로야, 너는 메이지유신으로 인해 부정됐으니 에도시대는 역사에서 필요 없다고 생각하는 게냐? CD로 인해 부정됐으니 레코드는 없어도 된다고 할 수 있느냐?

히로 그렇진 않죠. 에도시대가 있었으니까 메이지유신도 있는 거니까요.

선생 그렇단다. 과거는 구차하고 불필요한 과정이라고 느낄 수도 있지만, 과거가 없으면 현재도 없단다. 모든 존재에는 맥락이 있는 법이란다. 과거를 거쳐 현재에 도달한 것이므로 현재와 마찬가지로 과거도 소중한 것이다. 그래서 과거를 배우지 않으면 현재를 알 수 없는 것이지.

히로 제가 생각이 짧았네요. 하지만 상대주의 같은 건 지금도 충분히 설득력이 있다고 느껴져요. 그런데도 나중에 철학자에게 부정당하는 건가요?

선생 소피스트가 상대주의를 퍼트린 탓에 고대 그리스에서는 '윤리의 붕괴'가 일어나고 말았거든. 모두가 다른 사람을 생각하지 않고 자신의 가치관만을 주장하며 제멋대로 살았으니까 말이다.

히로 그건 지금 세상에도 딱 들어맞는 이야기인데요. 길에서 피우는 담배나 불법주차, 점원에게 갑질하는 불량고객, 그리고 "집값 떨어지니 요양시설을 우리 동네에 세우지 마라" 따위의 주장 등 모두 자신만의 가치관으로 멋대로 행동하죠.

선생 그렇기에 사회의 조화를 위해서 공통의 규범이 필요한 게다. 모두가 각자 좋아하는 노래를 부르면 단순한 잡음이겠지만, 지휘자가 그것을 정리해서 가야 할 길을 알려주면 아름다운

합창이 되겠지? 마찬가지로 인간 사회에도 지휘자와 같은 역할을 담당하는, 모두가 따라야 할 '보편적인 선과 미덕'이 있을 것이라고 주장한 철학자가 있었다. 그가 바로 소크라테스Socrates다.

좀비의 철학 수업 네 번째 2:
소크라테스는 아무것도 말하지 않았다?

히로 소크라테스! 저도 들어본 적이 있어요. "너 자신을 알라!"

선생 히로야, 대학까지 나왔으면서 소크라테스를 들어봤다고 의기양양해하니 보는 내가 다 민망하구나. 소크라테스는 기원전 469년 무렵에 태어났으므로, 말 그대로 상대주의가 고대 그리스를 석권하고 윤리가 붕괴하는 모습을 목격했단다. 그는 '이대로는 안 된다. 인간의 삶은 결코 제멋대로여서 좋을 것이 없으며 우리에게는 공통되고 보편적인 규범이 있을 것이다'라고 생각해서 소피스트에게 정면으로 맞섰지.

히로 멋진데요! 그럼 소크라테스는 책을 써서 자신의 사상을 전파했나요?

선생 아니다. 소크라테스는 스스로 저서를 남기지 않았다. 그러나 제자인 플라톤이 스승의 언행을 기록했기에 우리는 플라톤의 책으로 소크라테스의 사상을 알 수 있단다.

히로 공자나 붓다처럼 말이지요?

선생 소크라테스는 특히 윤리적인 문제에 관해서 상대주의를 부정했단다. 인간은 제멋대로 사는 것이 아니라, 불변이며 공통적인 '선善'을 목표로 살아야 한다고 주장한 게지. 그리고 이런 공통의 선을 명확히 하려고 전력을 기울였다.

히로 그건 저도 찬성이에요. 모두에게 공통적인 선의 기준이 있으면 분쟁이 없어질 것 같거든요. 우리는 우주를 표류하는 지구라는 우주선의 승무원이에요. 다 함께 살아 있음을 노래하려면 지휘자가 필요하지요.

선생 너도 꽤 멋있는 말을 하게 되었구나.

히로 부끄럽습니다. 그래서 소크라테스가 찾은 '선', 그러니까 지구호의 승무원을 지휘해줄 공통의 선이란 무엇인가요?

선생 소크라테스는 인간에게 가장 중요한 것은 '선하게 사는 것'이며 또한 '혼을 선하게 하는 것'이라고 생각했단다. 그것이야말로 인간의 궁극적인 목적이라고 본 게지.

히로 그건 알겠어요. 그러니까 그 '선'이라는 게 구체적으로 무엇인가요? 그것이 알고 싶습니다!

선생 지로야, 소크라테스는 "좋은 집을 아는 목수는 좋은 집을 지을 수 있는 것처럼 선을 알고 있는 인간이야말로 선하게 살 수 있다"라고 했단다. 무엇이 선인지를 알지 못하고 선을 행할 수는 없어. 그렇지?

히로 옳은 말씀이세요! 그래서 그 소크라테스가 도달했다는 '선'

이란 게 무엇인가요?

선생 그게 그러니까 말이지. 흠.

히로 ….

선생 소크라테스는 선이란 구체적으로 무엇인지를, 결국 찾지 못했단다.

히로 내 그럴 줄 알았습니다. 하여튼 철학자들이란 어쩔 수 없네요.

선생 그렇기에 철학은 아직 철학이겠지? '선'과 '정의'에 관해 명확한 답변을 내놓을 수 있는 방정식 같은 것을 찾았다면 이미 철학은 철학이 아니게 되었을 게다. 과거에는 철학이었다가 철학에서 갈려져 나간 다른 학문들처럼 말이다.

히로 앗, 그러고 보니 확실한 학문은 철학에서 독립해 나갔네요?

히로 소크라테스는 '무엇이 선인가?'에 대한 명확한 답은 찾지 못했지만 그 대신 대단한 답 하나를 발견했단다.

히로 뭐야, 역시 대단한 답이 있었잖아요!

선생 소크라테스가 발견한 답이란……

히로 오디션 방송에서 탈락자를 공개하는 것도 아니잖아요. 뜸 들이지 마시고 빨리 말씀해주세요.

선생 "결국 자신은 아무것도 모른다"라는 것이다.

히로 내 그럴 줄 알았습니다. 하여튼 철학자들이란 정말이지 어쩔 수 없다니까요.

선생 지로 이 멍청한 녀석! 모든 사유에서 중요한 것은 결론 자체보다 도달하기까지의 과정에 있단다.

공자가 말했다.

"아는 것을 안다고 하고

모르는 것을 모른다고 하는 것이

바로 아는 것이다."

子曰 由 誨汝知之乎 知之爲知之 不知爲不知 是知也
(자왈 유 회여지지호 지지위지지 부지위부지 시지야)

《논어》〈위정편〉중에서

모른다는 것을 안다는 것이 앎의 시작이다

선생 소크라테스는 선과 정의 또는 용기와 아름다움이 어떤 것인
지 알기 위해 그리스에서 살고 있는 현인이란 사람들을 찾
아 질문하며 돌아다녔다지. 그런데 현인들은 "그런 것도 모
르느냐? 어리석은 자. 내가 가르쳐 줄 테니 감사히 들어라!"
라며 거만한 태도로 맞이했지만 누구 하나 소크라테스가
납득할 만한 보편적인 선과 정의의 기준을 제시하지 못했다
고 하는구나.

히로 젠체하면서 정작 답은 주지 못했군요.

선생 그래서 소크라테스는 스스로가 선과 정의에 관해서 아무것
도 모른다, 무지하다는 것을 인정했단다. 다만 '자신은 모르
는 것이 없다'라고 착각하곤 긴방진 태도로 뻐길 뿐 사실은
무지한 현인들과 달리, 자신은 적어도 '자신이 무지하다는
것을 알고 있다'고 했다. 그리고 이와 같이 '자신이 무지하다'
라는 자각인 무지無知의 지知야말로 인간에게 소중하다는 것
을 깨달을 수 있게 한다고 주장했단다.

히로 '무지의 지'가 소크라테스가 찾은 답이었군요.

선생 그래, 모든 것은 무지의 지에서 시작된다. 이것이야말로 우리
가 명심해야 할 말이란다.

히로 자신이 무지하다는 것을 깨닫는 것이 어째서 그렇게 중요한

가요?

선생 소크라테스와 문답을 주고받은 현인들은 스스로 '자신은 모든 것을 안다'고 착각하고 있기에 새로운 것을 알려는 욕구, 탐구심, 진리를 구하는 자세를 잃어버렸다. 그렇게 교만한 인간은 더는 성장할 수 없는 법이야. 상대가 사람이건 자연이건 '나는 아직 아는 것이 없다'라는 겸허함이 있어야 "가르쳐 주십시오"라고 솔직히 고개를 숙일 수 있는 게지. 저쪽에 빈 욕조가 있는 것이 보이지?

히로 아까 사용한 제트욕조네요. 좀지로 씨한테 새삼 미안할 따름입니다.

선생 저 욕조가 지식을 담는 그릇이라고 생각해보자꾸나. 네가 저 욕조의 주인으로서 '욕조가 비었다'는 자각이 있다면 여기에 무엇을 넣을까? 이것도 넣고 싶고 저것도 넣고 싶다며 진취적으로 생각하겠지? 하지만 비어 있음에도 그것을 깨닫지 못하고 '가득 찼다'고 고집을 피우면 어차피 더는 안 들어갈 것이라며 지식을 원하지 않을 게다. 무지의 지는 자기 안에 있는 지식의 욕조가 항상 비었다는 사실을 자각하는 것이란다.

히로 하지만 실제로 욕조가 가득 찬 경우도 있지 않을까요. 그럼 물이나 지식을 더 넣어도 흘러넘칠 테니 소용없잖아요. 마찬가지로 현인은 자기 안의 지식의 욕조가 진짜 가득 차 있다는 것을 알았기에 지식을 더 원하지 않았을 수도 있죠.

선생 그렇다면 그 사람은 불쌍하게도 자신의 '지식을 넣는 그릇' 이 저 제트욕조나 라면 그릇 정도로 작다고 착각하는 게지.

히로 욕탕도 좁은가요? 그럼 인간이 지식을 담을 수 있는 그릇의 용량은 얼마나 되나요?

선생 바다란다.

히로 욕탕에서 수영장도 아니고 갑자기 바다라고 하시니까 좀 당황스럽네요.

선생 지로야, 인간은 모두 바다만큼의 그릇을 가졌으며 또한 인간이 '알 수 있는 것'도 바다만큼 많단다. 하지만 평생 그곳에 넣을 수 있는 지식의 양은 밥그릇 정도일지도 모르고 제트욕조 정도일지도 모르고 수영장 정도일지도 모르지. 다만 평생 지식을 부지런히 넣어도 바다를 메울 수 없다는 것만은 틀림없다. 우리가 무지하지 않을 때란 존재하지 않는단다. 우리는 영원히 무시해. 아무리 채워넣어도 여전히 모르는 게 많으니까 말이다. 하지만 그것을 자각한 인간이야말로 지식에 대한 욕구를 가지며 계속 성장할 수 있는 게다.

히로 "하오꾸씨好故事!" 대단해요, 선생님. 뭔가 감동적이네요. 빈말이 아니라 전 정말 감동했어요. 이제부터 진심으로 소크라테스를 존경하겠습니다.

선생 그 마음을 바탕으로 나도 좀 칭찬해주면 안 되겠니?

히로 저는 지금까지 자신이 바보라는 자각이 없었는데 앞으로는 평생 그렇게 생각하기로 했어요! 머리가 텅 비어야 꿈을 채울 수 있으니까요!

선생 그렇지. 스스로의 그릇을 깨닫고 진리 앞에 겸허해진다면 무슨 일이 일어나도 쉽게 헤쳐나갈 수 있을 것이다!

히로 맞습니다!

선생 그런데 물속에 너무 오래 앉아 있어서 그런지 목이 타구나. 휴게실로 자리를 옮겨서 맥주라도 마셔야겠다.

히로 목욕 후에 맥주라니 아저씨 같네요. 저는 청춘이니까 맥주 대신 멜론 크림소다 한 잔을⋯.

선생 그래, 어쨌든 휴게실에 가서 제2라운드다!

히로 수업은 여기서 아름답게 끝나는 게 아니었나요.

나 이외의 존재는
모두 좀비일지도 모른다

좀비의 철학 수업 다섯 번째 1:

생각하는 대로 사는 것과 사는 대로 생각하는 것

선생 크! 역시 목욕 후의 맥주란! 이것을 위해서 죽어서도 걸어
다니는 게지!

히로 돈가스는 못 드시더니 술은 잘도 드시네요.

선생 알콜은 특별하지 않느냐. 신문을 깔았으니 좀지로 너도 여
기 오려무나.

히로 좀지로 씨, 앉을 때 조심해주세요. 바닥에 좀비 얼룩이 묻으
면 잘 안 지워지거든요. 참 이런 말 드리기도 죄송해요. 저
때문에 뼈가 반 이상 드러나 버린 거니…

선생 그렇게 신경 쓸 필요 없다. 이 정도로 요괴에 근접한 좀비도 귀하니까. 앞으로 이 녀석은 좋은 역할을 받을 수 있을 게다.

히로 좋은 역할이라니요?

선생 아까 이야기하다 말았던 좀지로의 직업이란다. 너도 드라마 〈워킹데드〉를 봤지? 좀지로는 시즌2와 시즌3에 출연했단다. 이 정도면 나름 성공한 게지.

히로 해외에까지 진출하다니 대단하네요. 그래서 무슨 역을 맡은 건데요?

선생 당연히 좀비 역할이지. 이 녀석이 좀비 말고 무슨 역할을 할 수 있겠느냐.

히로 그럼 그 드라마에 나온 좀비는 진짜 좀비였다는 건가요?

선생 예전에는 특수분장을 한 배우가 좀비 연기를 했다고 하는데 지금처럼 고화질 텔레비전이 보급된 세상에선 아무래도 허술해 보이지 않겠느냐. 그래서 지금은 작품 대부분에서 진짜를 캐스팅하고 있더구나.

히로 가상이 그럴듯해질수록 역설적으로 진짜를 원하게 되는군요. 그렇다면 모두 몸을 사리지 않는 연기를 하는 거네요. 얼굴에 나이프가 꽂힐 때도 있던데….

선생 그래서 프로의식이 투철한 연기자를 파견하는 게 우리 캐스팅 회사의 역할이란다. "영상뿐 아니라 삽화나 디자인모델, 게임용 모션캡처 담당 등 다종다양한 곳에서 원하는 맞춤형 좀비를 파견합니다. 가벼운 마음으로 저희 좀비 통신 캐스팅&엔터테인먼트로 연락해주세요."

히로 "명함 잘 받았습니다." 흠, '좀비 통신 캐스팅&엔터테인먼트 연수부장 겸 캐스팅 담당'이시군요. 선생님, 언제 이런 곳에 취업하셨나요? 게다가 직책은 왜 이렇게 주말드라마 주인공처럼 요란해요.

선생 인간과 좀비를 불문하고 나의 제자가 전 세계에 퍼져 있으니까. 머리 수술을 해준 이도 제자였단다. 그 외에도 내가 도쿄에서 의식주를 해결할 수 있도록 제자들이 많은 도움을 주고 있단다.

히로 식사까지요? 숲을 나온 다음 어떻게 식량을 조달할지 걱정했는데…. 도쿄에서 제자들과 무슨 음모를 꾸민 거예요!

선생 일본에서 자살이 빈번한 곳은 깊은 숲속만이 아니란다. 죽는 사람이 많다는 것은 그만큼 인구가 많다는 것을 전제로 하겠지? 그리고 도쿄는 일본에서 가장 많은 인구를 자랑하는 대도시이고 말이다.

히로 그건 분명히 그렇죠.

선생 뭐, 그렇다는 게다.

히로 뭐가 그렇다는 건데요? 말씀을 왜 얼렁뚱땅 흐리세요.

선생 정말 너는 눈치가 없구나. 네가 충격을 받지 않도록 일부러 완곡하게 말하고 있잖느냐.

히로 알아들었지만 알고 싶지 않아서요. 어쨌든 여기저기 인맥이 있어서 도쿄에서도 무사히 지내실 수 있는 거군요.

선생 그건 그렇고 좀지로를 보렴.

히로 예? 변함없이 멍하니 앉아 있는데 무슨 문제라도 있나요?

선생 너는 좀지로에게 '마음이 있다'고 생각하느냐?

히로 그런 질문은 대답하기 힘드네요. 인간이 보기에는 아무 생각 없다고 할까, 마음이 없는 것처럼 느껴지기는 하지만요.

선생 그럼 좀비에게 '마음이 없다'고 하는 게냐?

히로 선생님처럼 철학 좀비가 아닌 보통 좀비에게는 없지 않을까요. 그런데 여기서 '마음'이란 어떤 건가요?

선생 사고나 감정? 일단 네가 마음이라고 상상하는 것이라도 문제없다.

히로 "메이요_{没有}." 그럼 좀비에게는 마음이 없어요. 좀지로 씨에게도 희로애락은 없는 것 같아요.

선생 어째서일까, 이 녀석도 기뻐하거나 슬퍼할지도 모르잖느냐?

히로 그렇지만 지금도 몸의 반이 뼈가 됐는데도 전혀 괴로워 보이지 않잖아요. 희로애락이 있는 인간이라면 자신의 몸이 이렇게 되었는데 슬퍼하지 않겠어요? 아니, 슬퍼할 겨를도 없이 아예 목숨을 잃었겠지요.

선생 좀지로와 같은 보통 좀비에게는 마음이 없다고 하자. 그럼 사람인 너에게는 '마음이 있다'고 생각하면 되는 게냐?

히로 예. 저는 분명히 마음이 있어요. 이렇게 감정이 풍부한 인간도 많이 없을 걸요?

선생 '좀비에게는 마음이 없고, 히로에게는 마음이 있다'라. 그렇다면 사쿠라코는 어떠냐. 너는 함께 아르바이트하는 사쿠라코라는 아이를 좋아한다고 했지. 사쿠라코에게 마음이 있다고 생각하느냐?

히로 당연하죠!

선생 너는, 정말 변함없이 생각이 짧은 인간이구나.

히로 좀지로 씨를 다른 사람과 비교하게 된 게 저도 마음에 걸리긴 하지만, 너무하시네요.

선생 그럼 질문 하나 하자꾸나. 너는 사쿠라코에게 마음이 있다는 증거를 보여줄 수 있느냐?

히로 저도 제게 심장이 있다는 증거를 당장 제시할 수는 없어요. 하지만 정황상 얼마든지 자신 있게 주장할 수 있지요. 사쿠라코도 마찬가지예요. 그 친구는 남들과 말도 잘 통하고 일도 성실히 해요. 사고능력이 없으면 아르바이트 같은 걸 할수 없을 테고 다른 이와 소통하는 것도 불가능하겠지요. 그러니 '사쿠라코의 존재 자체가 증거'라고 할 수 있지 않을까요. 사쿠라코의 평소 행동 자체가 사쿠라코가 마음을 가졌다는 증거인 거죠.

선생 안타깝게도 틀렸구나. 철학자 데카르트는 우리가 공원에서 '저기 인간이 있다'라고 생각하지만, 엄밀히 말하면 '인간이 있는' 것이 아니라 모습과 동작을 보고 **'저기에 인간이 있다'고 판단하는 것일 뿐**이라고 했다. 사람처럼 보일지라도 그것은 보는 사람이 머릿속으로 "저것은 인간이 분명해"라고 추리하는 것일 뿐, 사실은 <u>인간과 닮은 자동기계일지도 모른다</u>는 거지.

히로 내 또 그럴 줄 알았습니다. 데카르트는 도대체 무슨 말을 하는 건가요? 아무렴 인간과 기계를 구분하지 못할까요.

선생 철학용어로 '자동기계'는 우리가 흔히 떠올리는 기계만이 아니라 '마음을 가지지 못했으나 자동으로 움직이는 것 전부'를 가리킨단다. 밖에서 조작하지 않아도 자동으로 움직이지만 마음을 가지지 못한 것은 로봇이건 시계건 파리건 모두 자동기계란 거지. 데카르트는 개와 고양이조차도 자동기계라고 생각했다고 하더구나.

히로 개와 고양이에게 마음이 없다는 말은 그냥 흘려들을 수 없는데요. 데카르트는 반려동물을 기른 적이 없는 게 아닐까요? 개는 사람과 교감하는 방향으로 진화했잖아요. 얼마나 감정이 풍부하다고요.

선생 데카르트는 인간조차도 '마음을 가진 자동기계'라고 표현했으니 좀 극단적일지도 모르겠구나.

히로 데카르트는 반성해야 합니다.

선생 그럼 이제 순서대로 생각해보자. 먼저 '살아 있는 것은 아니지만, 겉모습이 인간과 닮은 로봇'을 상상해 보자꾸나. 그 인간을 닮은 로봇은 자동기계라고 단언해도 좋을까?

히로 그렇죠, 자동기계지요.

선생 그럼 다음으로 넘어가자. 그 인간을 닮은 로봇이 인간과 같

119 / /

은 말을 한다면 어떨까? 게다가 정해진 대사만이 아니라 '이 질문에는 이렇게 대답한다'라는 다양한 패턴이 입력되어 인간과 매끄럽게 대화할 수 있는 능력을 갖췄다면 그 로봇은 인간일까? 아니면 자동기계일까?

히로 그야 자동기계죠. 대화가 완벽하게 성립된다고 해도 그건 소통이 아니라 프로그램에 의한 반응일 뿐이잖아요. 애당초 '그 로봇은 인간일까?'라는 질문에는 당연히 로봇이라고 답할 수밖에요.

선생 그럼 내가 질문에 앞서 '로봇'이라는 말을 꺼내지 않았다면 어땠을까? 지금처럼 배경설명 없이 어느 날 갑자기 네 앞에 '겉모습이 인간과 같고 대화도 인간처럼 할 수 있는 로봇'이 나타난다면 너는 그래도 그 존재를 두고 기계인지를 의심할 수 있을까?

히로 아무리 그리 말씀하셔도 인간과 로봇은 다르다고요. 로봇이라면 아무리 유연하게 움직인다고 해도 행동 어딘가는 뻑뻑하잖아요. 유튜브에서도 본 것 같아요. 이미 여러 현장에 투입될 정도로 검증이 끝난 로봇들조차 어딘가 어색하게 움직이더라고요. 게다가 피부도 금속일 테니 어떤 계기에서 만지게 되면 곧바로 '기계인간일까'란 비상식적인 의문까지는 아니더라도 고개가 갸우뚱거려지긴 하겠죠.

선생 그럼 '인간과 같은 겉모습에 인간처럼 이야기하고 피부감촉까지 인간과 같은 로봇'이라면 어떨까?

히로 그런 로봇이 존재할 리 없잖아요.

선생 '이 우주에 그런 로봇은 없다'는 증명 또한 아무도 못한단다. 하물며 당장 텔레비전 뉴스만 봐도 겉모습은 물론 촉감이나 움직임까지 그럴 듯한 의수나 의족에 대한 소식도 나오고 있지 않느냐. 그럼 인간의 피부부터 내장까지 모두 진짜 인간과 같은 재료로 만들어 인간의 겉모습과 완벽하게 같으면서 인간처럼 대화하되 그 마음만은 프로그램된 존재 또한 멀지 않은 미래에 얼마든지 등장할 수 있지 않을까.

히로 그건 공상과학영화에서나 볼 법한 상상인데요.

선생 흔히 SF는 예언된 상상이라고 하지. 다시 물어보겠다. 지로야, 혹시 그런 로봇이 나타난다면 그것은 인간일까? 자동기계일까? 마음은 있을까? 없을까?

히로 아무리 정교하게 흉내 낸다고 해도 로봇은 로봇이지요. 자신의 의사로 움직이는 것이 아니잖아요.

선생 그래, 아무리 인간과 닮았어도 자신의 의사로 움직이는 것이 아니라면 인간이 아니라 자동기계겠지. 다만 그런 자동기계가 존재한다면 <u>그것이 인간인지 자동기계인지 판단하는 것도 불가능하다.</u> 그렇게 생각하지 않느냐?

좀비의 철학 수업 다섯 번째 2:

좀비는 철학자가 될 수 있을까?

히로 제작자나 제작사가 나오면 알 수 있잖아요. 예를 들어 주변에서 인간으로 생각하는 로봇이 있어도 권위 있는 학자나 로봇을 생산한 기업에서 "사실 저것은 진짜 인간이 아니라 내가 만든 자동기계다!"라고 선언하는 거죠.

선생 그럼 만약 네가 아르바이트하는 곳에 누구에게나 낯익은 대학자가 나타나서 "사쿠라코는 사실 인간이 아니라 대기업에서 시험 운용 중인 기계인간입니다!"라고 주장하면 너는 어찌할 테냐?

히로 경찰을 부르겠죠. 너무 비상식적이잖아요. 우리 가게 운영방침도 수상한 사람에게는 엄격하게 대처하자는 것이거든요.

선생 히로야, 불과 백 년 전만 해도 뇌사에 대한 윤리적 문제를 고민하는 것은 비상식적이었을 게다. 어쨌든 네 말대로라면 제작자가 나와서 증명한다고 해도 받아들여지진 않겠구나.

히로 아무래도 그렇겠죠?

선생 그런데 철학 세계에서는 그렇게 '겉모습을 인간과 구별할 수 없으나 사실은 마음을 가지지 않은 자동기계'를 **철학적 좀비**Philosophical zombie라고 부른단다.

히로 좀비요? 철학 세계에도 좀비라는 단어가 쓰이나요?

선생 너와 마찬가지로 과거 철학자들도 좀비라는 존재는 마음이 없다고 생각했지. 그래서 인간 같으나 마음이 없는 자동기계를 가리켜 '철학적 좀비'라는 명칭을 붙였단다.

히로 '철학'과 '좀비'가 여기서 만나는군요. 어쩐지 극적인 전개네요. 그럼 '철학 좀비'인 선생님과 '철학적 좀비'는 어떤 관련이 있나요? 아무래도 지금쯤 이 질문이 나와야겠죠?

선생 자동기계에 입력된 프로그램 같은 전개지만 매우 적절한 질문이구나. '철학 좀비'와 '철학적 좀비' 사이에는….

히로 사이에는?

선생 아무 관련이 없다.

히로 없나요? 없군요! 없었어…. 진짜 아무런 관계도 없어요?

선생 '철학 좀비'는 신체적으로는 좀비이나 사고능력이 있는 좀비, 이를테면 나와 같은 존재란다. 한편 철학용어로서 '철학적 좀비'는 신체적으로는 완전한 인간이지만, 마음이 없는 자동기계를 가리키지.

히로 생각하는 좀비인 철학 좀비, 마음이 없는 존재인 철학적 좀비, 헷갈리는데요. 철학에 '철학적 좀비'라는 용어가 있다면 혼란을 피하기 위해서라도 이름을 달리 하셨어야죠. 그러지 말고 이참에 개명하시죠. 예전부터 생각해둔 게 있는데 철학적 사유가 무르익은 좀비를 줄여서 '무좀 Z' 어떠… 꺄악!

선생 안심하려무나. 여느 때처럼 살짝 물었으니까.

히로 모처럼 목욕해서 연약해진 피부를 물면 어떡하세요?

선생 철학자가 '철학적 좀비'라는 말을 만들어낸 것은 우리 철학 좀비들이 등장하고 훨씬 나중의 일이다. 순서를 따진다면 철학 좀비가 먼저지.

히로 그렇게 나올 줄 알았습니다.

선생 이야기를 이어가자면 결국 너는 자신 이외의 인간이 진짜 인간인지 아니면 마음을 가지지 못한 철학적 좀비인지 그 본질을 알 수 없다는 것이다.

히로 그럼 사쿠라코도 철학적 좀비일지 모른다는 건가요?

선생 그렇지. 마음이 없고 단순히 정해진 동작을 정교하게 수행할 뿐인 철학적 좀비일지도 모른다.

히로 그렇게 인간적인데, 그렇게 솔직하게 자기 마음을 드러내는 데 마음이 없다는 건가요?

선생 히로야, 인간적이라는 게 뭘까?

히로 예를 들어서 얼마 전에는 제가 사쿠라코가 떨어뜨린 스푼을 몰래 챙겨서 간직하려 했더니 무척 혐오스럽다는 표정을 지었어요. 한 일주일은 말도 걸어주지 않더라고요. 저만 보면 불쾌한 얼굴을 하거나 투명인간 취급하는 건 좀비라면 생각할 수도 없는 인간적인 행동이잖아요?

선생 네가 생각이 없다는 건 진작 알았지만 이 정도일 줄은 몰랐구나. 다음 수업은 경찰서에서 할지도 모른다는 슬픈 예감이 드는구나. 이야기로 돌아가서, 다시 한 번 말하지만 철학적 좀비의 행동은 여러 가지 면에서 인간과 같단다. 만약 어떤 철학적 좀비가 어떤 상황과 맞닥뜨렸을 때 '불쾌하다'는 표정을 지으며 회피한다는 행동을 한다고 프로그램되었다면 인간과 구분할 수 없을 게다.

히로 사쿠라코가 인간이 아니라 철학적 좀비라면 미움을 받더라도 마음이 조금은 편해질 것 같긴 하네요. 스스로 생각을 하는 게 아닐 테니까요.

선생 히로 너를 잘 가르칠 수 있을지, 제자로 받은 게 잘한 일인지 문득 누군가로부터 응원을 받고 싶은 마음이 간절하구나. 어쨌든 결국 '다른 사람에게 마음이 있는가'를 완벽하게 증명하는 것은 누구도 할 수 없단다. 가령 사쿠라코를 조각낸다고 해도 철학적 좀비라면 혈관과 내장까지 인간과 똑같을 것이고 인간과 똑같이 고통스럽다는 반응을 보일 테니까.

히로 선생님, 사쿠라코를 왜 뜬금없이 토막을 내세요. 제가 아무리 인간의 바닥을 친다고 해도 선생님까지 거기에 물드실 필요는 없어요.

선생 사쿠라코만이 아니다. 어쩌면 다른 동료와 친구, 이 휴게실에 있는 목욕이 끝난 사람들까지, 네가 인간이라고 생각하는 사람들 모두가 사실은 진짜 인간이 아닐 수도 있지.

히로 어쩐지 오싹하네요. 제가 인간이라고 생각하는 존재가 사실은 철학적 좀비일지 모르고, 이 세상은 뻐꾸기시계나 게임처럼 기계적으로 돌아가는 프로그램일지도 모른 거잖아요. 잠깐 그렇다면, 그래!

선생 왜 그러느냐? 무언가 멋진 말이라도 떠올랐느냐?

히로 예전에 몇 번인가 말씀 드렸던 유명한 문제 있잖아요. '당신이 전차 운전사라면 갈림길에서 똑바로 나아가 다섯 명을 치어 죽이는 쪽과 오른쪽으로 돌아가서 한 명을 치어 죽이는 쪽 가운데 무엇을 선택할 것인가?'라는 거요. 그 해답을 찾은 것 같아요!

선생 그래? 히로 너는 답이 뭐라고 생각하느냐?

히로 어느 쪽으로 진행해도 괜찮다는 겁니다. 어느 쪽이건 앞에 있는 사람을 "인간처럼 보이지만 사실은 철학적 좀비다"라고 믿으면 되거든요. 상대가 마음이 없는 자동기계라면 치어도 죄책감을 느낄 필요가 없으니까요. "어차피 저 사람은 철학적 좀비다"라고 믿고 나가는 게 정답이에요. 믿는 자는 구원받을지니! 이 길을 가면 어떻게 될지 의심하지 말고 망설임 없이 치어라. 치면 알 수 있다!

선생 마이클 샌델Michael Sandel 교수의 수업에 출석할 기회가 있으면 꼭 그렇게 대답하려무나.

히로 어차피 전 하버드대학을 갈 일이 없으니까 상관없습니다. 아니죠, 마이클 샌델도 연구하고 강의하도록 프로그래밍된 자동기계이지 말라는 법이 없잖아요.

선생 시답잖은 농담은 이쯤 하고, 좀지로를 바래다줘야 하니까 이만 슬슬 일어나야겠구나. 좀지로야, 그만 집으로 돌아가자꾸나. 좀지로! 하우스 오브 더 데드!

▼▼▼

히로는 모노레일을 타는 좀비 콤비를 배웅한 다음 린카이선을
타고 도쿄 텔레포트역으로 향했다.

히로는 혼잡한 차내에서 손잡이를 잡은 채 주위 승객을 둘러
보았다. 그리고 이 차량 안에 있는 백여 명의 승객 모두가 인간
이 아니라 철학적 좀비라는 상상을 해봤다. 생각한 대로 살지 못
하고 그저 무언가에 휘둘리듯 사는 대로 살아지는 존재를 가리
켜 철학적 좀비라고 한다면, 철학적 좀비는 철학이나 SF에서나
나오는 가정이 아닐지도 모른다. 어쩌면 히로 자신 또한 사회 속
무수한 관계망 속에서 주위 기대나 속물적인 기준에 길들여지
고 타협하며 서서히 철학적 좀비가 되어 가고 있는지도 모른다.
생각이 여기에까지 미치자 히로는 상념을 털었다. 스스로를 철학
적 좀비로 의심했다는 것만으로도 한 단계 성장했다는 생각 때
문이었다.

누구나 한 번쯤은 이 지구에 가득 찬 사람들이 사실은 가짜이
고 진짜 인간은 자기 혼자밖에 없을지 모른다는 상상을 해보기
마련이다. 히로는 그런 생각을 하면서 뭐라 말할 수 없는 고독에
휩싸인 채 철학적 사고가 가진 힘을 새삼스럽게 곱씹었다.

인간은 쓰레기를 보물로,
보물을 쓰레기로 생각하기도 한다

히로는 흥분을 감출 수 없었다.

여기는 도쿄만 연안에 있는 꿈의 왕국 도쿄 디즈니랜드. 놀이기구 '헌티드 맨션'에서 히로는 지금 동경하는 마돈나 사쿠라코와 나란히 탈것에 탔다. 헌티드 맨션은 고스트가 사는 999개의 수수께끼 저택을 이인승 탈것으로 탐험하는 놀이기구다.

'어둠 속에서 사쿠라코와 단둘이다.' 아무리 무서운 귀신이 나온다고 해도 동경하는 사쿠라코와 함께 있다는 것보다 더 두근거리게 만들지는 못할 것이다. 지금 바로 우리만 남기고 모든 게 사라져버려도 좋을 텐데. 그러면 우리는 세계에 단 둘만이 남게 될 텐데. 그런 생각을 하며 히로가 옆으로 슬쩍 시선을 돌리자 홀로그램 고스트를 보며 사쿠라코가 비명을 지르고 있었다. 사쿠라코의 옆모습은 변함없이 이 세상의 것이 아니라는 생각이 들 정도로 귀여웠다. 히로는 그저 이게 꿈인가 싶었다.

꿈은 아니었지만 안타깝게도 데이트 또한 아니었다. 어둠 때문에 잘 보이지는 않지만 히로의 앞뒤에도 아르바이트 동료인 요리사들이 두 사람씩 탈것을 타고 탐험 중이기 때문이다.

오늘은 히로가 일하는 샤브샤브 전문점이 쉬는 날이라 히로는 함께 일하는 동료 여섯 명과 함께 디즈니랜드로 놀러 왔다. 히로는 가위바위보에 승리해서 바라고 바랐던 사쿠라코의 옆자리를 쟁취했다. 다만 사쿠라코는 그 결과에 불만이 있다는 무언의 주장이라도 하듯이 탈것의 끝에 찰싹 달라붙었다. 히로는 그렇게 멀어진 사쿠라코와 자신 사이의 거리가 서글펐다.

탈것은 맨션의 명물인 '고스트 미러'로 접어들었다. 고스트 미러는 탈것이 거울 앞을 통과할 때 자신들 말고도 고스트가 함께 탄 것처럼 거울에 비치는 것으로 유명한 코너다.

여기저기의 탈것에서 "우와! 귀신이 옆에 있다!" "거울을 보렴, 도깨비가 함께 타고 있잖아!" 등 무서워하면서도 즐거워하는 비명이 터져 나왔다. 사쿠라코도 마찬가지로 거울 속 옆에 앉은 해골 귀신을 보고 비명을 질렀다.

하지만 히로는 문득 그 해골 귀신이 어딘가 낯이 익다는 느낌이 들었다. 해골치고는 살점이 남아 있어서 해골보다는 좀비에 가까워 보였다. 그러니까 반 정도 백골화된 좀비라면….

히로는 불안한 마음에 거울이 아닌 자신의 탈것으로 시선을 돌렸다. 히로와 사쿠라코 사이에 진짜 좀비가 앉아 있었다.

"좀지로 씨! 뭐하는 거예요. 왜 사쿠라코 옆자리에 앉아 있어요! 언제 어디서 나온 거야!"

"우아아아, 크아아아!"

좀지로는 히로에게 바싹 붙어서 장난치듯이 볼을 문질렀다. 이날을 위해 큰맘 먹고 산 히로의 멋진 셔츠에 좀지로 씨의 좀비물이 들었다.

"달라붙지 마세요. 위험하잖아요. 이는 왜 드러내는 거예요! 이에 닿으면 좀비가 되잖아요!"

하지만 장난치는 좀지로 씨보다 히로를 더욱 당황하게 한 것은 사쿠라코였다.

"꺄아악! 이게 뭐야! 진짜 괴물이 탔어! 꺅! 꺅! 아아악, 살려 줘요! 사람 살려!"

"사쿠라코, 진정해. 괜찮아. 이, 이것은 헌티드 맨션에 도입된 최신 장치야. 선택된 탈것에만 진짜 귀신이 나타난다는 거였지? 저번 주에 〈임금님의 브런치〉에서 봤어. 정말이야. 리포터도 깜짝 놀라더라고. 그땐 호들갑스럽다고 흉을 봤는데, 이렇게 생생할 줄은 몰랐네. 하지만 그런 게 디즈니랜드의 대단한 면이잖아? 이렇게 항상 새로운 기술로 우리를 즐겁…. 사쿠라코? 갑자기 왜 그래? 이제 안 무서워?"

좀지로가 이를 부딪치면서 사쿠라코에게 다가갔음에도 사쿠라코는 평온한 얼굴을 하고 있었다. 불과 5초 전까지만 해도 체면이고 다 던진 채 비명을 지르던 모습이 거짓말처럼 느껴질 정도였다. 사쿠라코는 마치 좀비가 눈에 들어오지 않는 것처럼 다시 즐거운 비명을 지르며 놀이기구를 즐겼다.

그대로 마지막 문을 빠져나가자 히로의 탈것은 좀지로를 태운 채 출구로 돌아갔다.

"어서 오세요. 즐거우셨나요."

카키색의 고풍스러운 메이드 복장을 한 스태프가 승객을 맞이했다. 그 가운데 한 명이 탈것에서 내리는 히로를 보고 소리를 질렀다.

"히로! 히로구나. 우연이구나, 이런 곳에서 만나다니!"

"선생님, 이런 곳에서 뭐하시는 건가요? 게다가 그 메이드복은 또 뭐예요."

"제복이 이것밖에 없더구나. 어쩐지, 좀지로가 히로를 보고 탈것에 올라간 것이었구나. 좀지로가 음식을 이렇게 따르다니 드문 일인 걸. 역시 히로야."

"어디서 '역시나' 하고 감탄하시는 건가요? 그건 그렇고 디즈니랜드에는 어쩐 일이세요."

"우리 회사는 디즈니랜드와도 제휴했단다. 헌티드 맨션의 귀신들 가운데 두세 개는 우리가 파견한 좀비란다. 항상 같은 것만 보면 질리니까 조금씩 진짜를 넣어서 변화를 꾀하는 기업의 보이지 않는 노력 덕분에 디즈니랜드는 사람들의 재방문이 끊이지 않고 이렇게 번창하는 게지."

"저는 기업의 영업 비결보다 선생님께서 메이드복을 입은 까닭이 더 궁금합니다."

"좀지로는 이 현장에서 아직 신입이란다. 그래서 내가 OJT(직장 내 교육On the job training) 담당으로 와 있지. 신입사원들이 하는 일을 지켜보다가 실수를 저지르면 바로 개입해 이돌라의 숨결을 내쉬어서 손님에게 인식 오류를 일으키는 방식이란다."

"지금처럼 말이지요? 사쿠라코가 갑자기 조용해진 것도 선생님이 이돌라의 숨결을 내쉬었기 때문이죠?"

"디즈니랜드에 안 어울리는 진짜 비명이 들려서 보수용 통로로 상황을 보러 갔었단다. 예상대로 좀지로가 실수한 것 같아서 이돌라의 숨결을 내쉬었지."

좀비 선생은 앞쪽으로 걸어가는 사쿠라코에게 시선을 돌렸다.

"전에 말한 사쿠라코란 아이냐? 과연, 강아지 같은 눈이 큼지막한 게 아이돌 같은 얼굴이구나. 히로가 반한 것도 이해가 가."

"잠깐만요! 지금 그냥 듣고 넘길 수 없는 말씀을 하셨어요. 제가 사쿠라코를 얼굴 때문에 좋아하는 것처럼 들리는데요?"

"그럼 그게 아니냐?"

"저는 여성을 겉모습으로 판단하지 않아요. 그런 경박한 남자라고 생각하셨다니 정말이지 어처구니가 없네요."

"좋아하는 여성의 스푼을 몰래 챙겨가는 파렴치한 소년이 할 말은 아니라고 생각한다만."

"그건 인간이라면 누구나 한 번쯤 겪는 피치 못할 충동에 휘말린 사고였다고요!"

"그래, 어련하시려고. 이제 곧 교대시간이니 덤보 옆의 벤치에서 보자꾸나."

좀비의 철학 수업 여섯 번째 1:
그가 좋은 걸까? 그를 좋아하는 내가 좋은 걸까?

선생 오래 기다리게 해서 미안하구나. 다른 친구들은?

히로 디즈니랜드는 그만 즐기고 노래방에 간다고 갔어요. 저는 노래방을 싫어해서 안 가도 괜찮아요.

선생 그렇구나. 그럼 이 팝콘이라도 먹으려무나. 회전목마 캐슬 카르셀에서만 파는 밀크 초콜릿 맛이란다.

히로 달콤한 것으로 넘어가려고 해도 소용없어요. 조금 전의 말씀, 사과하세요. 제가 사쿠라코의 겉모습을 보고 좋아한다는 실례되는 발언! 저는 사람을 겉모습으로 판단하는 멍청한 남자가 아닙니다.

선생 이런 멍청한 녀석. "타인을 겉모습으로 판단하는 것은 안 좋다. 마음씨로 판단하는 것이 좋다"라는 낡은 윤리관에 사로잡혀 있구나.

히로 낡은? 지금 낡았다고 하셨나요? 고대 그리스 시대에 태어나신 분께서 누구한테 낡았다고 하시는지 모르겠네요.

선생 히로야, 너는 어째서 히로인 게냐?

히로 또 이상한 질문을 하시네요. 저는 히로니까 히로인 거죠.

선생 너는 스스로를 히로라고 생각하겠지. 하지만 도대체 어떤 조
건이 채워지면 '자신을 다른 누군가가 아닌 히로'라는 특정
한 존재라고 주장할 수 있을까? 히로를 구성하는 어느 요소
가 히로를 다른 인간이 아닌 히로라고 확신하게 할까?

히로 스스로를 자기 자신이 아닐지도 모른다고 의심하는 건 생각
의 낭비가 아닐까요.

선생 나는 그저 '히로가 히로이기 위한 근거'를 묻는 게다. 그럼
시험 삼아 내가 히로라는 인물을 말로 표현해보마. 히로는
'히로'라는 이름을 가졌고 도쿄시 스기나미杉並구에 사는 키
162센티미터, 스물두 살인 일본인 남성이다. 3월 11일에 태
어났으며 대학을 졸업한 다음 취업에 성공하지 못하고 대신
아르바이트 전선에 뛰어들었다. 지금은 신주쿠에 있는 샤브
샤브 전문점에서 일하고 있다. 머리카락은 검은색, 나름 동
안이라고 착각하고 있으며 혈액형은 역시나 A형. 초등학생
때 요충 검사에 걸린 적이 있다.

히로 설마 저를 스토킹하신 건가요? 어디서 그런 정보를….

선생 취미는 콘솔 게임과 목욕탕 순회 그리고 SNS. 하지만 진짜
취미는 이런…, 안타깝게도 성인영화 감상. 배달 DVD 대여
점에서 '프리 렌탈 플랜'에 가입했으며 한 달에 열다섯 편 정
도의 성인영화를 빌려본다.

히로 그만! 푸른 수염 남편의 방이나 밤 열두 시 냉장고 문처럼 열지 말아야 할 게 있습니다. 부탁이니 더는 말씀하지 마세요. … 선생님께선 어쩜 그렇게 말씀을 잘하세요? '죽은 자는 말이 없다'는 속담은 아무래도 틀린 것 같아요.

선생 그 외에도 한참 남았지만 네가 필사적으로 말을 돌리는 것 같으니 이 정도로만 해두마. 그럼 지금까지 이야기한 특징 가운데 히로가 히로이기 위해 필요한 요소는 무엇이냐? 어떤 요소를 빼면 히로는 히로가 아니게 될까? 성인영화 감상?

히로 더 말씀하지 않아도 괜찮다니까요! 그리고 그건 알 수 없을 것 같아요. 열거하신 것들 가운데 어떤 특징이건 제가 저로서 존재하려면 모두 필요한 것 같거든요. 이름도, 생년월일도, 키도 심지어 학창시절 트라우마가 된 요충 검사도 마찬가지죠. 그런 경험들이 쌓여 저라는 사람이 형성된 것이니까요.

선생 그럼 이렇게 생각해보자. '3월 11일에 태어났으며 키 162센티미터에 스물두 살인 히로라는 이름의 일본인 남성'이 있다면, 그는 반드시 너라고 할 수 있을까?

히로 그건 아니에요. 이름이 같고 키와 몸무게가 같아도 제가 아닌 히로라면 그건 제가 아닌 거죠.

선생 그렇다면 이름과 생년월일, 키와 나이, 국적과 성별 그리고 요충과의 추억은 히로를 히로답게 하는 본질적인 요소가 아니라는 게다. 그렇지?

히로 요충과의 추억은 또 뭔가요. 이제 그 얘긴 그만하세요. 그런 것들이 중요하지 않은 것은 아니지만 그렇게 말씀하시니 절대로 빼놓을 수 없는 요소도 아닌 것 같긴 하네요.

선생 그렇다면 얼굴은 어떨까? 너의 얼굴은 히로를 히로답게 하는 본질적인 요소일까?

히로 아무래도 얼굴은 본질일 것 같아요. 이름과 생년월일이 바뀌어도 사람들은 저를 제가 아니라고 생각하지 않겠지만, 얼굴이 바뀌면 저라고 알아봐주지 않을 것 같거든요.

선생 그래, 다른 특징보다 얼굴은 히로를 히로답게 해주는 중요한 것이구나. 그렇다면 마음은 어떨까? 마음은 중요할까?

히로 물론 마음은 중요해요. 마음이 있어야만 제가 저겠죠. 이름과 취미와는 비교할 수 없을 정도로 마음은 중요해요. 아니, 잠깐. 성격이 바뀌어도 얼굴이 저라면 저겠죠. 그렇다면 역시 얼굴이 중요할까? 하지만 얼굴은 단순한 뼈와 피부일 뿐이고…. 잘 모르겠네요. '나는 어째서 '나'인 걸까요?

선생 좋아. 그럼 이런 가정을 생각해보자꾸나. 히로가 어느 날 우연히 통학 중인 여고생과 함께 계단에서 굴러 떨어진 다음 서로의 몸이 바뀌었다고 하자.

히로 오, 만화에서만 벌어지긴 하지만 가끔 그런 두근거리는 일이 있었으면 하죠.

선생 그래, 히로의 몸에는 여고생의 마음이 들어가고 여고생의 몸에는 히로의 마음이 들어갔다.

히로 좋아요. 영화로 만들어도 괜찮을 만큼 흥미진진해서 이미 닳도록 영화에서 우려먹었지만 여전히 흥미진진한 설정!

선생 그럼 그때 히로는 어느 쪽일까? 그때 히로가 '이것이 나다'라고 할 수 있는 것은 어느 쪽일까?

히로 그건 간단하죠. '저의 마음이 들어간 여고생'이야말로 진짜 저예요! 저는 그때 여고생의 몸으로 바뀌었을 뿐 본질은 스물두 살의 청년인 히로라고 생각할 테니까요.

선생 그렇겠지. 여고생 육체에 히로의 마음이 들어갔다면 히로는 여고생이야말로 '자신'이라고 인식하겠지. 그럼 몸이 바뀌었다면 그때까지 히로를 구성하던 이름과 생년월일, 키와 몸무게, 얼굴과 몸, 혈액형과 요충 등 모든 특징이 사라지게 된단다. 그런 것이 모두 사라져도 히로가 여고생을 자신이라고 생각한다면 자신이라는 것은 과연 뭘까?

히로 역시 마음이네요. 자신을 자신이라고 여기는 근거 가운데 가장 중요한 것은 마음이라는 거겠죠.

선생 그래. 다른 모든 요소를 잃어도 마음이 자신이라면, "뭐가 바뀌든 이게 바로 히로다"라고 생각할 수 있다면 스스로를 스스로이게 하는 가장 중요한 요소란 '마음'이 될 게다.

히로 그렇죠. 제가 저인 까닭은 겉모습이 어떻든 마음이 히로이기 때문인 거죠. 그러니까 결국 인간은 겉모습이 아니라 마음이 중요하단 말씀이시군요. 그럼 제가 사쿠라코의 얼굴이 아니라 마음을 좋아했던 것도 자연스럽다는 것이 되겠네요. 제가 처음에 말씀드린 것처럼 겉모습은 인간의 본질과 관계없다는 얘기니까요.

선생 이야기는 아직 안 끝났다.

히로 이렇게 아름답게 끝내서도 괜찮습니다.

좀비의 철학 수업 여섯 번째 2:
내가 바라보는 나와 당신이 바라보는 나

선생 분명히 자신을 자신이라고 인식하려면 가장 중요한 요소는 마음이겠지. 그것은 틀림없다. 하지만 '다른 사람을 인식하기 위한 요소라면 어떨까?

히로 다른 사람이라도 마찬가지죠. 중요한 것은 마음이에요, 그 사람의 마음을 간직하고 있으면 겉모습이 어떻게 바뀌더라도 그 사람은 여전히 그 사람인 거예요.

선생 사쿠라코도 마찬가지일까? '사쿠라코 본인이 본 사쿠라코'가 아니라 '히로가 본 사쿠라코'도 몸이 아니라 사쿠라코의 마음이 그녀의 본질이라고 할 수 있을까?

히로 당연하죠! 저는 외모가 아니라 사쿠라코의 마음을 보고 좋아하게 된 거예요!

선생 그럼 우리 한 가지 가정을 더 해보자꾸나. 도쿄 어딘가에 배가 불룩 튀어나오고 몸에는 털이 북슬북슬한 중년 남성이 있다고 하자.

히로 우에노 공원에서 비슷한 동상을 본 적이 있는 것 같은데요 (사쓰마번의 사무라이로 메이지유신을 이끈 사이고 다카모리 동상. 그 풍채가 어떤지는 포털 사이트에서 검색해 보시길).

선생 그래, 그 아저씨의 이름은 '사이고西鄉 씨' 정도로 해두자. 어느 날 우연히 사이고 씨가 사쿠라코와 함께 계단에서 굴러 떨어져서 서로의 몸이 바뀐 게다.

히로 어쩐지 싫은 예감이 드는데요.

선생 그러니까 사이고 씨의 몸에는 사쿠라코의 마음이 들어갔고 사쿠라코의 몸에는 사이고 씨의 마음이 들어간 게다. 그럼 이때 사쿠라코는 어느 쪽이냐? 그때 네가 "이쪽이 사쿠라코다"라고 주장할 수 있는 것은 어느 쪽이냐?

히로 그, 그건 당연히 사, 사, 사쿠라코의 마음이 들어간 사, 사, 사이고 씨야말로 진짜 사쿠라코겠죠. 사쿠라코의 본질은 사쿠라코의 마음이니까….

선생 그렇구나? 그럼 몸이 바뀌었어도 너는 사이고 씨의 몸을 가진 사쿠라코를 좋아하겠구나? 어느 한쪽과 디즈니랜드에서 데이트할 수 있다면 "이 몸은 사쓰마에서 온 사이고라 하외다!"라고 말하는 사쿠라코가 아니라 "사쿠라코 왔어요!"라고 말하는 털복숭이 아저씨 사이고 씨와 데이트를 하겠다는 게지?

히로 지, 짓궂은 질문을 하시네요.

선생 왜 대답을 못 하는 게냐? 너는 사쿠라코의 마음에 반했다

139 / /

고 했지 않느냐. 그럼 당연하게도 사이고 씨의 몸을 가진 쪽과 데이트를 하겠지. 밤의 신데렐라 성에서 키스한다면 "나는 사쿠라코야!"라고 말하는 사이고 씨와 키스하겠구나. 사이고 씨의 입술이 너의 입술과 겹쳐지는 것을 생각하니….

히로 으악! 확실히 말해서 대답은 '노'예요. 미안하지만 저는 "히로! 또 뭐하는 거야!"라고 외치는 사이고 씨보다, "자네는 아직까지 깨닫지 못한 겐가!"라고 꾸짖는 사쿠라코와 데이트하고 싶어요. 아무리 아저씨 말투를 사용한다고 해도, 아무리 마음이 사이고 씨라고 해도 굳이 키스를 해야 한다면 저는 몸이 사쿠라코인 사람과 하고 싶어요.

선생 그렇구나. 그렇게 "사쿠라코의 마음씨를 좋아한다"라고 말해놓고 바로 뒤집은 게냐? 다른 사람의 겉모습이 아니라 마음을 좋아하는 히로는 어디로 간 게냐? 어디로 갔을까? 아니면 자신이 멍청하다는 걸 인정하는 게냐?

히로 이번 건에 관해서는 조금 시간을 주셨으면 좋겠네요…. 사이고 씨의 몸이라도 사랑할 수 있을지 다시 한 번 면밀하게 검토해봐야 할 것 같습니다.

선생 더욱 극단적으로 보면 생각할 것도 없이 결론이 나올 게다. 사쿠라코와 파리가 함께 계단에서 굴러 떨어져 몸이 바뀌었다고 하자. 불쌍하게도 사쿠라코의 몸에는 파리의 마음이, 파리의 몸에는 사쿠라코의 마음이 들어갔다. 그때 파리가 네 주위를 날면서 "히로! 내가 사쿠라코야!"라고 주장한다면 너는 어떻게 할 게냐?

히로 살충제를 뿌리겠죠.

선생 어이쿠, 단호하구나. 그 파리는 사쿠라코의 마음을 가진 진
짜 사쿠라코일 텐데 말이다.

히로 ….

선생 여기서 알 수 있는 것은 <u>인간이 자신으로 인식하기 위한 가
장 중요한 요소는 마음이지만, 타인을 인식하기 위한 가장
중요한 요소는 겉모습</u>이라는 게다.

히로 다른 사람을 겉모습만으로 판단하다니 너무 매정하잖아요.

선생 겉모습만이라고 말하지 않았다. '가장 중요한 요소가 겉모습
이라는 게다. 그건 어쩔 수 없는 일이지. 인간은 타인의 육체
에 그 인물의 마음이 진짜로 깃들어 있는지 확인할 수 없으
니까 말이다.

히로 그렇긴 하네요. 다른 사람은 철학적 좀비일지도 모르죠. 애
당초 자신 이외의 인간에게 마음이 있는지 없는지 증명하는
건 불가능하니까 '누구의 마음이 들어 있는가'는 더욱 알 수
없겠군요.

선생 그렇다면 필연적으로 우리가 타인을 확인할 때에 가장 중요
하게 보는 요소는 겉모습이 될 게다. 히로가 거리에서 사쿠
라코를 봤다면 일일이 "저 사람은 사쿠라코의 겉모습이지만
마음이 정말 사쿠라코일까?"라고 생각하지 않고 바로 사쿠
라코라고 판단하고 쫓아갈 게다. 즉 인간은 다른 사람을 일

단 겉모습으로 판단하게 되어 있는 게다.

히로 아무렴 제가 사쿠라코를 봤다고 해서 무턱대고 쫓아갈까요. 그래서 결론은 무엇인가요?

선생 그러므로 적어도 너는 '사쿠라코'의 겉모습이 아니라 '마음을 좋아한다'는 주장, 자신은 타인을 겉모습이 아니라 '마음으로 판단하는 인간'이라는 주장은 모두 요점에서 어긋난 거짓말이라는 게지. 네가 사쿠라코의 마음을 가진 파리나 사이고 씨를 좋아하지 않는다면 말이다.

히로 꿈의 나라 디즈니랜드에서 꿈을 부수는 말씀을 하시다니….

선생 너는 실은 '겉모습만'으로 사쿠라코를 좋아하지. 그러니 '겉모습은 관계없고 마음을 좋아한다'는 말은 거짓인 거란다. 인간은 누구나 누군가를 우선 겉모습으로 판단하고 호오를 결정하기 마련이란다. 물론 겉모습이 전부는 아니겠으나 그렇다고 해서 마음이 전부도 아니다. 그런데 무게 잡으려고 "나는 그의 상냥한 마음을 보고 좋아하는 거다!", "겉모습은 관계없다. 마음이 전부다!"라고 자신을 속이는 말을 하는 인간이 많기에 나는 화가 나는구나.

히로 하지만 우리 사회는 그런 꾸며낸 겉치레가 윤활유 역할을 해줘서 매끄럽게 돌아가는 게 아닐까요.

선생 물론 속마음을 적당히 숨기고 타인을 대하는 눈치레를 부정하는 것은 아니란다. 다만 지금은 철학을 이야기하는 중이다. 철학을 배우는 데 겉치레 따위는 필요 없다!

히로 네, 분명히 저는 사쿠라코의 얼굴을 좋아했네요. 인정합니다. 누군가를 좋아하려면 상대의 겉모습과 마음이 절반씩 중요하다는 거네요.

선생 그런데 인간을 좋아하는 데에는 상대의 겉모습과 마음 말고도 커다란 요소가 있다.

히로 예? 겉모습과 마음 말고 무엇이 있다는 건가요? 혹시 재산 같은 속물적인 기준인가요?

좀비의 철학 수업 여섯 번째 3:
내가 정의하는 당신을 좋아하는 나의 마음

선생 앗, 그리고 보니 잊은 것이 있구나. 전 AKB 멤버 오시마 유코가 히로에게 주는 사인을 받아왔단다.

히로 갑자기 무슨 말씀이세요? 역시 그때 절벽에서 떨어진 충격에서 완전히 회복하신 게 아니죠?

선생 너 오시마 유코를 좋아하지 않았느냐?

히로 "워아이我愛!" 물론 유코 좋아하죠! 하지만 철학 이야기를 하다 말고 뜬금없이 오시마 유코로 화제가 돌려졌잖아요.

선생 내가 좀비로 캐스팅되어 저번 주에 촬영했던 영화에 오시마 유코도 나온단다. 현장에서 인사할 기회가 있어서 제자가 팬이라고 말하고 사인을 받았지. 사인지는 준비하지 못해 수

사랑의 첫 번째 계기는 내가 나만의 독립적인 인격이기를 바라지 않는다는 것,

나아가 스스로를 불완전한 존재로 느낀다는 데 있다.

두 번째 계기는 내가 스스로의 모습을 상대방에게서 발견하고,

상대 또한 내 안에서 스스로를 발견하는 데 있다.

헤겔, 《법철학 강요》 중에서

첩 쪼가리에 받았지만 네 이름도 써줬단다. 자, 오시마 유코가 직접 쓴 사인이다. 가지고 가거라.

히로 오시마 유코의 사인! 게다가 '히로 씨에게'라고 쓰여 있다니! 기쁩니다. 믿을 수 없을 정도로 기뻐요. 이 종이를 오시마 유코가 저를 생각하며 만졌다는 거죠? 평생 간직할게요!

선생 사실은 새빨간 거짓말이다. 그 사인은 내가 한 거다.

히로 어쩐지 이상하다 했어요. 이딴 휴지쪼가리 따위….

선생 사실은 너를 떠보려고 거짓말을 한 게다. 이 사인은 진짜란 다. 히로가 기뻐할 것 같아 현장에서 받아왔지.

히로 기뻐요! 유코의 온기가 전해질 것 같은 직필 사인! 평생 보물로 간직할 거예요!

선생 말을 자꾸 바꿔 미안하구나. 사실은 그건 내가 오시마 유코의 사인을 흉내 낸 것이란다.

히로 이 따위 거짓과 기만은 필요 없어! 좀비의 낙서는 당장 태워야 해!

선생 널 좀 골려주려고 거짓말을 했다. 사실 그 사인은 진짜란다.

히로 오시마 유코의 손길이 닿아서일까요, 종이 한 장일 뿐인데 보석처럼 빛나네요! 방에 장식한 후 매일 키스할 거예요.

선생 … 이제 그만하자. 히로 너는 내 예상대로 움직이는 정도가 아니라 아예 모노드라마를 찍는구나. 파블로프의 개도 너를 딱하게 여길 게다.

히로 그만큼 오시마 유코의 사인이 간절했다고요!

선생 그건 분명히 사인이 되어 있지만 한 장의 종이쪼가리에 지나지 않는다. 그런데 그 종이쪼가리가 일순 보석처럼 보이기도 하고 쓰레기처럼 보이기도 하지? 종이 자체는 아무것도 변한 게 없는데 말이다.

히로 그게 어쨌다는 건가요?

선생 종이의 모양은 물론이고 문자와 재질, 잉크 등 내용물은 몇 분 전과 다름없다. 그런데 너는 이 종이 때문에 스위치를 껐다가 켜는 것을 반복하는 것처럼 어떤 때는 기뻐하고 어떤 때는 실망했단다. 변한 것은 종이가 아니라 너라는 게지.

히로 선생님께서 말을 자꾸 뒤집으면서 저를 놀렸잖아요.

선생 하지만 내가 한 말이 종이의 성질을 바꾸지는 못한다. 내가 뭐라고 하더라도 한 장의 종이는 종이일 뿐이거든. '이 종이를 좋아하고 싫어하는가'는 종이 자체의 성질에 의한 것이 아니라 너의 마음에 달렸다는 이야기지.

히로 그래서요?

선생 사람을 좋아하는 것도 마찬가지다. 상대의 겉모습과 마음 모두가 중요하지. 하지만 그만큼 상대를 좋아하는 인간의 마음도 중요하다는 게다. 인간의 마음은 어떻게 먹느냐에 따라서 쓰레기를 보물로 여길 수도 있고 보물을 쓰레기로 생각할 수도 있단다. 그것이 인간의 마음인 게다.

히로 개인적인 취향과는 다르게 누군가를 좋아하고 싫어하는 것은 그때그때 바뀌긴 하지요⋯.

선생 '인간의 겉모습'에 대한 이야기를 조금 더 덧붙이자면 미남과 미녀만이 '좋은 겉모습'은 아니란다. 얼굴에는 그 인간의 내면이 스며들기 마련이거든. 내가 사유하고 겪으며 마음에 새긴 것들은 결국 밖으로 드러난단다. 너도 외모만 봐선 평범한데 알 수 없는 매력으로 휘감긴 사람들을 본 적이 있을 게다.

히로 아무래도 사람을 많이 겪는 일을 하다 보니 이젠 얼굴만 봐도 그 사람에 대해 넘겨짚게 되더라고요. 사람은 자신이 들여다보는 세상에 물들기 마련인가 봅니다.

선생 그래. 참고로 하나 더 덧붙이자면 이 사인은 내가 쓴 것이다.

히로 소년 팬의 가녀린 마음을 가지고 놀았어! 그럴 것 같았지만, 상처 받았다고요.

선생 이야기는 이 정도로 마치고, 다섯 시 반부터 웨스턴랜드 광장에서 캐릭터와 사진 찍기 행사를 한다고 하는구나.

이름이 있다는 것은
사랑받는다는 증거다

좀비의 철학 수업 일곱 번째 1:

이름이 먼저일까, 실체가 먼저일까?

선생 사진찍기가 시작됐구나. 응? 아기돼지가 왜 이렇게 많지? 히로야, 줄은 안 서도 괜찮으냐? 사진이라도 찍어줄까?

히로 괜찮습니다. 어차피 혼자 미키랑 찍어봤자 SNS에 올리지도 못해요.

선생 어째서? 그냥 올리면 안 되는 게냐?

히로 시커먼 남자 혼자서 쓸쓸하게 디즈니랜드에 있는 사진을 올려봤자 무슨 의미가 있겠어요. 이런 사진은 연인이나 연인이 될락 말락한 사이와 함께해야 한다고요. 가장 좋은 것은 미키를 사이에 두고 두 사람이 사진을 찍은 다음 상대방의 얼굴을 하트 마크나 꽃 아이콘으로 가리고 올리는 거예요. 얼굴을 가리면 사진을 본 모두가 '이 사람의 여자친구는 어떤 얼굴일까?'라고 상상해서 디즈니랜드 데이트라는 상황과 상승효과를 일으키거든요. 청춘을 만끽하는 느낌이란 바로 이런 연출인 거지요. 여기서 주의할 점은 얼굴은 가리지만 머리카락은 잘 보여야 한다는 겁니다.

선생 너의 그 치밀한 분석력을 인생에 도움이 되는 방향으로는 발휘하지 못하는 게냐?

히로 무엇이 인생에 도움이 될지는 상대적이잖아요. 제게는 'SNS에 전시하는 인생'도 진짜 인생에 들어가요. 인생에 들어가는 정도가 아니라 꽤 큰 비중을 차지한다고요.

선생 그래, 알았다. 나는 미키마우스밖에 모르는데, 너는 다른 캐릭터의 이름도 알고 있느냐?

히로 남들만큼은 알고 있죠. 미키와 미니, 저기 있는 애들은 도날드덕과 데이지, 저쪽은 구피와 플루토 그리고 멋쟁이 고양이 마리, 그 밖에도 천 마리 아기돼지가 있네요. 이 광장을 아기돼지가 가득 채우고 있어요.

선생 자세히 아는구나! 대단하다, 대단해!

히로 사쿠라코와 함께하면서 언제 어디에서 이야기할 기회가 있을지 모르잖아요. 하지만 좀지로 씨 때문에 물거품이 됐어요. 가만, 좀지로 씨는 어디 있나요?

선생 회사 사람이 데리고 갔단다. 혼자서 지하철을 타게 할 수는 없으니까 말이다.

히로 항상 느끼는 거지만 신기하네요. 저 역시 이돌라의 숨결 아래 놓여 있을 텐데 어째서 저만 선생님과 좀지로 씨를 알아볼 수 있는 거지요?

선생 그건 네가 호쿠진보에서 나와 만났기 때문이지. 네 목숨을 아슬아슬하게 구할 때 이돌라의 숨결을 내쉬지 않았단다. 그래서 너는 좀비의 존재를 알게 된 것이고. 이돌라의 숨결은 '좀비의 존재를 모르는 자'에게만 효과가 있더구나.

히로 좀비의 존재를 모르는 자에게만 효과가 있다고요? 그럼 저는 호쿠진보에서 선생님을 좀비로 인식했기 때문에 이돌라의 숨결로 속일 수 없었다는 말씀이신 건가요?

선생 그래, 이미 좀비의 존재를 아는 인간은 나뿐 아니라 다른 철학 좀비가 내쉬는 이돌라의 숨결도 소용이 없단다. 어차피 좀비를 인식하고 있으니 속일 필요도 없지.

히로 그럼 어째서 호쿠진보에서는 이돌라의 숨결을 내쉬지 않으셨나요?

선생 그 이야기는 됐다. 그보다 너는 대단하구나. 미키와 도날드의 이름을 기억하고 이름을 맞춰서 미키와 도날드가 존재하게 만들었으니까.

히로 이름을 말해서 존재하게 만들었다고 하는 건 어쩐지 마법 같네요. 하지만 제가 이름을 부르기 전에도 미키는 원래부터 존재했잖아요? 저는 단지 공식 사이트를 본 후 이름을 기억했을 뿐이에요.

선생 그럼 너는 '미키의 실체'는 '미키의 이름'보다 먼저 있다고 말하는 게냐?

히로 먼저 있다니 그건 또 무슨 말씀이신 건가요.

선생 미키라는 실체가 있기 때문에 미키라는 이름이 있는 것인지 아니면 미키라는 이름이 있기 때문에 미키가 존재하는 것인지 이름과 실체 가운데 어느 쪽이 먼지일까 묻는 거란다.

히로 그야 당연히 실체가 먼저겠죠. 미키가 있으니까 미키라는 이름을 붙인 거잖아요. 이름이란 것은 '무언가 있다'거나 '무언가 존재'하기에 나중에 붙이는 거잖아요.

선생 너는 정말 빙충맞은 녀석이구나.

히로 빙충맞다는 게 뭔가요? 어감이 왠지 좋지 않은데, 인터넷에서 국어사전에 들어가 빙…빙…빙충. "똘똘하지 못하고 어리석으며 수줍다." 역시나 좋지 않은 뜻이잖아요! 일부러 잘 안 쓰이는 말까지 동원해서 놀리지 마시라고요.

선생 '미키'가 아니라 '쥐'로 생각하자. 지저분한 곳에서 흔하게 볼 수 있는 찍찍거리는 작은 쥐 말이다. 히로 너는 '쥐라는 명칭'과 '쥐의 실체' 가운데 실체가 먼저라고 생각하는 게냐?

히로 미키는 그래도 인간이 창조한 것이지만, 쥐는 옛날부터 지구상에 있던 거잖아요? 인간이 나타나기 훨씬 이전부터 존재했다고 알고 있는데요. 그러니 먼저 쥐가 있었고, 그것에 나중에 등장한 인간이 '쥐'라는 이름을 붙인 거죠. 실체가 있고 이름이 있다! 이름보다 실체가 먼저인 게 분명하잖아요?

선생 그래. 사리에 맞는 말로 들리는구나.

히로 그렇게 들리는 게 아니라 실제로 그런 거예요.

선생 그럼 더 깊게 들어가 보자. 더욱 세세하게 분류한 '생쥐'는 어떠냐? '생쥐라는 명칭'과 '생쥐의 실체'도 실체가 먼저 있었다고 말할 수 있을까?

히로 그렇다고 할 수 있죠. 생쥐도 인간보다 먼저 존재했고 나중에 인간 중에 누군가 생쥐라는 이름을 붙인 거니까요.

선생 좋아. 그럼 너는 '생쥐와 생쥐가 아닌 쥐'를 구분할 수 있는 게냐?

히로 그야…, 아니요. 제가 아는 쥐는 미키와 제리, 구리와 구라 정도니까요….

선생 너는 쥐를 보고 그것이 생쥐인지 기니아피그인지 시궁쥐인지 그것도 아니면 다른 무엇인지 구별할 수는 없다는 게지?

히로 제가 〈호두까기 인형〉에 나오는 쥐마왕도 아니고, 그런 건 구별하지 못하죠.

선생 쥐를 보고도 그것이 무슨 쥐인지 구별할 수 없다면 너에게 쥐는 단지 '쥐'일 뿐 '생쥐'라는 쥐는 존재하지 않는 것이 되겠지?

히로 저에게는 그렇겠죠. 어떤 쥐라도 저에게는 그냥 쥐로 보일 테니까요.

선생 흠. 지금 히로에게 모든 쥐는 단지 쥐일 뿐이구나. 그럼 이건 어떠냐? 예를 들어 내일 네가 '생쥐가 어떤 쥐인지'에 대해 조사해 특징들을 자세하게 파악했다고 하자.

히로 헉, 숙제인 건가요?

선생 그냥 가정이라고 했잖니. 쥐에 관해 제법 공부한 너는 많고 많은 쥐 가운데 어떤 종류의 쥐만을 특정해 '이것은 생쥐다'라고 구분할 수 있게 됐다. 그러면 그 순간 히로의 세계에는 생쥐의 실체가 생겨난 것이 되지 않을까? 히로가 '생쥐'라는 이름을 불러주었을 때 비로소 생쥐가 히로의 세계에 생겨난 것이 아닐까?

히로 그야 '히로의 세계'에서는 그렇겠지만, 현실 세계에는 저만 사는 게 아니잖아요. 저에게 쥐는 모두 같은 것으로 보이지만 쥐 전문가나 쥐 애호가는 분명 생쥐를 알 수 있을 테니까 제가 알건 모르건 생쥐는 반드시 존재하는 거죠.

선생 그러니까 네가 빙충맞다는 게다.

히로 왜요! 맞는 말이잖아요.

선생 지금 내 설명에서 '히로'를 인간으로 바꿔도, 즉 '인간 세계'에서도 같은 논법이 성립되는 것을 모른다는 게냐?

히로 "워부치타오我不知道." 모르겠는데요.

선생 너와 마찬가지로 먼 옛날 인간에게 쥐는 단순한 쥐일 뿐 다른 구분은 존재하지 않았단다. 하지만 어느 날 인간은 "쥐 중에서 이런 특징이 있는 쥐를 '생쥐'라고 부르자"라고 정했지. 그 이름을 붙인 순간 생쥐라는 독립된 실체가 탄생한 게 다. 즉 <u>인간이 이름을 붙이고 비로소 그 이름의 실체가 존재하게 됐다</u>는 게다.

히로 어, 음, 그러니까…. 이해가 갈 듯 말 듯 하네요.

좀비의 철학 수업 일곱 번째 2:
소쉬르와 언어를 사용한 사물의 구분

선생 그럼 더 깊이 들어가 보자. 어떤 쥐 애호가가 어느 날 갑자기 "생쥐 가운데 체중 10그램 이하의 것을 '십일쥐'라고 하고 체중이 30그램 이상일 때는 '삼십일쥐'라고 부르겠다"라고 선언했다고 치자. 그렇다면 십일쥐라는 생물과 삼십일쥐라는 생물은 이 세상에 존재하게 되는 걸까?

히로 존재하건 존재하지 않건 상관없이 그 쥐 애호가의 세계에는 존재한다고 생각해요. 하지만 보편적으로 존재하는 건 아니겠죠! 그 사람이 멋대로 주장한 것뿐이고, 그 사람이 멋대로 구분해서 이름 붙인 것뿐이니까 이 세계에 그런 생물이 따로 존재하는 것은 아니라고 생각해요.

선생 하지만 지금까지 인간은 다양한 명칭을 그렇게 정해왔단다. 당장 생쥐의 정의나 시궁쥐의 정의도 어딘가의 인간이 멋대로 기준을 정해서 이름 붙인 것뿐이지 않느냐.

히로 생쥐는 더 많은 사람이나 수많은 전문가에 의해 공인된 분류잖아요. 어디 사는 쥐에 미친 누군가가 멋대로 혼자 정한 게 아니라요.

선생 많은 사람의 합의를 거쳤건 권위 있는 전문가가 정의를 내렸건 '인간이 정한 것'임에는 변함이 없단다. 너는 자의적인 기준으로 십일쥐라는 이름을 새로 붙이는 방식이 이상하다고 생각하는 것 같은데, 여러 가지 이름은 결국 인간이 그렇게 멋대로 붙여온 거란다.

히로 인간은 참 제멋대로네요.

선생 그걸 책망하려는 게 아니란다. 어차피 사물에 단어를 적용하는 방법은 인간이 멋대로 하는 것 말고는 없으니까 말이다. 하지만 인간이 이름을 붙이자마자 그 존재가 따로 독립되어 인식되기 시작한다면 <u>여러 가지 사물은 '실체가 있으므로 이름이 있다'는 것이 아니라 '이름이 있으므로 실체가 있다'</u>는 것이 된다. 이러한 이치는 우리가 '시바견'이나 '치와와', '개'와 '고양이', '책상'과 '의자' 등 무언가를 구분해 이름을 불러주는 모든 것에 적용된다.

히로 잠깐만요. 개와 고양이, 책상과 의자도요? 시바견과 치와와는 흰쥐와 생쥐의 연장선상이려니 하지만, 그 뒤는 비약이 지나친 것 같은데요.

선생 과연 그럴까? '언어란 무엇을 위해 있는가?'를 생각하면 무엇이든 마찬가지라는 것을 깨달을 게다. 어떠냐? 여기까지 듣고 어떤 생각이 들지? 언어는 무엇을 위해 존재한다고 생각하느냐?

히로 언어는…, 연인에게 사랑을 전하기 위해 있습니다!

선생 19세기에 소쉬르Ferdinand de Saussure라는 언어학자가 있었단다. 철학자이기도 했던 소쉬르는 언어에 대해서 **"언어란 차이의 시스템이다"**라고 정의했지.

히로 저의 재치 있는 답변을 무시하지 말아 주세요.

선생 언어란 차이의 시스템이다. 언어란 **'어떤 것'과 '어떤 상태'를 다른 것과 구별하려고 존재한다**는 게지.

히로 구별하려고요? 구별을 위해 언어를 적용한다는 건가요?

선생 쥐는 그때까지 단지 쥐였으나 어느 날 일부 쥐를 다른 쥐와 구별할 필요가 생겼다. 그러자 사람은 일부 쥐와 다른 쥐의 차이에 주목하고 그것을 통해 구분하고자 일부 쥐에 '생쥐'라는 이름을 붙인 게다. 그러자 '생쥐라는 독립된 실체'가 이 세상에 탄생하게 된 게지.

히로 이 세상이라고 해도 인간의 세상일 뿐이잖아요? 인간의 시점에서 생쥐가 다른 쥐와 구별됐을 뿐이잖아요.

선생 그렇지. 하지만 애당초 사물의 차이와 구분이 필요한 것은 인간뿐이란다. '쥐의 세계'를 생각해보려무나. 쥐에게 눈앞에 있는 물체가 '책상'인지 '의자'인지 '책장'인지 구분할 의미가 있을까? 쥐에게 눈앞의 꽃이 '민들레'인지 '튤립'인지 '크리스마스 로즈'인지 그 차이에 의미가 있을까?

히로 쥐 입장에서야 무엇이든 마찬가지겠죠. 책상과 의자가 다르다는 것도 쥐는 이해 못 할 테니까요.

선생 그보다 책상과 의자와 책장은 어차피 같은 것일지도 모른다. <u>인간 이외의 모든 생물이 보면 책상과 의자와 책장의 차이는 존재하지 않으니까.</u> 그러나 인간만은 그것을 구별하지 않으면 생활할 수 없지.

히로 인간은 '의자에 앉고 책상을 앞에 놓는' 방식으로 둘을 구별해서 사용하니까 의자와 책상을 같은 것이라고 취급할 수는 없겠죠. 쥐에게는 책상이건 의자건 비슷한 장애물일 뿐이겠지만요.

선생 인간이 '어떤 것'을 다른 것과 구분할 필요성을 느꼈을 때, 그 어떤 것에는 언어가 적용된다. 개로 예를 들어보자. 인간은 개를 다른 동물과 나눠서 인식할 필요가 있기에 '개'라는 이름을 붙였단다. 개가 있으므로 개라는 개념이 만들어진 것이 아니라 인간이 동물 가운데 일부를 나눠 특정 동물에게만 '개'라는 언어를 적용했으므로 '개'라는 관념이 만들어진 게지.

히로 그렇다면 DNA는 어떻게 되나요? '인간이 멋대로 구분해서 이름을 붙였다'라고 하지만 개나 고양이, 쥐는 DNA가 다르잖아요? 유전자 정보가 다르면 종이 다른 거죠. 그러므로 "인간이 멋대로 나눴다"라는 말은 틀린 것이 아닐까요? 자연의 섭리에 따른 것뿐이잖아요.

선생 히로야, 자연의 섭리란 무엇일까? '유전자를 중요시한다는' 생각 자체가 인간만의 것은 아닐까? 인간이 멋대로 'DNA를 종을 구별하는 기준으로 삼는다'고 정한 것뿐이므로 인간의 편의를 위해 생물을 구분하는 것은 변함이 없는 듯하구나. 개와 고양이에게 물어보면 "우리를 개와 고양이로 구별해서 부르지 마. 같은 지구에 사는 형제들인데 어째서 유전자로 차별하는 거야. 네놈들이 신이라도 되는 줄 아나 보지?"라고 화낼지도 모르지.

히로 그렇네요. 개에게 개의 마음을 물어본 적은 없네요. 개는 자신이 개라고 불리는 것을 어떻게 생각할까요? 구피에게 필담으로 물어보고 오겠습니다.

선생 히로야, 제발 민폐를 끼치는 행동은 자제하려무나.

좀비의 철학 수업 일곱 번째 3:
내가 이름을 불러주자 그는 내게 의미가 되었다

히로 그럼 구별이라는 것은 언제 필요할까요? 인간은 언제 무언가에 이름을 붙여 구별하는 걸까요?

선생 인간은 흥미 있거나 가치 있다고 느끼는 것을 다른 것과 구별하려고 하지. 좋은 의미건 나쁜 의미건 어떤 대상에서 특별함을 이끌어냈을 때, 인간은 그것을 다른 것들과 구분 짓기 위한 이름을 필요로 한단다. 앞에서 예로 든 개와 책상만이 아니야. '달다', '시다', '빨강', '검정' 그리고 '아름다움'과 '추함'도 그 상태에 흥미를 느껴서 나눌 필요가 있으므로 언어를 적용한 게다.

히로 흥미요? 그럼 흥미가 없는 것은 이름이 없어도 상관없다는 말씀이신지요.

선생 저기 있는 미키와 도날드, 데이지라는 이름에서 의미를 느끼는 이들은 그들에게 흥미가 있는 인간뿐이다. 애니메이션과 디즈니 세계에 아무런 흥미를 느끼지 못하는 사람에게는 미키에게 어떤 역사가 있든 데이지가 얼마나 귀엽든 모두 '단순한 캐릭터'이며 이름도 없는 존재일 뿐이겠지.

히로 흥미가 없어도 이름 정도는 기억해주는 게 인지상정이 아닐까요. 흥미나 가치가 있어야 이름을 기억해주고, 이름이 없으니 기억하지 않는다니 좀 냉정한데요. 모두 저마다의 소중한 이름을 가지고 있다고요.

선생 너의 암울한 학창 시절에 빗댄 이야기는 아니었단다. 그럼 흥미도 없고 가치도 느끼지 못하는 것의 이름에서 도대체 어떤 의미를 찾을 수 있을까?

히로 세상이 그렇게 차갑지는 않잖아요. 제가 그런 식으로 투명인간 취급을 받아봐서 잘 알아요. 그래서 저는, 저만큼은 그런 박정한 사람보다는 이름 없는 구석에 손을 내미는 사람이 되고 싶습니다.

선생 기특하구나. 그럼 물어보고 싶은 것이 있는데, AKB 그룹 멤버들은 다 알고 있는 거니? 철학 수업에도 몇 번 언급되었으니 한번 정리해보고 싶구나. 히로가 아는 멤버를 모두 알려주겠느냐?

히로 선생님도 참, 이제 아이돌은 끊으시라니까요. 가만 있자, 와타나베 마유와 카시와기 유키, 미네기시 미나미와 이리야마 안나, 시마자키 하루카 그리고 오구리 유이와 카토 레나, 그리고, 음, 그게….

선생 그리고?

히로 그리고 나머지는 기타 등등이에요.

선생 그렇구나. 그럼 "나는 이름 없는 구석에 손을 내미는 사람이 되고 싶다"고 하면서 네가 좋아하는 AKB 그룹의 멤버 이름도 다 기억하지 못한다는 게냐? 인기 있는 멤버들이 아니라도 모두 소중한 이름을 가지고 있을 거 아니냐?

히로 선생님, 비열하세요!

선생 다른 누구보다 네가 가장 잘 알 게 아니냐? 지금 네가 이름을 열거한 이들은 네가 흥미를 느낀 멤버들이거나 제법 이름이 알려진 친구들이겠지. 반대로 이름을 모르는 '기타 등등'으로 밀려난 멤버는 네가 흥미도, 가치도, 매력도 느끼지 못하는 구석의 아이돌인 게고.

히로 잔혹한 말씀이시네요. 저는 이런 게 정말 싫어요. 문답의 함정을 촘촘하게 파놓고서 침을 꼴깍 삼키며 누군가 걸려들기만 기다리는 철학자들의 음험함!

선생 당연하지만 어떤 멤버건 그 친구의 팬들에게는 소중한 존재일 테지. 하지만 히로는 이름을 기억하는 멤버에게만 흥미가 있으며 또 가치를 느끼고 있을 게다. 따라서 그 특별하게 여기는 아이들과 다른 멤버들을 구분할 필요가 있고, 그렇게 구분하려고 그 아이들에게 이름을 붙인다거나, 또는 붙여진 이름을 기억할 필요가 있는 게 아닐까?

히로 '기타 등등'에 포함된 멤버들에게 죄송할 따름입니다.

선생 그것이 언어라는 게다. 좀비에게도 모두 저마다의 이름이 있지만 히로에게는 나와 좀지로 말고는 모두 그냥 '단지 좀비'들이겠지. 게임에 흥미 없는 사람에게는 플레이 스테이션이든 엑스박스든 그저 이름 없는 '단지 게임기'들일 뿐이고 화장품에 흥미 없는 인간에게 아이섀도니 컨실러니 하는 것들은 이름 없는 '단지 화장품'들일 것이다. 흥미가 없으면 굳이 이름을 붙여서 구별할 필요가 없으니까.

히로 그래서 부모는 자식에게, 반려동물을 키우는 이들은 자신의 동물에게 이름을 붙이는 거군요. 자신이 키우는 아이들을 특별하다고 느낄 테니까 말이에요. 그럼 일반적으로 '사랑하므로 이름을 붙인다'가 되겠는데, 조금 더 비약해서 '사랑하려고 이름을 붙인다'는 것도 성립될 수 있겠는데요.

선생 우리 히로가 나날이 똑똑해지는구나. 주변에 넘치는 것 가운데 무언가에게 특별한 이름을 붙여주는 것도 좋을지 모르겠구나. 그러면 그것이 다른 것과 구별되어 특별하게 생각될 수도 있으니까 말이다.

히로 지금까지 제 인생의 걸림돌이었던 요충에게도 이름을 붙이면 사랑스럽게 느껴질지도 모르겠네요. "이 녀석의 이름은 쿄. 쿄는 다른 요충들과 달라!"라고.

선생 그래, 그럼 이만 디즈니랜드에서의 수업을 마칠까.

히로 감사합니다, 선생님. 그럼 저는 퍼레이드를 볼 장소를 맡아보려고요. 혼자라서 쓸쓸하겠지만….

▼▼▼

어느덧 해가 발갛게 사방을 물들이고 있었지만 완전히 저물기까지는 조금 더 기다려야 했다. 히로는 디즈니랜드 입구까지 좀비 선생을 배웅한 다음 신데렐라 성 앞으로 돌아와 구경할 장소를 미리 마련했다. 히로가 맡은 자리는 공연하는 댄서가 흘리는 땀이 닿을 정도로 퍼레이드 동선과 가까웠다.

이윽고 밤이 찾아오자 디즈니랜드의 명물인 일렉트리컬 퍼레이드가 시작되었다. 화려한 조명을 받으며 가지각색의 디즈니 캐릭터들이 파도처럼 히로의 눈앞으로 넘실거렸다. 히로는 반짝이며 밤을 가르는 행렬을 바라보며 꿈의 나라에 온 것 같은 기분에 젖어 잠시나마 쓸쓸한 처지와 보잘것없는 주머니 사정을 잊을 수 있었다.

퍼레이드에는 미키나 도날드 같은 유명한 캐릭터 말고도 수많은 캐릭터들이 어울렸다. 왜 그런지는 모르겠지만 히로는 문득 지금까지 그저 '기타 캐릭터들'이었을 뿐인 그들 하나하나의 이름을 조사해보고 싶어졌다.

모든 것을 의심하는 의심마저
의심한 의심의 끝

소년, 도시의 뒷골목에서
소녀 그리고 좀비와 만나다

"여행과 독서가
사람을 바꾼다고요?"

히로는 미팅 자리에서 횟술을 들이켰다. 청춘이라면 누구나 들뜰 법한 그 자리에서 술만 들이켰던 이유는 두 가지였다. 하나는 사쿠라코가 일하는 모습을 주방에서 몰래 힐끔힐끔 훔쳐보다가 그만 고개를 돌린 사쿠라코와 정면으로 눈이 마주쳤기 때문이다. 히로는 순간 얼어붙었지만 용기를 내 사쿠라코를 향해 근사해 보이는 미소를 지었다. 하지만 그 이후로 사쿠라코는 지금까지 히로와 눈조차 마주치려 하지 않고 있다. 무엇이 문제였을까? 나름 사토 타케루(영화, 연극 분야에서 활약 중인 배우) 못지 않은 치명적인 미소라고 생각했는데….

두 번째 이유는 그런 히로를 위로하려고 주방 동료 케이가 주선한 미팅에서 어디서 굴러먹다 왔는지 모를 사내 하나가 팀워크를 깨고 방약무인한 행동을 했기 때문이다.

히로와 마찬가지로 케이가 섭외한 그 사내는 마사오인지 마사토인지 하는 이름으로 히로와는 초면이었다. 남성 멤버는 히로와 케이 그리고 마사오인지 마사토인지 하는 (히로의 관점에서)날건달까지 셋이었고 히로와는 모두 초면인 여성 멤버도 딱 세 명이었다. 삼 대 삼이라면 길거리 농구로서도 단체 미팅으로서도 진행 가능한 머릿수다. 따라서 원래대로라면 크게 흥이 올라야 했다. 그런데 마사오인지 마사토인지 하는 날건달은 히로는 물론이고 친구인 케이에게도 신경을 쓰지 않고 조화, 우애, 연대 그런 가치와는 전혀 인연이 없다는 듯이 자신만 눈에 띄려고 내내 발악을 했다.

이런 불합리한 상황에서 히로가 할 수 있는 행동이라곤 인상을 찌푸리고선 술을 들이키는 것밖에 없었다. 마사오인지 마사토인지 하는 날파리는 두 달 동안의 배낭여행에서 막 돌아왔다고 으스댔다. 히로보다 네 살 많은 그는 팔자 좋게도 일을 그만두고 2년 동안이나 해외여행을 다니고 있다는 것이었다.

남자는 끊임없이 이런 이야기를 늘어놓았다.

"아무리 나라도 처음에는 해외에 나가는 것이 두려웠어. 하지만 사나이로 태어났다면 앞뒤 생각하지 말고 저지르는 것도 필요하지."

"나는 50개국을 돌아다니면서 몇 번이나 총소리를 들었고 위험한 일도 자주 겪었어. 하지만 무섭다고 움츠리고 있으면 아무것도 안 돼. 나처럼 눈 딱 감고 뛰어들면 어떻게든 된다고. 인생은 배짱이 전부야."

"그렇게 전 세계를 돌아다녀보니 인생관이 진짜로 바뀌더라고. 인생 한 번뿐이잖아. 직장인처럼 깨작깨작 일하다가 찔끔찔끔 나이를 먹어가는 건 좀 바보 같지 않아? 직장인들은 자신이 무엇을 하기 위해 태어났는지에 대해 반성해봐야 해!"

애기만으로는 어디 오지에서 식인 호랑이와 사투를 벌이고 내전이 격렬하게 벌어지는 곳에서 아이들이라도 구한 영웅 같았다. 그밖에도 마사토인지 마사오인지 하는 날파리의 이야기는 "저번 달에 카페에서 여행 이벤트를 했는데 스무 명이 넘게 모였다"느니 "유명한 여행 잡지에 칼럼을 연재한 적이 있다"라느니, "여행 경험을 정리해 책으로 낼 계획이다", "앞으로는 집필과 세미나, 강연 등을 통해 여행에 나서는 젊은이들에게 나침반과 같은 역할을 하겠다" 따위의 뜬구름 잡는 자기자랑이었다. 덧붙여서 그의 현재 직업은 '여행가 겸 프리 라이터'였다. 다시 말해 백수라는 소리였다.

그런데 일방적인 무용담에 차가운 반응을 보일 것이라 기대한 여성 동지들이 의외로 그런 하찮은 이야기에 흥미를 보이는 것이었다.

"우와, 대단해, 용케 살아서 돌아왔구나!"

"이러다 베스트셀러 작가 되는 거 아니야? 잘나가면 만나기 힘들 테니까 미리 사인해줘!"

"좋겠다! 나도 일이고 뭐고 다 때려치우고 한 달 정도 해외에 갔으면 좋겠어."

그런 사춘기 소년이 잠들기 전에 품는 망상에서나 나올 법한 반응을 보내는 것이었다. 이에 마사오인지 마사토인지는 "좋아. 사인 예약! 모두 일 따위는 때려치워! 한 번밖에 없는 인생이잖아! 모두 여행을 떠나자!"라며 한껏 뻐겼다.

여성 멤버 중에서도 자신을 에리라고 소개한 친구가 가장 눈을 빛내면서 마사오인지 마사토인지의 이야기를 들었다. 그게 히로의 마음을 더욱 아프게 만들었다. 에리는 여성 멤버들 사이에서도 대번에 도드라져 보일 정도로 외모가 뛰어났기 때문이다. 사람을 외모로 평가하는 것은 바람직하지 않다고 하지만 결국 인간은 타인을 겉모습으로 평가할 수밖에 없다고 철학수업에서 배웠으므로, 히로는 전보다 당당하게 다른 사람을 겉모습으로 평가하게 됐다. 좀비 선생이 알면 무척 슬퍼하며 보충 수업을 고민할 풍경이지만 말이다.

에리는 여느 일본인처럼 검은 머리카락에 검은 눈동자를 가졌지만 얼굴선이 시원스럽고 이목구비가 또렷했다. 혹시 조상님 중에 서역에서 건너오신 분이 계신 것일까? 어쨌든 사쿠라코에게 대적할 만한 매력을 가진 그가 마사오인지 마사토인지 하는 날

백수에게 선망의 눈빛을 보내고 있었다. 히로는 그 사실을 참을 수 없었다.

"나도 강연회에 가고 싶은데⋯. 50개국이나 다녔다고? 대단해! 더 많은 나라의 이야기를 해줘!"

"에리라면 일부러 강연회에 안 와도 얼마든지 만나서 이야기해줄게!"

"진짜지? 약속이야. 난 어릴 때부터 배낭여행을 동경했어. 혼자서 해외로 나갈 수 있는 사람은 정말이지 멋진 것 같아."

"약속할게. 에리가 부르면 언제든지 일대일로 여행 이야기를 해줄게. 혹시 배낭여행을 하고 싶으면 내가 함께 가줄 수도 있어. 말만 하라고."

"진짜? 그럼 그렇게 해줘. 함께 가준다면 당장 다음 달이라도 갈래! 정말 같이 가줄 거지?"

"정말 갈 거야? 그럼 잠깐만⋯. 지금부터 계획을 짤까? 둘이서 조용한 곳으로 2차를 가는 건 어때?"

"응, 가자! 하지만 나만 빠져나가도 괜찮을까⋯."

"괜찮아. 남은 사람은 남은 사람대로 짝이 맞으니까 더 즐거울 거야. 여태 나만 너무 눈에 띄는 것 같은데 이 녀석들에게도 기회를 줘야지."

히로는 술잔을 테이블에 내동댕이쳤다.

술이 사방으로 튀면서 일순 자리가 조용해졌다. 케이가 서둘러 히로 손을 잡으며 "이 친구가 많이 취했네"라고 농을 걸었다.

여성 멤버 가운데 한 명도 웃으며 히로에게 물수건을 건넸다. 분위기가 어느 정도 풀리자 마사오인지 마사토인지는 다시 에리를 꾀기 시작했다.

히로는 도저히 분을 삭일 수 없었다.

이 녀석은 도대체 뭐지? 마사오인지 마사토인지 모르겠지만 왜 이렇게 뻔뻔하게 나대는 걸까? 아무리 초면이라지만 단체 미팅이잖아. 자기만 좋으면 이렇게 팀워크를 깨도 괜찮은 거냐? 세계가 어쩌고저쩌고 어디서 들어본 것 같은 이야기밖에 없는 따분한 여행 자랑.

50개국을 여행하며 얼마나 대단한 깨달음을 얻었는지는 모르겠지만 결국엔 백수라는 거잖아. 몇 년이나 일도 안 한 주제에 뭘 믿고 저리 기세등등한 거지. 직장인들이 하고 싶은 일이 아니라 해야 할 일들을 열심히 하기 때문에 일본은 백수라도 해외로 마음껏 나갈 수 있는 경제대국이 된 거라고. 그런데 왜 직장인을 무시하는 걸까?

일 따위 때려치우고 여행을 떠나자고? 왜 건달은 다른 사람들까지 건달로 만들려고 하는 걸까? 너 같은 놈만 있으면 일본은 후진국으로 후퇴할 거다! 성실하게 일하는 사회인을 꾀지 말라고! 노동의 의무도 납세의 의무도 이행하지 못하는 너야말로 무엇을 위해 태어났는지 반성해야 한다고!

수상한 골목에는
그만한 이유가 있다

히로도 아마 남자만 있는 모임에서 그와 만났다면 이렇게까지 분개하지 않았으리라. 하지만 미팅이라는 조화, 우애, 연대가 필요한 장소에서 너무나 멋대로 행동하고 게다가 모임에서 가장 미인이 이런 날강도 같은 놈에게 넘어가기 일보 직전이기에 더욱 분했다. 히로는 일단 마음을 가라앉히려고 화장실에 갔다가 자리에 돌아와 보니 예상대로 마사오인지 마사토와 에리가 보이지 않았다.

케이도 두 사람이 분위기를 망친 다음 멋대로 자리를 뜬 데 마음이 상했는지 술을 세 병 추가했다. 히로와 케이는 마치 경쟁이라도 하는 듯 술을 연거푸 들이켰다.

"또 에리에게 빼앗겼네", "응, 에리는 저렇게 보여도 무척 밝히니까"라며 남은 여성 멤버들은 특별히 불쾌한 기색을 보이지는 않았지만 먼저 간 친구를 칭찬하는 듯 또는 돌려 비난하는 듯 모호한 말을 주고받았다.

결국 모임을 주최한 케이가 취해버리는 바람에 미팅은 이쯤에서 끝내기로 했다. 히로와 케이는 신주쿠역까지 여성들을 배웅했다. 하지만 케이가 "한 잔 더 마시자"라며 억지를 부렸기에 히로는 마지막 전철을 포기하고 다시 가부키초로 돌아갔다. 케이는 이미 고주망태가 되어서 제대로 걷지도 못했다. 두 사람은 번

화가를 지나 어느새 호텔가로 들어섰다. 움직이면 술이 조금 깰 듯해서 히로는 굳이 케이를 말리지 않고 함께 산책했다.

그렇게 얼마간 걷다가 러브호텔이 늘어선 거리 한가운데에서 케이가 갑자기 "토할 것 같아!"라고 외치더니 입가에 손을 대고 구역질을 하기 시작했다.

"잠깐만! 여기는 사람이 다니는 길이야. 힘들겠지만 저쪽 골목으로 들어가자."

히로는 당황해서 구토하기 직전인 케이의 손을 잡아끌고 호텔과 호텔 사이에 뚫린 폭 2미터 정도밖에 안 되는 어두운 골목으로 뛰어갔다. 히로는 이 골목의 끝이 인적이 드문 막다른 길이라는 것을 알고 있었다. 거리에 토사물을 방치해서는 안 된다는 것쯤은 알고 있었지만 케이의 구역질로 봐서는 당장 아까 마신 술들이 뿜어져 나올 것 같았기에 지나가는 사람들 앞에서 토하는 것보다는 이곳이 그나마 민폐를 덜 끼칠 것 같았다.

예상대로 케이는 막다른 길에 들어서자마자 성대하게 방출을 시작했다.

"우웨에에엑!"

"그래, 그래. 토하면 속이 편해질 거야. 그래, 잘했어. 안심하고… 이 상태라면 오늘 먹은 걸 전부 토하겠는데."

히로는 케이의 등을 두드리면서 횟술에 말려들게 한 것을 반성했다. 그리고 지금은 이대로 떠나겠지만 가능하면 나중에 케이와 함께 속죄의 뜻으로 환경미화 활동을 하겠다고 결심했다.

그렇게 히로가 때를 기약할 수 없는 각오를 다질 때였다. 막다른 길 안쪽, 깊은 어둠 속에서 여성의 목소리가 울렸다.

"뭐야! 그런 곳에서 토하면 어쩌자는 거야. 정말이지 뭐하는 짓이람. 식사하는 중인데 교양 없이…."

케이는 경황이 없었기에 그 목소리는 히로만 들었다.

히로는 반사적으로 "죄송합니다"라고 사과했으나 동시에 "왜 이런 수상한 곳에 젊은 여성이?"라는 의문에 사로잡혀서 자신도 모르게 인사불성 상태인 케이를 놔두고 막다른 길 안쪽으로 걸음을 옮겼다.

막다른 길 안쪽에 어스름하게 두 사람 혹은 한 사람 반이 보였다. 한 사람 반? 돌연 떠오른 의문은 다리가 늘씬한 여성의 실루엣이 눈에 들어오면서 흩어졌다. 눈이 조금씩 어둠에 익숙해졌다.

'저, 저건… 에리잖아!'

어둠 속에 서 있는 여성은 방금 미팅에서 마사오인지 마사토인지와 함께 먼저 자리에서 나선 에리였다. 히로는 어째서 그가 이런 수상한 곳에 있는지, 두 사람은 따로 2차를 간다고 했는데 마사오인지 마사토인지에게 바람 맞은 것인지 찰나에 별의별 생각이 오갔다.

'그런데 지금 식사하는 중이라고 했지. 이런 막다른 골목에 노점상이 있었나? 두 사람이 어디 포장마차에 앉아 라멘이라도 함께 먹으면서 진지하게 여행계획을 짜는 중이었나?'

174 / /

눈을 비비고 어둠 속을 자세히 보니 에리는 선 채로 사람의 팔 같은 것을 우적우적 씹는 중이었다. 혹시 착각인가 싶어 다시 봤지만, 틀림없이 인간의 팔이다. 한 입 뜯어먹을 때마다 선혈이 튀는 바람에 에리의 얼굴과 머리카락, 블라우스가 점점 빨갛게 물들었다. 지면에 나뒹구는 다른 부위로 판단해볼 때 아무래도 먹힌 사람은 마사오인지 마사토인지 하는 녀석인 듯했다.

히로는 엉덩방아를 찧으며 절규했다.

"꺄야아악! 주, 죽었어! 먹었어. 죽은 걸 먹었다고! 먹어서 죽였어!"

"앗, 잠깐만. 너 이게 보이니?"

"히이익! 잡아먹지 말아줘요."

"이상하네. 이돌라의 숨결을 내쉬고 있는데 왜 이렇게 난리를 치는 거지?"

"히이이익! 히이익! 히익, 히? 이, 이돌라의 숨결? 지금 이돌라의 숨결이라고 했죠? 그, 그렇다면 혹, 혹시 당신은 처, 처, 철학 좀비인가요?"

"뭐라고오오!"

"꺄야아악!"

"너 철학 좀비를 아는 거야? 혹시 선생님과 어떤 관계지? 너는 좀비 선생님을 아는 거지? 대답해! 말 안 하면 잡아먹는다!"

"그, 그만둬! 다가오지 마아아아!"

그리고 몇 시간 후.

가부키초의 무심한 하늘이 뿌옇게 밝아올 무렵 히로는 신주쿠를 대표하는 신사인 하나조노花園神社 신사의 참배 길에서 좀비 선생과 만났다. 히로는 에리와 만난 다음 케이를 택시에 태워서 집으로 보냈다. 그리고 곧바로 좀비 통신 캐스팅&엔터테인먼트로 전화했다. 다행히 스태프를 통해서 좀비 선생과 연락이 닿았으나 아침에나 신주쿠에 올 것이라고 했다. 그 말을 에리에게 전하자 일단 현장에서 벗어나 해산한 다음 나중에 하나노조 신사에서 만나기로 했다.

"히로야, 나는 몹시 피곤하구나. 늙은 좀비를 새벽 댓바람부터 불러내다니. 도대체 무슨 긴급사태가 발생했다는 게냐?"

"죄송해요. 하지만 철학 좀비가, 철학 좀비가 마사오인지 마사토인지 하는 백수를 먹었어요! 그리고 선생님을 부르라고 협박했다고요."

"뭐? 철학 좀비라고? 철학 좀비는 전 세계에 그리 많지 않을 텐데…. 일본에도 있었나?"

"화장도 곱게 한 굉장한 미인이었어요. 겉모습은 인간 여성과 전혀 구별할 수 없을 정도인데, 앗! 왔다. 왔어요. 왔다고요. 저 여자예요."

참배길 입구에 에리가 나타났다. 조금 전과 달리 화장도 옷차림도 미팅 때와 같은 깔끔한 모습으로 돌아와 있었다. 에리는 히로 옆의 좀비 선생을 보자마자 단숨에 달려왔다.

"선생님!"

"엇, 에리가 아니냐?"

에리는 질풍처럼 달려가 좀비 선생에게 안겼다.

"선생님, 보고 싶었어요!"

"에리야, 어떻게 된 게냐? 이런 곳에서 만나다니 이런 우연이 다 있구나."

잠시 포옹하면서 서로 반가워하는 두 사람의 대화를 엿듣던 히로가 슬쩍 끼어들었다.

"그러니까 이 분은 선생님의 제자군요? 일부러 외국에서 선생님을 쫓아서 온 건가요?"

"그래, 이 녀석의 본명은 에릭시아 카라로카. 나의 가장 오랜 제자다. 알고 지낸 지 한 이천이백 년이 되는구나."

"이천이백 년? 그렇다면 이 분도?"

"고대 그리스인이다. 에릭시아가 좀비가 된 때가 나보다 한 백오십 년 정도 늦었던가? 어쨌든 오랫동안 새끼발가락 하나도 나눠먹은 사이란다. 친딸 이상으로 딸 같은 존재지."

그러자 에리가 좀비 선생을 물고 늘어졌다. 이가 아니라 말로.

"딸이라고 생각하셨으면서 어째서 저를 두고 일본으로 가신 건가요? 오늘까지 선생님을 찾아 얼마나 돌아다녔는지 아세요?"

"송별식 안내장을 보내지 않았느냐? 네가 삐쳐서 안 왔던 것뿐이지. 아다만티오스가 송별인사를 써달라고 종이를 가지고 갔을 때에도 집에 없는 척했다고 들었다."

"그야 저는 선생님의 일본행을 인정할 수 없었으니까요. 제가 그렇게 말렸는데도 멋대로 가버리는 걸 어떻게 용서해요."

"너는 변함없이 고압적이구나. 제자면서…"

히로가 다시 끼어들었다.

"그렇다면 에릭시아 씨도 좀비, 즉 죽은 사람이군요."

"그래, 불만이야? 나도 좋아서 죽은 게 아니야."

"아니요, 불만은 없어요. 이렇게 아름다운 여성이 좀비라니 너무 뜻밖이라서요. 기원전에 태어났는데도 화장이 유행에 뒤처지지도 않고 전혀 위화감이 없네요. 하지만 돌아가신 분께 화장이라고 하니 그 화장火葬이 떠오르네요. 화장이 잘 먹는 날엔 오히려 불편하시겠어요. 바람에 날아가면… 끼약!"

찰싹!

"이게 나이도 어린 게 어디서 벌써부터 부장님 개그야!"

에리는 승마에서 사용하는 짧은 채찍을 꺼내서 히로의 허벅지를 때렸다.

"아프잖아요! 그 채찍은 또 어디서 나온 거예요?"

"에리는 지금은 멸종한 바버리 사자를 키웠던 적이 있어 채찍의 달인이란다."

"고대인은 왜 이렇게 폭력에 쉽게 의지하나요? 그러고 보니 당신은 사람을 먹었죠! 아니, 그 전에 먹기 위해 죽인 거죠? 설마 먹으면서 죽이지는 않았다고 믿고 싶네요. 미팅에서 처음 만난 사람을 왜…? 철학 좀비는 인간을 죽이지 않는다고 알고 있었는데요."

좀비 선생이 옆에 있기에 용기가 생긴 히로가 정색하며 추궁했지만 에리는 전혀 대수롭게 받아들이지 않았다.

"그 마사지인지 하는 녀석? 그래, 내가 죽였어. 그게 어때서? 철학 좀비는 인간을 죽이지 않는다고 누가 그래?"

"선생님께서 그러셨어요! 선생님께선 살아 있는 인간은 잡아먹지 않는다고 하셨어요. 그렇죠, 선생님?"

"선생님은 인간에게 너무 물러. 하지만 나는 달라. 난 사람이 아니라 좀비니까. 좀비가 먹기 위해 사람을 죽이는 것과 인간이 식탁에 올려놓기 위해 새나 물고기를 죽이는 것이 뭐가 달라?"

"이렇게 뻔뻔하다니…. 당신은 사람도 아니야!"

"뭐래. 좀비한테 사람도 아니라니. 난 그 녀석의 이야기가 싫었어. 재미도 없으면서 왜 그렇게 쓸데없이 장황한 거야. 거창하게 포장해봤자 결국은 남의 등골이나 빼먹는 인간일 뿐이잖아. 속 편하게 여행하는 주제에 뭘 그렇게 뽐내는 거야? 어째서 날건달이 성실한 직장인을 무시하는 건데? 그런 뻔뻔한 녀석은 사라져도 걱정할 사람 하나 없을 거야."

"아무리 그렇다고 해도 죽어도 괜찮은 사람은 없잖아요. 남의 등골이나 빼먹고 근거 없는 허풍으로 소란만 피우고 주변은 조금도 배려하지 않으며 이기적으로 행동하는 데다 머릿속에는 어떻게 순진한 여성 꼬셔볼까 하는 욕심밖에 없는 색골이지만 그게 죽여도 좋은 이유가 되는 건 아니잖아요. 아무리 형편없는 인간이라도 살아갈 자격은 있는 거예요!"

"잠깐, 난 그 마사신지 마사진지를 그렇게까지 말하지는 않았는데⋯. 어쨌든 나는 인간을 안 먹으면 죽어. 엄밀히 말하자면 이미 죽어 있지만, 사람을 먹지 않으면 완전히 끝나게 돼. 다시 한 번 말하지만, 인간을 안 먹으면 우리는 끝장이야."

"그렇다고 해도⋯."

"이 나라는 자신의 목숨을 지키기 위해 다른 사람을 죽이는 긴급피난을 인정할 거야. 누군가를 먹어야 한다. 그런데 누군가를 먹을 수밖에 없다면 사회에 공헌하는 인간보다 재미없는 이야기를 늘어놓는 자칭 여행 전문가를 먹는 게 낫다. 이 논리의 흐름에서 뭐가 문제가 되는 거지?"

"문제는 없는 듯⋯ 있는 듯⋯ 아니, 있어요! 인간의 탈을 쓰고 문제없다고 할 수 없어요!"

윤리적 정합성과 감성의 저항 사이에서 히로가 갈등하자 에리는 어깨에 올려놓았던 채찍을 천천히 내렸다.

"물론 나도 조금은 반성하고 있어. 아무리 배고파도 그건 너무 했어."

"당연해요! 뭐든지 정도가 있다고요."

"나도 알아. 가부키초는 길거리에서 음식을 먹으면 안 됐지. 옆에 있던 호텔이라도 들어가서 먹었어야 했는데 한 끼 해결하자고 그러는 건 돈이 아까워서…."

"그걸 말하는 게 아니잖아요! 사람을 죽였다는 문제가 코앞에 있는데 그런 공중도덕 위반을 문제 삼겠어요? 사소한 매너를 지키더라도 살인이 용납되는 건 아니에요! 선생님, 뭐라고 말씀 좀 해주세요."

"하지만 우리는 에리가 말한 것처럼 인간을 먹어야 한단다. 먹지 않는다면 좀비는 완전히 끝장이 나겠지. 인간은 맛있다는 이유만으로 다른 종을 죽이면서 어째서 에리를 책망하는 게냐?"

"아니 그게…, 인간을 조각내서 그 자리에서 먹는 건…, 아무리 그래도…."

"에리는 평소라면 식사를 고상하게 하는데 배가 많이 고팠나 보구나. 조각난 사체를 길거리에서 먹는 흉한 행동을 하는 녀석이 아니야."

"평소에는 고상하다고요?"

"그래. 에리는 식사할 때 항상 냅킨을 무릎에 놓고 나이프와 포크를 사용해서 우아하게 먹는단다."

"뭐를?"

"그야 사람이지."

"변함없잖아요? 사람을 잡아먹는 것은 움직일 수 없는 기준인가요?"

"우리는 인간과 달리 맛을 위해서 다른 자의 목숨을 빼앗지 않

잖느냐. 좀비가 먹는 생명은 반드시 필요한 최소한의 양뿐이란
다. 이 점에서 인간인 너에게는 반론의 여지가 없을 게다."

"없을까요…."

그때 에리가 좀비 선생에게 물었다.

"이 사람은 일본에서 들인 제자인가요?"

"그래. 첫 번째 일본인 제자인 히로다."

"저도 일본인 제자를 가르치고 싶었어요! 얼마 동안 철학과 동
떨어진 생활을 했더니 몸이 근질거려요. 저도 이 사람을 가르쳐
줘도 괜찮죠?"

"히로 말이냐? 괜찮단다."

"자, 잠깐! 저의 의견은 묻지도 않고 왜 멋대로 정하세요?"

"무슨 상관이냐? 다양한 사람과 문답을 나눠야 철학적 사고도
깊어지는 게다. 앞으로 나와 에리가 교대로 수업을 해주마."

"싫어요! 이런 무서운 사람… 아니, 무서운 좀비와 강의라니요.
화장할 때 불보다 더 뜨거울 거예요."

"나를 뭐라고 생각하는 거야!"

찰싹!

"아얏! 이거 보세요! 채찍으로 때리잖아요."

"에리의 실력은 내가 보증하마. 다만 에리는 스파르타 출신이
라 수업도 상당히 스파르타식이긴 할 게다."

"싫어!"

▼▼▼

이렇게 히로의 철학 수업에 또 한 명의 교사가 참여했다. 새로
운 철학 교사는 채찍을 휘두르며 스파르타식 지도를 하는 듯했
다. 겨우 몇 시간 전에 살인 현장을 목격했는데 그런 사실은 이
미 기억의 저편으로 날아가고 수업에 대한 불안이 히로의 머릿
속을 가득 채웠다. 어차피 인간은 그런 존재다. 인간은 타인이 고
통스럽게 죽는 것보다 자신이 모기에 물린 것을 더욱 괴롭게 느
끼는 생물이니까.

우리는 왜 '불완전'한 채로
존재하는가?

일주일 후 에리와 만난 장소는 시부야 센터 거리 입구였다.

히로는 인터넷 쇼핑몰에서 산 사이즈가 안 맞는 체크무늬 셔츠를 청바지에 구겨 넣었다. 옷 입은 것만으로 뵈선 히로가 일부러 5미터 정도 거리를 둔 에리가 시부야 거리에 훨씬 가까웠다.

조금만 떨어져서 보면 에리는 그리스에서 왔다고 생각할 수 없을 정도로 일본인에게도 익숙한 생김새였다. 하지만 가까이에서 자세히 들여다보면 시원스러우면서 큼지막한 이목구비 때문에 마냥 일본인처럼 보이지만도 않았다. 그리고 그런 약간의 위화감이 그의 미모를 더욱 돋보이게 했다.

하지만 에리의 미모와는 상관없이 그의 정체를 아는 히로는 에리와 만나자마자 여러 가지 의미에서 가슴이 떨린다기보다는 손과 다리가 후들거렸다.

"아, 안녕하세요. 에리 씨. 아, 아니 에리 선생님."

"뭐야, 지금 삼바라도 추는 거야? 왜 그렇게 움찔거려."

"히이익! 무, 무, 무슨 말씀이세요. 선생님을 뵈니 신이 나서 몸
이 절로 움직이네요."

"흥, 그럼 가자. 나는 이 지저분한 거리를 빨리 벗어나고 싶네."

"그럼 시부야에서 만나지 않았으면 됐잖아요. 근데 오늘 따라
거리가 부쩍 지저분하긴 하네요. 예전엔 이 정도로 쓰레기투성
이는 아니었는데."

히로 말처럼 골목에는 빈 캔과 빈 병, 햄버거 포장지, 편의점
봉투 등 휴지와 쓰레기가 잔뜩 굴러다녔다.

"어젯밤에 월드컵 경기가 있었죠. 그래도 너무하네. 스마트폰
으로 뉴스를 검색해보니 어제 일본 대표팀이 사우디아라비아 대
표팀에 역전승했다고 하더라고요. 그래서 교차로에 젊은이들이
몰려나와서 큰 소동이 벌어졌대요."

"알아. 어제 나도 여기 있었으니까."

"네? 어제도 시부야에 계셨어요?"

"그래. 그래서 과식을 해버렸지 뭐야. 아직도 속이 더부룩하네.
열흘 동안은 아무것도 안 먹어도 괜찮을 것 같아."

"서, 선생님 제가 제대로 들은 게 맞죠?"

"응, 처음부터 사람을 잡아먹을 생각은 없었어. 그냥 뉴스를 보
다 재밌을 것 같아서 와봤거든. 아마 교차로에서 축구 경기를 구

경하고 있을 때였지? 대표팀 유니폼을 입은 개코원숭이처럼 생긴 녀석이 가슴이랑 엉덩이를 자꾸 만져대잖아. 그래서 어두운 곳으로 데려가서 꼭꼭 씹어 먹었어. 왜, 불만이야?"

"에리 선생님의 가슴… 엉덩이… 아, 아니, 그런 패씸한 녀석이 있다니요! 그래요, 누군가를 먹을 수밖에 없다면 차라리 그런 녀석을 먹는 게 나을지도 몰라요."

"그런데 히로야, 너 좀비 아니지?"

"선생님께서도 참. 제가 좀비였으면 진작에 눈치를 채셨겠죠."

"그렇지? 그런데 아까 개코원숭이 얘기를 들으며 침을 꼴깍꼴깍 삼키기에 혹시나 하고 물어봤어."

에리는 뜨끔해 하는 히로를 뒤로 하고 센터 거리 동쪽으로 성큼성큼 걸었다.

"그런데 선생님, '취이나리去哪里?' 어디까지 가는 건가요? 서서 이야기하는 건 힘들 테니 패밀리 레스토랑이나 라멘 가게에서 차분하게 수업을 들었으면 좋겠어요."

"아니! 난 도겐자카를 지나서 시모키타자와에서 메이다이마에까지 걷고 싶어."

"네? 한 시간 이상 걸릴 텐데요."

"포티다이어 전투에 종군한 소크라테스는 어느 날 아침 선 채로 생각에 잠겨서 다음 날 아침까지 선 채로 있었다고 해. 마흔이 넘은 소크라테스가 24시간이나 선 채로 철학을 생각했는데 젊은 히로에게 한 시간 정도는 아무것도 아니잖아?"

"저는 소크라테스도 아닌데… 아닙니다."

"선생님은 이천 년 전부터 산책하면서 강의했어. 우리 일파가 소요학파(페리파토스)거든. 쉽게 말하자면 산책하며 공부하는 학파라고. 일정한 리듬으로 걸으면 경치가 바뀌면서 뇌도 활성화될 거야. 철학을 위해서는 걷는 게 최고야."

"걷기가 최고일지도 모르지만, 꼭 최고에 집착할 필요는 없잖아요? 철학을 배우면 집착에서도 벗어나야 하는 게 아닐까요? 꼭 일등이 아니라도, 두 번째도 괜찮잖아요."

"듣던 대로 히로는 바보구나. 최고에 집착해야 두 번째라도 될 수 있는 거야. 모두 최고에 집착하는데 혼자서 처음부터 두 번째도 괜찮다고 마음먹으면 열 번째조차 될 수 없을 걸."

"그래서 제가 지금까지 이 모양 이 꼴이었나 보네요…."

"그런데 너는 인식에 관한 수업은 아직 한 번도 못 받았지?"

"인식이요? 최근에 받은 수업은 무지의 지나 철학적 좀비, 언어와 실체 같은 거였어요."

"정말 어쩔 수 없다니까."

"죄, 죄송해요."

"네가 사과할 필요는 없어. 철학에서 가장 먼저 이야기하는 주제는 인식이야. 플라톤보다 먼저 소쉬르를 가르치시다니 선생님도 너무하신다니까."

"그렇죠? 저도 그렇게 생각하고 있었어요."

"저기 검은색 개가 보이지?"

"모델처럼 걷는 깡마른 개 말씀이시죠?"

두 사람의 앞쪽에 멋쟁이 여성과 함께 어깨 높이가 40센티미터 정도의 마르고 긴 개가 뽐내듯 걷고 있었다. 이탈리안 그레이하운드라는 견종으로 몸과 다리가 기분 나쁘게 느껴질 정도로 늘씬한 것이 특징이다. 시부야에서 미소키타자와 일대는 이런 멋쟁이들이 끌고 나온 독특한 개들이 자주 활보했다.

"저 비실비실한 개는 일반적으로 '개'라고 하면 떠오르는 것과는 형태가 꽤 다르지?"

"아무래도 많이 다르죠. 시모키타자와에서는 전 세계에서 시모키타자와에서만 있을 것 같은 개들을 자주 볼 수 있어요."

"하지만 너는 저것을 처음 봤을 때 고양이나 이구아나가 아니라 개라는 것을 단번에 알 수 있었지? 일반적인 개와는 많이 다른 형태라도 어떻게 개라는 것을 인식했을까?"

"아마 제가 개를 많이 좋아하기 때문이 아닐까요?"

"넌 정말 뱅충이구나."

"뱅충이라니요! 철학 좀비는 모두 입이 너무 험하면서 어휘가 참신해요."

"신기하지 않아? 넌 뱅충이가 정확히 뭔지도 모르면서도 단번에 욕으로 알아들었잖아. 왜일까?"

"아마도 어감 때문이겠죠?"

"글쎄. 그럼 지금까지 밑밥은 충분히 깔았으니 이쯤에서 플라톤과 이데아에 대해 강의를 시작할까."

에릭시아의 철학 수업 첫 번째 1:

플라톤과 완벽한 세계 이데아

에리 인식에 관해서 배우려면 소크라테스의 제자 <u>플라톤</u>_{Plato}, 그리고 플라톤이 제창한 '<u>이데아론</u>'부터 시작해야 해.

히로 그게 개와 무슨 관계인가요?

에리 응? 혹시 그거 말대꾸야? 우리 히로가 많이 용감해졌구나.

히로 히익….

에리 플라톤의 이데아론에 따르면 우리가 어떤 개를 보고 개라는 것을 인식할 수 있는 까닭은 우리가 '개의 이데아를 상기할 수 있기 때문'이야.

히로 가끔 철학은 개가 말하는 것처럼 들리는 것 같…. 그렇게 채찍을 움켜쥔 채 노려보시면 제가 아무 말도 할 수 없어요.

에리 한 번 시점을 바꿔보자. 너는 아까 저 비실비실한 개를 '일반적인 개와는 다른 형태의 개'라고 했지? 즉 저 개는 '일반적인 개에서 멀리 떨어진 개'라는 거지. 그리고 '일반적인 개에서 멀리 떨어진 개'가 있다면 '일반적인 개에 가까운 개'도 있겠지?

히로 아무래도 '확실히 개'라는 느낌이 드는 보통 개는 '일반적인 개에 가까운 개'라고 할 수 있겠죠.

에리 그럼 '일반적인 개에 가까운 개'가 일반적인 개에 더욱 가까워지면 어떤 개가 될 것 같아? 거리를 점점 줄여서 거리가

189 / /

제로가 된다면, 그것은 어떤 개일까?

히로 일반적인 개와 거리가 제로인 개라…. 어렵네요. 백퍼센트 순종일까요? 가깝거나 거리가 제로라는 것은 개의 정의와 다름없는 완전체? 숭고하고 유일무이한 개 중의 개라는 느낌이겠죠?

에리 그게 '개의 이데아'야.

히로 네? 백퍼센트 순종이 개의 이데아라고요? 그렇게 노려보시면 무섭다니까요! '숭고하고 유일무이한 개 중의 개'라는 것이 개의 이데아라는 말씀이시죠?

에리 그래. 개뿐만이 아니라 다양한 존재에 이데아가 있어.

히로 잘 모르겠네요. 그럼 고양이의 이데아는 숭고하고 유일무이한 고양이 중의 고양이이고 개구리의 이데아는 숭고하고 유일무이한 개구리 중의 개구리라는 말씀이신가요. '우물 속의 개구리'의 이데아는 숭고하고 유일무이한 우물 속의 개구리 중의 우물 속의 개굴! 으약! 혀 깨물렸다!

에리 대략 그렇게 이해하면 돼.

히로 하리만 그러다며 이데아는 어리에 이나요(하지만 그렇다면 이데아는 어디에 있나요)?

에리 이데아는 이데아 계에 있어.

히로 내 그럴 줄 알았습니다. 또 알 수 없는 말이 나왔네요.

에리 더 간단하게 생각해보자. '직선'을 알겠지?

히로 당연하죠. 저 이래 봬도 대학까지 나온 남잡니다.

에리 그렇다면 너는 '완전한 직선'을 그릴 수 있을까?

히로 자를 사용하면 그릴 수 있겠죠. 아니면 컴퓨터 소프트웨어로 직선을 그리면 더욱 완전한 직선이 될 테고요.

에리 직선의 정의는 '두 점의 최단거리'이며 '폭을 가지지 않은 길이'야. '길이'는 '선'으로 생각해도 괜찮아. 그렇다면 자로 그린 연필의 선이나 컴퓨터 모니터에 구현된 선이 '폭을 가지지 않은 선'이라고 할 수 있을까?

히로 그건 너무 고지식한 기준인데요. "현미경으로 보면 어느 정도 폭이 있잖아!"라는 말씀을 하고 싶은 거죠? 푸흡. 에리 선생님은 심술쟁이. 사실 '폭을 거의 가지지 않은 선'이라고 해도 상관없잖아요? 여기 일본에서 사시려면 그 정도는 용인하는 마음의 넓이를 가지셔야죠. 그렇게 심술 맞으시니 미인이라도 인기가 없는 거예요. 하긴 어차피 좀비시니 상관없겠지… 꺄아악!

에리 너는 직선보단 내 사랑의 매가 그리는 완만한 곡선이 그립나 보구나.

히로 그렇지만 폭이 없는 선은 없잖아요! 컴퓨터로 아무리 가는 선을 그려도 몇 마이크론 정도의 폭은 있을 수밖에 없어요. '폭이 없는 선'이라는 정의 자체가 엉터리라고요. 그런 선이 세상에 어디 있어요?

에리 그래. 이 세상에 폭이 없는 선은 없어. 즉 완전한 직선은 없는 거야.

히로 네? 어쩐 일로 순순히 인정하시네요.

에리 '사물과 사물의 경계'를 선으로 생각해보자꾸나. 가령 한 장의 종이를 테이블 위에 놓았을 때 종이의 가장자리는 '폭이 없는 선'이라고 할 수 있겠지? 하지만 분자 레벨까지 확대해서 보면 균일하지는 않을 테니 '완전한 직선'은 아니야.

히로 즉 완전한 직선이라는 것은 이 세상에 존재하지 않는다는 건가요?

에리 그래, 이 세상에는 존재하지 않아. 하지만.

히로 하지만?

에리 이데아 계에는 있어.

히로 그럴 줄 알았어요! 즉 이데아 계에는 직선의 이데아, 숭고한 직선 중의 직선, 직선의 완전체가 있다는 건가요? 도대체 이데아 계가 뭐기에 그렇게 좋은 게 있다는 건가요?

에리 플라톤은 우리가 사는 현실 세계 말고도 이데아 계가 따로 있다고 생각했어. 그곳에는 삼라만상의 이데아, 즉 모범이 될 수 있는 완전한 형태가 존재해. 이데아는 '진짜'와 '진정한 모습'으로 표현할 때도 있지만 너의 말을 빌려서 '완전체'라고 해도 좋겠지.

히로 이데아 계에 개와 고양이의 이데아부터 직선의 이데아까지 모두 있다는 건가요?

에리 그래. 그리고 <u>현실 세계에 있는 모든 것은 이데아 계에 존재하는 이데아를 모방해서 만들어졌어.</u> 서예 수업을 상상해봐. 서예 수업에서 선생이 본보기가 될 글자를 쓰면 학생들은 그 글씨를 모방하지?

히로 그럴 때 선생의 본보기가 이데아이고 학생이 모방한 글자가 현실 세계의 것이라는 말씀이시죠?

에리 그래. 잘 된 모방도 있고 서툰 모방도 있지만 모두 본보기와는 조금씩 다르지. 현실 세계의 생물과 생물체는 모두 그런 이데아를 모방해서 만들어졌으며 그렇기에 다양하고 개성 있는 모습이 되는 거야.

히로 '도라에몽'으로 예를 들어 볼 테니 제가 제대로 이해한 것인지 봐주세요. 도라에몽은 애니메이션으로 만들어지거나 봉제인형으로 만들어지거나 열쇠고리 혹은 아이들이 좋아해서 그리는 그림 등 다양한 도라에몽이 있죠. 하지만 원작자인 후지코 후지오藤子不二雄 선생이 그린 도라에몽이야말로 '도라에몽의 이데아'이고 그 외의 도라에몽은 모두 이데아의 모방, 즉 현실 세계의 불완전한 존재라는 것이겠죠?

에리 무슨 뚱딴지같은 소리야?

히로 히익! 때리지만 마세요.

에리 그 말에도 일리가 있어. 이해가 빠른 걸.

히로 칭찬하시려면 채찍을 들지 않아도 됐잖아요! 그래서 이데아가 인식과 어떤 관계가 있나요? 개나 직선의 이데아가 있다면 어떻다는 건가요?

에리 질문이 좋은데? 우리는 결코 '완전한 직선'을 그릴 수 없어.

'삼각형'도 마찬가지야. 정의에 딱 들어맞는 '완전한 삼각형'을 만드는 것은 어떤 컴퓨터를 사용해도 불가능해.

히로 그야 완전한 직선을 그릴 수 없다면 완전한 삼각형도 그릴 수 없겠죠. 극한까지 확대하면 각진 부분도 둥글 테니까요. 각이 둥글다면 그건 삼각형이 아니겠죠.

에리 하지만 우리는 불완전한 삼각형을 보고도 "이것은 삼각형이다"라고 이해할 수 있잖아? 대충 그린 삼각형이나 삼각김밥을 보고도 삼각형이라고 인식할 수 있어.

히로 하긴 피라미드를 비롯해 후지산이나 꼬깔콘도 삼각형 모양으로 받아들여지니까요.

에리 각각의 삼각형이 "완전한 삼각형과 얼마나 다른 삼각형일까?"라는 것도 감각적으로 알 수 있지. 개도 마찬가지야. 다양한 개성을 가진 개를 봤을 때에도 우리는 그 저마다의 모습 모두를 '개'라고 인식할 수 있어. 게다가 그것이 '일반적인 개에 가까운 개'인지 '일반적인 개에서 먼 개'인지도 감각적으로 알 수 있지.

히로 아까 늘씬한 개를 보고 '일반적인 개와 다른 개'라고 느꼈다는 것은 무의식중에 그 개가 얼마나 완전한 것인지를 채점했다는 거군요.

에리 그럼 여기서 문제야. 어째서 그런 것이 가능할까?

모든 불완전한 것에는 완전한 형태가 새겨져 있다

히로 '개성 있는 다양한 개를 봐도 그것이 개라는 것을 알고' 나아가 '그 개가 얼마나 완전한 개인지를 무의식중에 판단할 수 있는 것'은 무슨 이유에서인지를 묻는 건가요?

에리 그래. 개뿐만이 아니라 직선과 삼각형 혹은 사각형이나 곰, 기린을 보더라도 마찬가지잖아. 어째서일까?

히로 그야 당연하게도 내가 유능하니까? 잠깐, 잠깐! 이따위로 대답하면 또 맞을 것 같아. 아프니까 안이한 답변은 하고 싶지 않아. 어떻게 대답해야 혼나지 않을까. 하지만 나는 칭찬받아야 성장하는 타입인데, 이렇게 배워도 괜찮은 것일까? 칭찬은 고래도 춤추게 한다는 말도 있잖아.

에리 혹시 구시렁대는 거야? 우리 히로가 계속 용감해지네?

히로 꺄악! 너무해요, 대답도 듣지 않고 혼내다니요. 어차피 맞았으니 더 고민하지 않을래… 아닙니다. 어째서인가요? 무척 궁금합니다!

에리 도라에몽을 생각해봐. 예를 들어 아이들이 그린 도라에몽 그림을 보면 너는 그것이 '도라에몽'이라는 것을 알 수 있고 '완전한 도라에몽'과 얼마나 다른지를 바로 판단할 수 있어. 그렇지?

히로 그렇죠. 저는 완전한 도라에몽을 본 적이 있으니까요.

히로 그래. 그게 정답이야.

히로 넷? 이게요?

에리 네가 '완전한 도라에몽'을 본 적이 없다면 도라에몽 그림을 보고도 원작자가 그린 것인지 아니면 아이가 그린 그림인지를 판단하는 것은 물론이고 잘못하면 '그것이 도라에몽이라는 것'조차 이해할 수 없을 거야. 마찬가지로 '완전한 개'와 '완전한 삼각형', 즉 개의 이데아와 삼각형의 이데아를 모르면 얼마나 완전한 개와 가까운지, 얼마나 완전한 삼각형과 가까운지를 알 수 없어.

히로 잠깐만요. 그 논리에 따르면 저는 개와 삼각형의 이데아를 본 적이 있다는 거잖아요? 이상하네요. 저는 후지코 후지오 선생이 그린 도라에몽을 본 적은 있지만 개의 이데아는 본 적이 없어요.

에리 봤을 거야.

히로 어디서요? 혹시… 사실은 제가 개의 완전체였다는 식의 말씀은 아니시죠?

에리 우리가 태어나기 전이야. **플라톤의 말에 따르면 우리 혼은 모두 태어나기 전에 이데아 계에 있었어.** 그곳에서 우리는 모든 이데아를 본 거야. 그런데 이데아 계를 나와서 이 세계에 태어날 때 우리는 이데아의 기억을 잃어버린 거지. 하지만 이 현실 세계에서 사물을 인식할 때 우리의 이성이 작용해서 봉인됐던 이데아의 기억을 조금이나마 불러내 그것과 눈앞의 사물을 비교할 수 있다고 해. 그 작업을 플라톤은 <u>상기</u>라고 불렀어. 그러므로 우리는 다양한 개성을 지닌 개를 보더라도 그것이 개라는 것을 알아차릴 수 있는 거고 또 얼마나 완전한 형태인지, 즉 이데아와 얼마나 다른지를 인식할 수 있는 거야.

_{히로} 우리는 모두 원래는 이데아 계의 주민이었다. 그래서 혼에 '사물의 완전한 형태'가 새겨져 있다는 말씀이신 건가요?

_{에리} 그래.

_{히로} 죄송한데 구체적으로 듣고 싶어요. 그럼 이데아 이야기를 진실로 받아들여야 하나요?

_{에리} 그것은 네가 고민할 문제야. 이데아론은 어디까지나 플라톤이 제창한 이론이고 진실이 어떤 것인지 증명하는 종류의 이야기는 아니거든. 좀비 선생님도 플라톤에게는 비판적인 입장을 취하고 계셔. 다만 철학 사상의 인식 문제를 더듬어 올라갈 때 이데아론을 알아둘 필요는 있어. 진실성을 느끼는 부분이 있다면 그 부분을 자신의 사상과 조합하면 되는 거야. 그렇지 않다면 '플라톤은 그렇게 생각했다' 정도로 받아들이면 될 테고.

_{히로} 선생님도 비판적이었다니 다행이네요. 현대인이라면 플라톤의 이야기를 두 손 들고 찬성할 수는 없을 테니까요. 〈아테네 학당〉을 보니 플라톤도 한 손만 위로 들고 있고….

_{에리} 이데아론이 인식 문제에 대해 충분하게 설명하지 못한 것은

분명해.

히로 네, 그건 알겠어요. 분명히 우리는 사물을 보며 직감적으로 '완전에 가까운 형태'를 무의식중에 알 수 있으니까요. 사쿠라코는 인간으로서 상당히 완전체에 가까운 느낌이 들죠. 그래서 마음이 끌리는 걸까….

에리 사쿠라코는 누구야?

히로 저와 같은 곳에서 아르바이트하는 아이예요. 저는 주방 담당이고 사쿠라코는 서빙이거든요. 무척 귀여워서 보자마자 바로 '완벽한 인간'이라는 인상을 받게 돼요.

에리 홍, 덧붙여서 내가 너를 봤을 때 직관적으로 '불완전한 인간'이라는 인상을 받았지.

히로 저도 거울을 보면 그런 느낌이 들지만 그렇게 단언하실 필요는 없잖아요. 가끔 막 샤워를 마친 다음 화장실 거울로 보면 조금은 잘생긴 것처럼 보인단 말이에요.

에리 글쎄. 플라톤의 말을 빌리자면 사쿠라코는 '인간의 이데아'에 한없이 가까운 존재이며 반대로 너는 이데아에서 멀리 떨어진 실패작인 거지.

히로 실패작이라니요! 저 역시 불평하고 싶네요. 이렇게 불완전한 모방으로 태어나게 한 존재에게 말이죠.

에리 홋, 그래 알았어. 또 하나 중요한 이야기인데 이데아는 형태가 있는 것에만 존재하는 게 아니야. 예를 들어 '단단함', '추위', '검정', '아름다움' 같은 추상에도 이데아가 있어.

히로 이해가 잘 안 되는데요?

에리 이론은 똑같아. '아름다움'에도 다양한 아름다움이 있으나 자연이건 예술이건 사랑이건 우리는 아름다운 것을 아름답다고 느낄 수 있어. 나아가 '완전한 아름다움'이나 '아름답지만 대수롭지 않은' 것도 직관적으로 판단하는 능력이 있어.

히로 그렇군요. '추위'도 '완전한 추위'를 느낄 때가 있고 '불완전한 추위'를 느낄 때가 있죠. 하지만 이 추위도 춥다고 인식할 수 있고 완전한 추위에 비해 얼마나 추운지도 알 수 있는 것 같아요.

에리 이유는 '아름다움'과 '추위'에도 이데아가 있기 때문이야. '아름다운 꽃'이나 '아름다운 경치'가 아니라 <u>'아름다움' 자체의 이데아</u>가 있으며 우리는 그것을 상기할 수 있기에 아름다운 것을 아름답다고 느끼는 거야.

히로 하지만 <u>'아름다움</u> 자체의 이데아'라니 구체적으로 상상하기 어렵네요.

에리 우리가 태어날 때 이데아의 기억이 지워지기 때문이라고 하니까. 기억을 못하니까 '아름다움 자체'를 구체적으로 상상할 수 없는 것도 당연해.

히로 태어날 때 몽땅 잊어버렸으니 구체적으로 떠오르지 않는 것도 당연하겠죠. 하지만 어쩐지 교묘한 말장난 같은 느낌도 드는데요.

에리 그밖에도 플라톤은 이데아의 최고봉을 '선의 이데아'라고 규정한 다음 그것이 "인간의 궁극적 목표"라고 주장했는데 아마 플라톤 자신에게도 뜬금없는 이야기가 아니었을까?

히로 어쩐지 플라톤 이론의 한계가 보일 듯 말 듯한데요.

에리 플라톤은 지금으로부터 이천사백 년이나 전에 태어난 과거의 인물이야. 그 시대에 이렇게까지 인식에 관한 이론을 구축한 것은 높게 평가받아야 해. 응? 어쩐지 히피 차림인 사람들이 늘었는 걸. 슬슬 시모키타자와인가?

히로 진짜네요. 뮤지션이나 연극배우 같은 사람도 있네요. 저쪽은 신출내기 개그맨인가? 앗, 그렇네요. 이렇게 무의식적으로 타인의 정체에 대해 판단할 수 있는 것도 제가 과거 이데아계에서 '뮤지션의 이데아'나 '연극인의 이데아'를 봤기 때문이라는 거군요. 어쩐지 이해가 되네요.

에리 그럼 이대로 칸나나를 지나서 메이다이마에까지 걷자.

히로 다리가 좀 아픈데 잠깐 쉬었다 가시죠? '교자노오쇼'에서 교자만두 어떠세요?

200 / /

절대로 의심할 여지가 없는
제1원인을 찾아라

에릭시아의 철학 수업 두 번째 1:
데카르트와 방법적 회의

히로 선생님, 에리 선생님! 교오자마안두요, 교자노오소쇼에서 교
자만두 먹고 가요. 만두가 아니라 크레페라도 상관없으니까
조금 쉬자고요. "슈시이샤休息一下!" 저기 퍼스트키친 가게도
있어요. 저기가 제가 좀비 선생님께 첫 수업을 들었던 곳이
에요. 그때처럼 함께 플레이버 포테이토를 먹는 것도 괜찮지
않을까요.

에리 너도 알겠지만 나는 인간 음식은 못 먹어. 점심을 그렇게 먹
고 싶으면 네가 교자만두를 먹을 때 내가 너를 먹을게.

히로 점심 먹는 제가 점심이 된다니요, 그런 농담은 싫어요.

에리 왜 우리 히로는 그 말이 농담이라고 단언할까? 그럼 이대로 걷자고. 여기서부터 메이다이마에까지 걸으면서 데카르트의 방법적 회의에 관해서 이야기할 거야.

히로 보컬로이드(노래를 불러주는 소프트웨어)와 니코니코 초회의(애니메이션 등 서브컬처 이벤트)요?

에리 방법적 회의! 장난치지 마!

히로 배가 고파서 귀가 점점 들리지 않아서 그래요. 하지만 어쩔 수 없네요. 심술궂은 어떤 분 때문에 가녀린 소년은 굶주린 배를 움켜쥐고 거리를 쓸쓸히 걸어야겠지요. 배를 곯은 소년은 강의에 집중할 수 있을까요.

에리 인간은 말이지, 공복일 때 머리는 더 잘 돌아간다고? 오히려 식후에는 소화에 에너지를 사용하니까 머리가 안 돌아갈 수밖에 없잖아. 기아 상태에 가까워지면 생물은 살아남으려고 평소보다 더 집중력을 발휘하게 돼.

히로 그런 건 아무래도 상관없어요. 공복이니 기아니 그런 재미없는 말보다 차라리 철학을 이야기하죠.

에리 그럴까. 방법적 회의는 연역법으로 이어나가는 사고법이야. 철저한 회의를 통한 소거법으로 진리를 밝히는 개념이지.

히로 어쩐지 대단한데요. 뭔 말인지 하나도 못 알아듣겠지만 바로 그 부분에서 에리 선생님이 멋져 보여요. 선생님께선 그리스인인데도 언제 그 어려운 말들을 익히셨대요? 일본에 오신 지 얼마 되지도 않은 것 같은데요.

에리 당연히 공부했지. 3년 전에 좀비 선생님이 일본으로 떠났을 때부터 공부를 시작했고, 나 역시 일본에 온 지 벌써 일 년이 지났어. 별로 대단할 것 없어.

히로 하지만 저는 무리였을 것 같아요. 독학으로 외국어를 능숙해질 때까지 공부하다니요. 게다가 전문용어까지 잘 쓰시잖아요. 평범한 사람은 흉내도 못 내요.

에리 평범한 사람 이상으로 공부했으니까. 인간은 필사적으로 하면 못할 일이 없어.

히로 아니. 필사라고 하기엔 이미 돌아가셨잖아요! 죽은 사람이 '필사적으로 하면'이라니…, 그거 개그인 거죠? 아얏!

에리 지금 그 태도는 뭐지? 히로 주제에! 더 까불면 채찍이 용서하지 않을 거야.

히로 이미 채찍을 맘껏 휘두르셨으면서 그런 말씀하시면 뭘 해요! "채찍이 용서하지 않을 거야"는 채찍을 휘두르기 전에 하셔야죠. 이런 쪽의 일본어도 제대로 공부하셔야…. 히익! 제가 잘못했습니다. 그러니까 채찍은 이제 내려주세요. 그럼 그 니코니코인가 하는 회의에 관해서 알려주세요.

에리 방법적 회의!

히로 그래요. 그 회의.

에리 참나…. 데카르트는 17세기 프랑스 철학자야. 그는 "코기토 에르고 숨$_{\text{Cogito, ergo sum}}$"이라는 유명한 말을 남겼어. "나는 생각한다. 고로 존재한다"는 너도 들어봤지?

히로 넵, 당연히 못 들어봤지요!

에리 너무 당당하잖아. 그런 의미에서 일단 채찍 한 대 미리 적립해놓자. 플라톤에서 꽤 지난 시대이지만 데카르트도 인간의 인식을 탐구한 사람 가운데 한 명이야. 그는 절대 확신할 수 있는 인식을 탐구한 결과 "나는 생각한다. 고로 존재한다"에 도달했다고 해.

히로 무슨 말씀인지 하나도 모르겠어요.

에리 너는 자신의 눈으로 본 것과 귀로 들은 것, 냄새와 맛, 감촉까지 자신의 오감으로 인식한 것을 확실히 믿을 수 있어?

히로 그야 믿을 수 있죠. 다른 누구도 아니고 나 자신이 직접 보고 들은 거잖아요? "백문이 불여일견", "눈은 입만큼 말한다"라는 속담도 있으니까 적어도 오감 중에서 눈으로 인식한 것만은 틀림없어요. 일단 '보인다'는 것은 보이는 것이 그곳에 있다는 거잖아요.

에리 너는 정말 생각이 짧구나.

히로 자신의 눈으로 본 거잖아요? 자신이 안 믿으면 누가 믿어준다는 건가요?

에리 너는 네 눈을 그렇게 신용할 수 있어?

히로 당연하죠! 양쪽 시력이 1.5라고요. 라식수술까지 했거든요. 뭐야, 채찍은 왜 꺼내세요? 여기는 스파르타가 아니라 일본이라고요. 디스! 이즈! 재팬!

에리 응? 히로야, 너는 이게 채찍으로 보이니?

히로 넷?

에리 그렇게 겁먹지 말고 잘 보려무나?

히로 어라? 채찍이 아니네요?

에리 응, 사실 이건 채찍이 아니라 뱀이야.

히로 그게 더 무서워요! 어째서 뱀을 들고 있나요?

에리 요요기 공원에서 주웠어. 귀엽지 않니?

히로 뭐가 귀여워요?! 선생님께선 어머니께 땅에 떨어진 걸 함부로 줍지 말라는 교육도 안 받으신 건가요? 뱀은 또 왜 저를 향하는데요! 폭력교사!

에리 무슨 소리야? 이게 뱀으로 보여? 겁먹지 말고 제대로 보려무나?

히로 어라? 뱀이 아니네요?

에리 응, 사실 이건 무서운 뱀이 아니라 어제 먹다 남은 사람의 창자일 뿐이란다.

히로 으아악! 그건 뱀보다 더 무섭잖아요. 창자를 들고 그렇게 해맑게 말씀하시니까 깜빡 속을 뻔했잖아요.

에리 짠!

히로 그만! 이번에는 뭔가요. 창자? 뱀? 뱀의 창자? 창자의 뱀? 어느 쪽이든 무서우니 그만두세요.

에리 뱅충이. 뱀도, 창자도 아니야. 잘 보렴, 이건 채찍이었단다.

히로 앗? 이번에는 진짜로 채찍이네요. 휴, 다행이다. 안심했어요.

아얏! 왜 때려요! 제가 무슨 잘못을 했는데요!

에리 그냥.

히로 아무 이유 없이 사람을 때리지 마세요! 아니, 이유가 있어도 때리면 안 돼요!

히로 그럼 사과의 뜻으로 이걸 선물할게. 사실은 채찍도, 창자도 아닌 뱀이었어, 받아!

히로 던지지 마세요. 꺄악! 히로 죽는… 어, 이거 안 움직이네?

에리 아하하핫, 속았지? 그건 장난감 뱀이야. 빌리지 뱅가드 서점에서 샀어.

히로 어린애도 아니고 이게 뭐예요? 이런 장난감으로 제자 괴롭히니 즐거우신가요? 하긴 웃는 얼굴에 조금 두근거리긴 했지만…. 어쨌든 서점에는 더 재밌는 것이 많잖아요. 가령 사쿠라 츠요시(이 책의 저자입니다)의 책이라던지….

에리 뭐지? 이상하게 이름만 들어도 하품부터 나오는데. 히로는 꼭 히로 같은 것만 찾아내는 재주가 있구나.

히로 제 안목이 얼마나 뛰어난데요!

에리 너의 눈이 정확하다는 거야? 뱀을 채찍이라고 보고, 창자를 뱀이라고 보고, 채찍을 창자라고 보고, 장난감을 진짜로 착각했으면서 '자신이 본 것은 확실하다'고 단언할 수 있을까?

히로 으으음…. 그런데 중간에 창자를 뱀이라고 착각했다고 하시지 않았나요?

에리 히로야, 저기 걸어오는 키 큰 사람은 남성일까? 여성일까?

히로 뭐예요, 갑자기 말을 돌리고. 머리가 길고 치마를 입었으니 아마 여성이라고 생각하는데 여기는 시모키타자와! 시모키타자와라면 저 사람은 남성이 분명해요! 전위적인 차림을 즐기는 패셔니스타죠.

에리 어쩌나, 여성이었네.

히로 쳇, 틀렸네.

에리 알겠지? 네가 '오감 중에서도 절대적'이라던 시각조차 이 정도야. 어둠 속에 있으면 앞에 있는 것도 못 보고, 거울을 보면 거울 안에 존재할 리 없는 자신의 모습이 보여. 눈은 무척 쉽게 속일 수 있어. 시각조차 이 정도라면 인간이 오감으로 인식하는 정보 가운데 확실한 것은 아무것도 없겠지?

히로 하지만 자신이 자신을 믿어주지 않으면 누가 자신을…..

에리 데카르트는 자신의 철학 이론을 구축할 때 이렇게 생각했어. "먼저 '의심할 수 없는 절대적이고 확실한 진리'를 찾아낸 다음 그것을 제1원리로 정하고 거기에서부터 차근차근 사고를 쌓아올리자."

히로 제1원리라니, 그게 뭔가요?

에리 학문이라는 것은 어떤 과목이든 많은 것을 단숨에 배우지 않고 초보적인 항목부터 순서대로 습득해야 하는 거야. 그건 알겠지?

히로 수학이라면 '1+1=2'를 먼저 기억하고 그 후 두 자리, 세 자리 더하기를 하거나 빼기와 곱하기, 방정식을 공부하는 등 순서에 따라 배우죠.

에리 그래. 일본어라면 히라가나를 읽고 쓰기부터 순서대로 차근 차근 배우는 거야. 계단을 하나하나 올라가는 것처럼.

히로 알겠어요. '1+1=2', 히라가나와 같이 최초로 배워야 할 지식 이 '제1원리'가 되는군요?

에리 그래. 그런데 수학을 어느 정도 공부해서 2차 방정식과 삼각 함수, 미적분까지 배웠더니 사실은 '1+1=2'라는 근간이 되 는 계산에 오류가 있다는 것을 알게 됐다면 어떨 것 같아?

히로 아마 곤란하겠죠.

에리 너는 아까 채찍과 뱀을 착각했지? 혹시 네가 뱀에 관해서 배우려고 뱀을 열심히 관찰한 다음 어떤 모습인지, 어떻게 움직이는지, 얼마나 단단한지, 어디에 있는지를 정리해서 나 름대로 '뱀 이론'을 구축했다고 가정해보자고. 그런데 공부 의 마지막에서 <u>뱀이라고 생각하고 관찰했던 것이 사실은 채 찍이었다</u>는 오류를 알게 됐다면 그 뱀 이론은 어떻게 될까?

히로 모두 물거품이 되겠죠. 그건 정말 비극이네요.

에리 그렇지? 모처럼 학문의 계단을 하나하나 올라왔는데 한순 간에 헛심을 쓴 게 되어버리겠지.

히로 텔레비전 방송 따위에서 본 것 같아요. 개그맨이 기껏 힘들 게 계단을 다 올라왔더니 갑자기 계단이 펴지면서 개그맨이 아래로 단숨에 떨어졌지요. 아마 그런 느낌이겠죠?

에리 그래. 학문의 제1원리가 잘못되면 그 발상부터 웃기지 않은

콩트처럼 되는 거야.

히로 삼각함수나 미적분까지 열심히 공부했는데 한순간에 허물어진다면 눈앞이 캄캄해질 것 같아요.

에리 제1원리의 중요성을 이걸로 알겠지? 근간이 되는 제1원리에 오류가 있으면 모두 물거품이 되는 거야. 그래서 데카르트는 인식을 시작으로 철학의 모든 문제에서 오류가 있을 수 없는 '절대적이고 확실한 진리'를 제1원리로 삼으려고 했어.

히로 하지만 아까 "인간이 오감으로 인식하는 것 가운데 확실한 것은 아무것도 없다"라고 하셨잖아요. 그럼 철학의 제1원리는 어떤 것도 만들 수 없지 않나요?

에리 그래서 데카르트가 찾은 거야. 인간이 '보는 것'은 의심할 수 있어. '듣는 것'도 의심할 수 있어. 오감으로 파악하는 모든 것도 의심할 수 있어. 그렇다면 의심할 수 없는 것으로는 도대체 무엇이 있을까? 그렇게 모든 것을 의심하고 의심한 끝에 '이것만은 의심할 수 없다'는 것을 발견하면 그것을 진리로 여기고 제1원리로 삼자! 이런 데카르트의 사고법을 '방법적 회의'라고 해.

히로 아, 여기서 방법적 회의가 나오는 것이군요. 그러니까 제1원리로 놓기 위해 의심할 여지가 없는 진리를 찾는 방식으로 일단 여러 가지 것을 의심한다⋯, 즉 회의한다는 것이죠?

에리 그래.

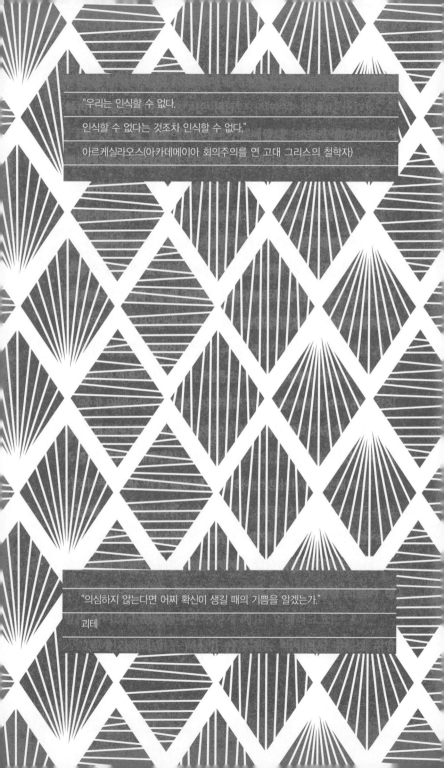

"우리는 인식할 수 없다.

인식할 수 없다는 것조차 인식할 수 없다."

아르케실라오스(아카데메이아 회의주의를 연 고대 그리스의 철학자)

"의심하지 않는다면 어찌 확신이 생길 때의 기쁨을 알겠는가."

괴테

히로 하지만 방법적 회의의 의미를 알아도 의심할 수 없는 것이 무엇인지는 모르잖아요? 보이는 것을 전부 '잘못 보았을지 모른다'고 의심하고, 들리는 것을 전부 '잘못 들었을지도 모른다'고 의심하는 거잖아요.

에리 그래. 냄새나 맛도 마찬가지야. 네가 아르바이트하는 곳에서 손님이 '맛있다!', '좋은 냄새'라고 느끼는 것도 절대적이고 확실한 진리가 아닐 테니까 의심의 여지는 있어.

히로 실례잖아요! 제가 아르바이트하는 곳에서 나오는 고기는 1++ 등급의 와규라고요. 맛에는 자신 있어요.

에리 네가 주인의식을 가지고 일하는 기특한 아르바이트생이란 건 알겠지만, 그 와규에도 의심의 여지는 충분히 있어.

히로 뭐, 제가 직접 소를 잡아온 것은 아니니 1++ 등급의 와규라고 하지만 사실은 싸구려 쇠고기일 수도 있죠. 주사기로 쇠기름을 주입해 마블링을 예쁘게 만든 다음 그것을 얇게 썰어서 내보내면 여간해선 구분할 수 없기도 하고요. … 흥, 제가 이렇게 말할 것 같아요! 당치 않아요. 우리 샤브샤브집은 재료를 속이지 않는 정직한 맛집이라고요.

에리 어쩜 직원 교육까지 이렇게 예쁘게 받았을까? 하지만 너는 그렇게 생각할지라도 가게가 너부터 속였을 수도 있지. 네가 일하는 가게가 그렇게 정직해도 거래하는 업자가 가게를 속일 수도 있고. 또 소라고 생각하며 키우던 것이 사실은 소 비슷한 다른 동물이거나 누군가 인공적으로 만든 철학적 좀비 소일지도 모르고 말이야.

히로 그런 식으로 의심하면 세상에 의심하지 못할 것이 아무것도 없는데요? 의심이 꼬리에 꼬리를 물면서 모든 걸 다 의심할 수밖에 없어져요.

에리 바로 그렇게 데카르트는 모든 것을 의심했어. 심지어 '1+1=2'라는 계산조차 "신이 자신을 속이고 1+1=2로 생각하게 했을지도 모른다"라고 의심했거든.

히로 와, 그 정도면 병 아닌가요? 당연히 1+1=2잖아요!

에리 그럴까? 하지만 계산 실수는 누구나 하잖아? 그때 실수하는 본인은 '자신의 계산이 틀렸다'고 생각할까?

히로 그건 아니겠죠. 자신이 틀렸다는 걸 알았다면 애당초 틀리지 않았을 테니까요.

에리 그렇다면 네가 "아무리 생각해도 오류가 없다"라고 말하는 '1+1=2'라는 것도 네가 틀렸다고 생각하지 않을 뿐 사실은 틀린 걸지도 몰라. 다만 1+1이 2라는 것은 세계 공통적인 인식이므로 많은 사람이 동시에 틀렸다면 그것은 개인 차원에서의 실수가 아니라 신과 같은 초월적인 존재가 전 인류의 사고를 조작해 모두 틀리도록 만든 것일지도 모른다는 거지. 데카르트는 이와 같은 식으로 끊임없이 회의했어.

히로 아무리 그래도 너무 삐뚤어졌잖아요. 그런 성격이라면 친구도 없었을 것 같네요. 긴파치 선생님(일본의 인기 드라마 〈3학년 B반 긴파치 선생〉의 주인공)께 "믿어주지 않는다고 원망하느니 사람을 믿고 상처받는 쪽이 좋아"라는 설교라도 듣는 게 어떨까요? "카토! 마츠우라! 데카르트! 너희는 귤이 아니야. 인간이란다!" 꺄악! 아프다고요!

에리 그러나 데카르트는 드디어 단 하나 의심할 여지가 없는 것이 있다는 것을 깨달았어.

히로 드디어! 1+1=2조차 의심했던 사람이 결국엔 의심할 여지가 없는 것을 찾았군요! 그게 뭔가요?

에리 그것은 '계속해서 의심하는 자기 자신의 존재'야.

히로 그건 또 무슨 철학자다운 말장난인가요?

에리 세상만사는 의심할 수 있어. 그러나 자신이 세상만사를 의심한다는 것, 의심하는 자신의 존재가 있다는 것, 그것만은 결코 의심할 수 없는 사실이야. 무언가를 의심할 수 있다는 것은 '무언가를 의심하는 주체'인 자신이 있다는 거잖아.

히로 세상 모든 것을 의심해도 의심하는 주체인 자신이 있다는 것만은 의심할 수 없었군요!

에리 그것을 의심한다고 해도 '그것을 의심하는 자신'이 있는 것만은 또한 의심할 여지가 없어. 아무리 되풀이해서 의심해도 '의심하는' 것은 틀림없이 '생각하는 자신이 존재하기 때문이다'라는 거잖아. 무엇인가를 생각하면 생각하는 자신이 분

<u>명히 존재할 것이다.</u> 그것을 정리한 말이 바로 "나는 생각한다. 고로 존재한다"인 거야.

히로 나는 생각한다, 그러므로 나는 존재하는 것이다…

에리 어때, 데카르트의 방법적 회의에 대해 감을 좀 잡았니?

히로 네, 잡힐 듯 잡히지 않지만 이해는 한 것 같아요.

에리 그럼 다행이야. 오늘 수업은 이 정도로 하자.

히로 넵, 감사합니다. … 아니, 잠깐! 뭔가 찜찜한 느낌이 드네요?

에리 응?

히로 분명히 데카르트는 절대적이고 확실한 진리를 철학의 제1원리로 정한다고 했잖아요? 거기서부터 사고를 쌓아올린다고 해서 말이죠. 그럼 "나는 생각한다. 고로 존재한다"가 제1원리라면 그 뒤는 어떻게 되나요? 제2원리, 제3원리는? 다음에는 무엇을 쌓아올렸나요?

에리 헉!

히로 지금 뜨끔하셨죠? 어떻게 된 건가요? 아직 제1원리밖에 모르시는 거죠!

에리 뭐 어때. 오늘은 피곤하지? 시모키타자와까지 가서 크림소다라도 마실까?

히로 여기서 끝내면 크림소다가 안 넘어갈 것 같은데요. 어째서 제1원리에서 끝내나요? 그 뒤가 있을 것 아니에요.

에리 휴, 어쩔 수 없네. 그럼 뒤까지 이야기해줄게.

히로 그래야죠.

에리 데카르트는 존재를 확신할 수 있는 '생각하는 자신'과 마찬가지로 절대적인 것이 또 있을지도 모른다고 생각했어. 그렇게 궁리를 거듭하다가 또 한 가지 확실한 것을 찾아냈어.

히로 뭐예요, 찾아냈잖아요! 그래서 그게 뭔데요? 얼마나 대단한 것이기에 저한테 숨기신 거예요.

에리 신이야.

히로 잠깐, 뭐라고요?

에리 신은 완전하면서 전지전능한 존재야. 우리는 모두 '신이라는 완전한 존재'를 머리에 떠올릴 수 있어. 인간은 불완전한 생물인데 그 불완전한 인간이 '완전하고 전지전능한 존재'를 떠올릴 수 있는 까닭은 <u>신이 '완전한 존재'라는 개념을 인간에게 주었기 때문</u>임이 분명해. 그렇다면 신의 존재는 '생각하는 자신'과 마찬가지로 확실하다고 볼 수 있는 거야.

히로 잠깐만요. 데카르트 씨가 이상해졌어요.

에리 그렇게 되면 '1+1=2'가 확실한 것이 돼. 데카르트는 처음에 "신이 자신을 속이고 1+1=2라고 생각하게 한 걸지 모른다"는 의심을 했어. 하지만 '완전한 신'이 존재한다면 그런 신이 자신을 속일 리 없다는 거지. 인간을 속이는 신은 완전하다고 할 수 없으니까. 그렇게 되면 1+1=2와 5+5=10이라는 계산도 의심할 여지가 없는 확실한 것이 되는 거야.

히로 자, 잠깐만요! 그거 선생님이 지어낸 말씀이시죠?

에리 우리 인간은 애당초 신이 만든 존재야. 그렇다면 신이 만든 작품인 인간이 명확하게 1+1=2라고 사고했다면 그것은 확실한 것임이 분명해. 신이 만든 수학적 진리를 신이 창조한 인간이 이해하는 것이므로 의심할 여지가 없으며, 따라서 수학으로 구성된 물리법칙도 모두 확실한 것이 되는 거야.

히로 기다리라니까요! 그 의심 많던 데카르트 씨는 어디로 갔나요? 제1법칙 이후로는 엉망진창이잖아요!

에리 ….

히로 그렇게 끈질기게 뭐든지 의심했잖아요? 보는 것, 듣는 것, 모두 믿지 못했는데 신은 순순히 받아들인다는 건가요? 그렇게 힘들게 도달한 제1원리가 모두 물거품이 됐잖아요. 제1법칙에서 제2법칙으로 가는 과정이 너무 부자연스럽잖아요. 그렇다면 처음부터 1+1=2라고 의심 없이 받아들이면 됐잖아요. 그런 알 수 없는 이유로 받아들이면 의심한 의미가 없잖아요. 데카르트 씨는 왜 이렇게 일관성이 없는 거죠. 어떻게 된 거야! 머리를 너무 많이 써서 당이라도 떨어진 걸까요? 초콜릿이 그 시대에도 있었나?

에리 나는 데카르트가 아니야. 나에게 불평해봐야 소용없어.

히로 선생님이 그렇게 무책임해도 돼요?

에리 슬슬 메이다이마에明大前구나. 나는 케이분도 서점에 들렀다가 돌아갈 테니까 너는 식당에서 꽁치 정식이라도 먹고 DHA를 보충해. 머리가 조금이라도 좋아질 수 있으니까.

히로 이렇게 끝나니 허무하네요. 결국 데카르트가 대단했던 건지 바보였던 건지 잘 모르겠어요.

에리 "나는 생각한다. 고로 존재한다"라는 말은 철학의 영역을 넘어서 널리 알려진 말이고, 데카르트의 사고법은 연역법을 이해하려고 할 때 좋은 본보기가 돼. 자세한 이야기는 다음에 하자. 너무 오래 걸었더니 피곤해. 그럼 안녕!

▼▼▼

에리는 대학생들과 섞여 성큼성큼 역 앞 서점으로 사라졌다. 서점 안은 쉬는 시간에 책을 보러 온 메이다이대학교 학생들로 붐볐다. 어쩌면 그들 가운데 한 명이 불운하게도 에리의 '오늘의 인간 정식'이 될지도, 되지 않을지도 모르겠다.

히로는 플라톤과 데카르트의 사상에 완전히 동의할 수는 없었다. 다만 그들이 무슨 생각을 했는지, 그리고 그들 다음의 철학자들이 어떤 과정을 거쳐 그들의 어깨를 밟고 올라가 인류의 사유를 진전시켜 갔는지 조금은 이해할 수 있게 됐다.

좀비라곤 하지만 에리와 같은 아름다운 여성과 단둘이서 산책했기 때문일까. 히로는 어쩐지 가슴에 고양감이 차올랐다. 식당에 들어간 히로는 모처럼 호기를 부려 꽁치 정식에 육회 네기도로를 추가해 주문했다. 이를테면 '오늘의 히로 정식'이었다.

경험을 믿어야 할까?
아니면 이성을 믿어야 할까?

히로는 다나카 커피전문점의 크림소다에 중독되었다.

그가 자주 마시는 크림소다는 퍼스트키친에서 파는 것이다. 크림의 절묘한 질감과 볼륨, 독톡 뛰는 소다에 듬뿍 들어간 얼음 조각, 이런 종합적인 품질이 합리적인 가격과 잘 어울리는 크림 소다가 바로 퍼스트키친에서 파는 것이라고 생각했다. 하지만 그 것 말고도 아르바이트에서 보너스가 나왔을 때 먹는 자신만의 보물이 있다. 바로 다나카 커피전문점의 크림소다다.

그곳의 크림소다는 들어가는 정성부터 남달랐다. 크림은 주문을 받은 후 마당에서 소젖을 짜서 바로 만들고, 얼음도 주문 후에 점원이 정성껏 아이스피크로 깎는다. 그리고 재미있게도 소다는 도매상에서 파는 한 개 38엔짜리 저렴한 캔 주스다.

오늘도 히로는 지하철 오모테산도表参道역에서 걸어서 7분, 아오야마도오리青山通り의 동쪽으로 한 블록 들어간 골목에 있는 다나카 커피전문점에서 크림소다를 맛보고 있었다. 며칠 전 방송에서 아르바이트하는 곳이 소개된 데다 주말도 겹친 탓에 어제 샤브샤브가 날개 돋친 듯이 팔렸다. 덕분에 샤브샤브집 프롤레타리아 전원에게 보너스 이천 엔이 지급됐다.

"그래, 이 맛이야, 이 맛!"

막 만든 최고급 소프트크림이 할인점에서 파는 가장 저렴한 저급 소다와 섞여서 지금까지 없었던 새로운 맛을 만들어내는 이 느낌! 고급과 저급이 섞인 혼돈은 과거 보름 정도지만 유학을 했던 리우리차오六里桥 지구를 떠올리게 했다.

"손님, 죄송합니다만 자리가 모두 차서 그러는데 합석해도 괜찮을까요?"

"아? 네, 괜찮습니다."

커피 거리에서 이름이 알려진 다나카 커피전문점은 오후 2시 35분에도 만석이었다. 젊은 점원의 안내로 히로의 앞자리에 남성 손님 두 명이 나타났다. 하지만 두 사람 가운데 한 명은 반 정도 백골이 된 부패한 사체였다. 사체는 히로를 보자마자 달려들더니 부패한 얼굴을 비벼댔다.

"꺄야악! 무서우니 그만둬요. 뭐야, 좀비?"

"좀지로! 합석한 손님을 먹어선 안 된다. 얌전히 있지 않으면 카페모카를 사주지 않을 게다. 응? 히로가 아니냐? 우연이구나,

이런 곳에서 또 만나다니."

"역시 좀비 콤비였어! 좀지로 씨 그만둬요. 잠깐! 크림에 썩은 살이 달라붙었잖아."

"이런, 미안하구나. 음료수는 내가 다시 내마. 역시 좀지로는 히로를 좋아하는구나."

좀비 선생은 좀지로를 달래며 히로 맞은편에 앉았다. 히로는 점원을 불러서 크림소다를 다시 주문했다.

"좀지로 씨는 정말 변함없이 활발하시네요. 뼈밖에 남지 않았 으면서 어디서 저런 열정이 나오는 걸까요. 그건 그렇고 좀비 콤 비가 여기는 어쩐 일이세요?"

"아오야마 공원묘지에서 돌아오는 길이다. 너무 걸었더니 피곤 해서 목이나 축이려고 왔지."

"아오야마 공원묘지?! 혹시, 혹시 거기서······?"

"무슨 상상을 하는 게냐?"

"묘, 묘지를 파서! 둘이서 공원묘지에서 오붓하게 식사라도 하 신 거죠? 그래서 식후 커피 땡을 하려고 여기 오신 거죠?"

"바보 같은 놈! 일본은 화장하잖느냐. 묘지를 파내도 뼛가루 밖에 안 나온다."

"아, 그렇지요. 하지만 뼛가루밖에 안 나온다는 건 어떻게 아 세요. 뭣보다 좀지로 씨는 진짜 무덤을 파헤칠 것 같아요! 좀지 로 씨는 본능대로 살잖··· 아니, 죽어지내잖아요."

"실례구나. 좀지로도 무덤을 파헤치는 짓은 안 한다. 묘지에 묻히신 분들은 평생 고생한 끝에 가까스로 잠든 건데 편히 쉬라고 배려해야지. 그리고 흙 속에 묻힌 사람은 먹을 만한 게 아니다. 썩었고 보기에도 안 좋고."

"좀지로 씨도 마찬가지로 썩었잖아요. 이미 부패한 상태니까 썩은 사체 정도는 먹어도 괜찮지 않을까요."

"너는 좀지로를 말리는 거냐 아니면 부채질을 하는 거냐. 그러다 이 녀석이 배탈이라도 나면 목숨이 위태로울 수도 있잖느냐."

"하지만 이미 돌아가셨잖아요? 좀비는 이미 죽었으니 배탈이 나건, 목숨이 위태롭건 상관없지 않을까요?"

"아 다르고 어 다른 법이다. 좀비에게도 최소한의 권리가 있단다. 기본적인 좀비권을 존중해주려무나."

"그럼 공원묘지에는 무슨 일로 가셨어요?"

"옛 제자의 묘가 있다고 해서 방문했다. 내가 대륙에서 가르쳤던 유학생이었지."

"제자가 먼저 떠나다니 스승으로서 괴로우셨겠네요."

"오랫동안 죽어 있는 채 세상을 떠돌다 보면 경험하고 싶지 않은 일도 경험하는 법이지… 하지만 경험론적으로 말하자면 세상일은 모두 경험해야 알 수 있는 법이란다. 아무리 괴로운 일이라도 인간은 경험을 해봐야 비로소 배울 수 있다. 머릿속으로 생각하는 것만으로는 세계를 인식할 수 없으니까."

"그건 이상하네요."

"뭐가 이상하냐?"

"선생님은 모르세요? 우리가 오감으로 인식하는 것 중에 확실한 것은 아무것도 없다고요. 경험한 것은 잘못 본 것일 수도 있으며 잘못 들었을 수도 있어요. 그렇다면 불완전한 경험에 의존하는 것보다 자신의 머리로 깊게 생각해야만 세계를 알 수 있지 않을까요? 지적 생명체라면 역시 머리를 써야 하죠."

"이런, 너는 정말 푸석이구나."

"그건 또 무슨 참신한 비난인가요!"

"그럼 오늘은 연역법과 귀납법에 관해서 수업하자."

"항상 우연히 갑작스럽게 시작되는 철학 수업!"

좀비의 철학 수업 여덟 번째 1:
불변의 원리를 바탕으로 한 추론, 연역법

선생 너는 '삼단논법'을 아느냐?

히로 삼단? 논법? 이소룡의 이단 옆차기랑 비슷한 건가요? 이소룡하니 상하이 여행 갔을 때 먹었던 소룡포도 떠오르네요. 삼단으로 쌓은 거였는데, 무척 맛있었어요. "하오치러好吃了!"

선생 그래, 찜통에 삼단으로 나오는 바로 그것! 찜통으로 쪄서 고기의 맛이 날아가지 않고 촉촉하게…가 아니라 지금 철학 얘기를 하고 있지 않니! 내가 이소룡처럼 이단 옆차기라도 날려야 하겠느냐.

히로 농담 가지고 뭘 그렇게 정색하세요. 그렇게 자주 열을 내시면 머리카락이 말라죽어 대머리가 될 거라고요? 하긴 인간이었을 때부터 머리가 벗겨지셨죠, 하하…꺄악!

선생 안심하려무나. 여느 때처럼 살짝 물었단다.

히로 살짝이라도 물지 마세요! 그러다 머리털 빠지는 것까지 옮으면 어떡하려고요!

선생 넌 가슴 아픈 말을 아무렇지도 않게 하는구나. 어쨌든 삼단논법은 이단 옆차기와도, 삼단 소롱포와 관계없다. 삼단논법은 세 단계에 걸쳐 전개되는 추론 방법이란다. 이를테면 '하나 인간은 모두 죽는다, 둘 소크라테스는 인간이다, 셋 그러므로 소크라테스는 죽는다' 이런 식인 게지.

히로 소크라테스는 죽어야 한다는 것이 삼단논법인가요?

선생 소크라테스는 예일 뿐이다. 'A=B이고 B=C라면 A=C이다', 삼단 논법은 이와 같이 미리 정해놓은 두 판단에서 새로운 판단을 끌어내는 흐름으로 구성된단다. '소크라테스는 죽을까?'에 대한 의문이 있다면 '인간은 반드시 죽는다'라는 대전제와 '소크라테스는 인간이다'라는 소전제를 놓고 여기서 '소크라테스는 죽는다'라는 결론을 이끌어내는 것이지.

히로 하지만 소크라테스가 좀비에게 물리면 죽어도 죽지 않게 되잖아요.

선생 쓸데없는 생각을 하는구나. 좀비가 된다는 것은 인간으로서 사망에 이르렀음을 의미하므로 답이 달라질 것은 없다. 소크라테스가 마음에 안 든다면 조금 더 가까운 사례로 생각해보자. 가령 '하나 히로는 예쁜 여성을 좋아한다, 둘 사쿠라코는 예쁘다, 셋 따라서 히로는 사쿠라코를 좋아한다'라는 것은 어떠냐?

히로 선생님, 죄송하지만 사쿠라코 이야기는 하고 싶지 않아요.

선생 어째서?

히로 카베동(상대방을 벽에 밀어붙인 다음 마주보는 행위. 주의! 드라마에서는 키스로 이어지지만 현실의 벽은 냉혹하니 절대로 직장이나 학교에서 따라하지 마십시오)을 하며 더듬더듬 고백했는데 울면서 뛰쳐나가더라고요.

선생 어이쿠, 갑자기 그런 짓을 하다니, 당연하다면 당연한 결말이구나.

히로 없는 용기를 내서 드라마에서 봤던 대로 흉내 냈을 뿐이에요. 제가 스푼을 가져갔을 때에도 일주일이 지나니 기분이 풀렸는데 이번에는 보름 이상 눈길도 주지 않아요. 일도 그만둔다고 하는 걸 선배들이 간신히 달랬대요. 저도 일을 마치고 텅 빈 방에 들어설 때부터 눈물이 나고 자다가도 벌떡벌떡 일어나곤 해요.

선생 함께 식사할 때 반찬을 양보 받았거나, 짐을 들어줬을 때 의례적으로 보내는 호의를 다른 감정으로 착각하는 건 방구석 친구들의 흔한 실수지. 이번에는 다른 이까지 끌어들인 민폐가 되었구나.

히로 비웃으려면 비웃으세요. 저는 그런 대접을 받아도 싸죠. 누가 저를 좋아하겠어요….

선생 으하하하하!

히로 제자가 삶의 의욕을 잃었는데 그렇게 신이 나세요!

선생 웃으라고 하더니 또 웃지 말라고 하는구나. 이렇게 말하면 삼천 년을 견뎌온 자의 오만으로 들리겠지만 지나고 보니 다 지나가더구나. 이야기를 계속하자면 삼단논법처럼 머리를 사용해서 순서대로 사고하는 방식을 **'연역법'**이라고 부른단다. 데카르트의 방법적 회의도 연역법이야.

히로 "나는 생각한다. 고로 존재한다"라는 방법적 회의가 연역법이라고요?

선생 방법적 회의는 의심할 여지가 없는 진리를 제1원리로 정한 다음 그곳에서부터 순서대로 소롱포의 찜통을 쌓아올리듯 이론을 쌓아올리는 사고방식이다. 방법적 회의와 삼단논법 혹은 수학의 정리처럼 이론을 조합해서 이성적으로 생각하는 방식을 연역법이라고 부른단다.

히로 심란해서 그런 걸까요. 어쩐지 말씀이 잘 와 닿지 않네요.

선생 연역법은 귀납법과 비교하면 알기 쉬워진단다. 귀납법의 개념을 배운 후 '귀납법이 아닌 것이 연역법'이라고 생각하면 쉽게 와 닿을 게다.

좀비의 철학 수업 여덟 번째 2:
인간은 경험한 것만을 알 수 있다, 귀납법

히로 그럼 귀납법을 알려주세요. 이제 내게 남은 것은 철학밖에 없어요. 하지만 철학에게도 차이면 어떻게 하지요…. 꺄악!

선생 정신 좀 번쩍 들라고 살짝 깨물었다. 귀납법은 1600년 전후에 영국의 철학자 프랜시스 베이컨Francis Bacon이 제창한 인식 방법이다. 연역법이 이론과 사고를 중요시하는 것에 비해서 귀납법은 **경험이야말로 전부**라고 본단다. 경험과 관찰, 실험 등 현실적인 데이터에서 공통의 법칙을 찾아내는 것이 귀납법인 게지. 아무래도 예가 필요하겠지?

히로 네, 저자에게는 인세가 필요하고 아침 드라마에는 출생의 비밀과 기억상실증이 필요한 것처럼 제게는 예를 든 설명이 필요합니다.

선생 이곳은 크림소다로 유명하더구나. 내 귀에까지 들릴 정도니 대단한가 보지?

히로 저도 추천 드립니다. 우유도 주문을 받고 나서 짠 것을 사용하고, 얼음을 갈 때에도 정성이 들어가죠. 다나카 커피전문점의 크림소다는 분명히 이 지역에서 최고일 거예요.

선생 좋아. 그것이 사실이라면 '다나카 커피전문점의 크림소다는 맛있다'라는 결론을 이끌어내기 위해 두 논법이 각각 어떻게 접근하는지 보자꾸나. 먼저 연역법은 "다나카 커피전문점은 신선한 우유로 크림을 만든다. 그리고 얼음에도 정성이 들어간다. 이렇게 세심하게 음식재료를 조합했으므로 다나카 커피전문점의 크림소다는 맛있을 것이 분명하다"라고 이론적으로 사고를 조합한다. 한편 경험으로 사물을 인식하는 귀납법은 다나카 커피전문점에서 실제로 크림소다를 마신 사람들에게 감상을 듣고 그 답변을 집계한다. 그리고 "이만큼의 사람들이 맛있다고 하므로 다나카 커피전문점의 크림소다는 맛있을 것이 분명하다"라는 결론을 내리는 게다.

히로 연역법이 이론, 귀납법이 경험이라는 설명이 이제 조금 이해가 되네요.

선생 플라톤과 데카르트는 인간에게는 태어나면서부터 몸에 지닌 이성과 관념이 있다고 생각했지. 에리에게 배웠겠지만, 플라톤은 모든 인간이 선천적으로 '이데아의 개념'을 가지고 있다고 주장했고, 데카르트는 방법적 회의를 사용했다는 점을 보면 알 수 있듯이 "인간은 논리적으로 사고하면 바른 결론에 도달할 수 있다. 그런 이성을 <u>생득적</u>으로 가졌다"라고 생각했다더구나.

히로 생득적이라는 것은 선천적으로 가지고 있다는 말이죠? 그럼 데카르트는 인간은 선천적으로 '논리적 사고를 할 수 있는 능력'을 가지고 있다고 생각했다는 건가요?

선생 그래. 그런 선천적인 능력과 개념을 '<u>생득관념</u>'이라고 한단다. 하지만 베이컨은 생득관념을 부정하며 <u>인간에게 선천적</u>

인 <u>이성은 없다</u>고 생각했지. 이성과 사물의 개념, 지식까지 모든 것은 경험을 통해서 후천적으로 익힌 것이라고 봤단다.

히로 선천적인 이성은 없다고 단정하는 것도 씁쓸하지만, 플라톤과 데카르트도 세계를 이성만으로 생각해서 조금 이상한 방향으로 나아간 느낌이 들어요. 그렇다면 인간의 이성이라고 할까? 머리로만 생각하는 것은 신용할 수 없다는 걸까요?

선생 영국의 철학자 존 로크John Locke도 베이컨과 마찬가지로 경험만을 신뢰하는 **경험론**의 입장에서 인간의 마음과 뇌는 태어났을 때 '백지 상태'라고 이야기했단다. 백지에 경험을 적음으로써 조금씩 지식과 도덕이 쌓이는 것이라고 했지.

히로 그럼 도덕도 경험으로 배우는 건가요? 지식은 이해할 수 있지만 아무리 그래도 도덕이란 인간이 선천적으로 몸에 지닌 것이라는 느낌이 들어요. 인간이라면 해서는 안 될 짓을 굳이 누가 가르쳐주지 않아도 본능처럼 알 수 있잖아요.

선생 좋아하는 아이의 스푼을 몰래 챙겨간 네가 도덕을 이야기하다니….

히로 큽, 저도 도덕을 모르는 것이 아니에요. 안 된다는 것을 머리로는 알고 있으면서도 가슴이 시키는 대로 행동한 거죠. 하지만 일단 안 된다고 안다는 것은 도덕을 알고 있다는 거잖아요? 도덕을 모르는 것과 알면서 어기는 것은 다르죠. 도덕적으로는 안 된다는 것을 알면서도 굳이 함으로써 흥분되는 행위도 세상에 있다고요!

선생 너 같은 녀석은 파문이다!

히로 아악! 죄송해요. 지금은 그런 짓 안 해요. 어차피 예전처럼 마주할 일도 없을 걸요.

선생 정말 너란 녀석은….

히로 하, 하지만 도덕은 인류 공통이니까 아는 것이 당연하잖아요? 지킬지는 제쳐놓더라도 도덕에 대한 지식만은 누구나 태어나면서부터 몸에 지니고 있을 거예요.

선생 너는 자칭 중국 유학파지? 보름 정도나마 중국에 살면서 일본과 도덕의 차이를 느낀 적이 없느냐?

히로 음, 도덕이라고 할 수 있을지 모르지만 식사예절은 전혀 달랐어요. 일본은 '차려진 밥상은 남기지 않고 전부 먹는 것'이 예의잖아요?

선생 그렇지. 나도 일본에 온 후로는 아무리 맛없는 인간이라도 남기지 않고 먹으려고 노력한단다.

히로 그건 차려진 밥상이 아니잖아요!

선생 이야기의 맥을 자꾸 끊지 마라. 자, 그래서?

히로 선생님이 끊었잖아요…. 일본에서는 차려진 요리는 남기지 않는 것이 예의지만, 중국에서는 전부 먹으면 '부족하다'는 의미로 받아들이기 때문에 반대로 조금 남기는 것이 예의에요. 그래서 익숙하지 않을 때는 무척 당혹스러웠어요. 어째서 이웃 국가인데도 매너가 이렇게 다른지….

선생 예의와 매너라는 것은 도덕의 한 종류다. 네가 경험한 것처럼 도덕의 기준도 나라에 따라서 달라지는 게지. 그렇다면 어째서 '생득관념으로 얻은 도덕' 같은 게 있을 수 있을까? 만약 인간이 선천적인 도덕 개념을 가졌다면 모든 나라의 도덕 인식 또한 비슷해야 하겠지?

히로 말씀을 듣고 보니 그렇네요···. 아기와 어린이들은 식사할 때 음식물을 내팽개치기도 하죠. 된장 돈가스를 내던지는 유아에게는 분명히 도덕의 생득관념을 느낄 수 없어요.

선생 그래, 백지 상태로 태어난 갓난아기는 식사 때마다 꾸중을 듣거나 칭찬을 받으며 경험을 쌓아 지역과 시대, 환경에 맞는 도덕을 익히게 되는 게다. 너 역시 중국에서 식사 경험을 함으로써 중국의 도덕을 이해한 게지.

히로 그럼 역시 도덕도 경험을 통해서 배우는 것이군요. 인간은 태어났을 때에는 백지이며 경험하지 못하면 아무것도 익히지 못한다. 선천적인 이성이라는 섯은 거짓이라는 거군요?

선생 베이컨과 로크 등 경험론자들은 그렇게 주장했지. 그것을 어떻게 받아들일지는 네게 달린 것이고. 그 주장을 너 나름대로 소화한 다음 반드시 자신만의 의견을 가져야 한단다.

히로 베이컨을 소화하라 하시니 갑자기 배가 고프네요.

선생 경험론은 아직 안 끝났지만, 한숨 돌릴 겸 추가 주문이라도 할까? 나는 아이스 카푸치노로 할까, 좀지로는 어차피 카페 모카일 테고.

히로 저도 항상 마시던 크림소다!

믿어도 좋은 것은
'지금 이 순간'뿐

좀비의 철학 수업 아홉 번째 1:
버클리와 인과율의 부정

히로　좀지로 씨는 정말 카페모카를 좋아하네요. 아까부터 신음 한 번 안 내고 마시고 있어요.

선생　카페모카만 주면 이렇게 정신이 나가더구나.

히로　하지만 마시자마자 볼에 난 구멍으로 흘러나오는데 마시기는 하는 걸까요.

선생　뭐, 기분 문제지 않을까. 그 정도로 좋아하는 게지. 일본의 커피가 워낙 맛있기도 하고 말이다. 나도 이런 것들을 접할 때마다 새로운 곳으로 와서 다행이라는 생각을 한단다.

히로 계속 궁금했는데 선생님은 어째서 일본에 오신 거예요?

선생 말하지 않았었나? 내가 처음 일본이란 나라의 존재를 안 것
은 덴쇼 소년사절단이 대륙에 왔을 때…, 그러니까 베이컨이
살아 있던 시절이었단다. 자신을 중심으로 세상을 바라보는
자세가 당연한 대륙에서 자기 자신보다 대의를 우선하는 새
로운 태도를 보고는 깊은 인상을 받았지. 자연스럽게 일본에
까지 흥미를 갖게 됐고 말이다.

히로 우리도 우리가 가진 것들 가운데 좋은 점들을 후세에 잘 이
어줘야 할 텐데 말이에요.

선생 그리고 일본행을 선택한 결정적인 이유는 일본 음식 때문이
란다. 그때까지 먹던 대륙의 어떤 음식보다 일본 음식은 그
깊고 오묘한 맛이 남달랐지.

히로 그렇죠. 저도 일본 음식은 세계 어디에 내놔도…. 잠깐, 선생
님께서 초밥이나 라멘을 드셨을 리는 없잖아요. 설마 그 일
본 음식이라는 게….

선생 뭘 새삼스럽게 그러느냐? 좀비의 밥이라면 당연히 사람이
지. 일본 경제가 성장한 다음 유럽에 오는 일본인이 급격하
게 늘었단다. 그때 처음 먹은 일본인의 맛에 반해버렸지.

히로 묻지 말 걸 그랬어요! 너무하잖아요. 일본인을 먹으러 일본
에 왔다니.

선생 뭐가 너무하다는 거냐? 해외에 갈 때 현지 음식을 맛보는
것은 당연하다. 게다가 나는 일본 자체에 흥미가 있었단다.

식사는 어디까지나 많은 매력 가운데 하나에 불과하지.

히로 그래도 일본인의 맛을 칭찬받는 것은 전혀 기쁘지 않아요. 그건 그렇고 인간도 인종에 따라 맛이 다르나 보네요.

선생 그렇더구나. 맛의 섬세함에서는 역시 일본인이 최고야. 대륙의 인간은 덩치가 커서 먹었을 때 배는 부르지. 한때는 북유럽에서 바이킹을 자주 먹었는데 그 녀석들은 감칠맛이 없었단다. 수가 많으니 마음껏 먹을 수 있는 점은 좋았다만.

히로 선생님께선 체격이 저랑 비슷한데 그 거칠다는 바이킹을 잡아드셨다니 대단하네요.

선생 혼자서 잡은 것이 아니었단다. 당시는 난세였고, 나도 되도록 집단 행동을 하려고 노력했지. 원래 좀비는 집단 사냥을 하는 습성이 있단다.

히로 영화나 드라마에서도 좀비는 언제나 무리를 지어 일제히 덮치죠. 무리로 사냥해야 사냥감을 확실히 잡을 수 있으니까 그런 거죠?

선생 그렇기도 하지만 '혼밥'보다는 동료들과 떠들썩하게 먹어야 더 맛있기 때문이겠지?

히로 이 악마!

선생 그래, 식사 이야기가 나온 김에 오늘은 재밌는 것을 가지고 왔는데 보여줄까?

히로 그 봉지에 들어 있는 거요? 설마 그때처럼 절 놀리시려는 건 아니겠죠. 꽤 크네요, 둥글고…. 알았다! 볼링공이죠?

선생 땡! 틀렸다. 히로답게 상상의 나래를 펼쳐 보려무나.

히로 짐작도 안 가네요. 크고, 둥글고, 구멍도 나 있고, 무거운 듯 가벼우면서 딱딱하고….

선생 정답은 이것이다. 어제 내가 먹은 인간의 두개골!

히로 5, 4, 3….

선생 지금 뭘 세고 있는 게냐?

히로 네, 기절하기 전까지 카운트다운을 하고 있는 거랍니다.

선생 잠깐, 잠깐! 농담이다. 자, 이건 가짜 해골이란다. 내 머리뼈 를 만들어줬던 제자에게 빌려온 것이지.

히로 그런 걸 언제부터 들고 다니셨어요? 하마터면 기절할 뻔했 잖아요.

선생 사실은 새빨간 거짓말이다. 이것은 진짜 해골이다. 어제 좀 지로가 먹기 전까지 건강하게 살아 있었던 것이지.

히로 아악! 가만, 전에도 비슷한 일이 있었던 느낌이 드는데요.

선생 이런 눈치 챘구나. 지금 너는 '테이블 위에 해골이 있다'고 인 식하고 있지? 덧붙이자면 이것은 진짜로 가짜 해골이니까 안심하려무나.

히로 이미 좀비 불신에 걸렸어요. 예, 저는 지금 '테이블 위에 해 골이 있다'고 인식했어요. 그게 왜요?

선생 그럼 문제다. '해골의 존재'와 '인식' 가운데 어느 쪽이 먼저 일까? '해골이 있으니까 히로가 해골을 인식한 것'일까? 아 니면 '히로가 해골을 인식하므로 해골이 있는 것'일까? 존재와 인식 가운데 어느 쪽이 먼저일까?

히로 항상 이상한 질문만 하시네요. 해골이 있으므로 해골을 인식하는 것이 당연하잖아요. 존재가 먼저, 인식이 나중! 존재하지 않는 해골을 인식할 리가 없으니까요.

선생 너는 여전히 짧구나.

히로 짧지 않아요. 뭐든지 짧지 않다고요! 그 발언 철회하세요.

선생 너는 자신이 인식하든 그렇지 않든 테이블 위에 해골이 존재한다고 보는 게냐?

히로 당연하잖아요. 해골은 뼈라는 현실적인 물체이므로 확실하게 존재해요. 진짜건 가짜건!

선생 좋다. 그럼 해골의 존재와 인식을 이야기하기 전에 일단 경험론을 복습할 텐데 괜찮겠지?

히로 네, 좋습니다.

선생 베이컨과 로크 등 경험론자는 지식과 도덕, 윤리적 사고 등이 선천적으로 갖춰진 것이 아니라 경험으로 배우는 것이라고 생각했단다.

히로 예, 도덕도 경험으로 배우는 것이죠.

선생 그래, 그럼 '논리적 사고도 경험을 통해 몸에 익힌다'는 것도 이해할 수 있느냐?

히로 그건 조금 알기 어려운 면도 있네요.

선생 좋아. 이것도 '1+1=2'를 예로 들어보자. '1+1=2'라는 수식을 우리는 일반적으로 머릿속에서 논리적으로 생각한 다음 그 사고를 바탕으로 옳다고 생각하지. 하지만 경험론자는 '인간은 한 개의 물건과 한 개의 물건을 합치자 두 개의 물건이 됐다'는 사실을 되풀이해서 경험한 결과 '1+1=2'라는 계산을 알게 됐다'라고 생각한단다. 이것도 경험, 관측을 중시하는 귀납법적인 사고방식이다.

히로 그런 것까지 경험에 의지하나요? 인간이라면 덧셈 정도는 굳이 배우지 않아도 알잖아요.

선생 그것은 네가 성인이기에 할 수 있는 말이다. 어린애가 자신의 손가락을 꼽으면서 덧셈과 뺄셈을 하는 것을 본 적이 있겠지? 그건 '두 개의 손가락과 네 개의 손가락을 더하면 여섯 개의 손가락이 된다'는 식으로 계산의 경험을 쌓는 게다. 물론 언젠가는 머릿속으로 계산할 수 있겠지. 그러나 머릿속 계산이란 논리적 사고의 뿌리를 거슬러 올라가면 '손가락을 꼽는다'는 경험으로 배운 셈'이 되며, 따라서 생득적으로 계산 능력을 갖췄던 것은 아니라는 이야기가 되지.

히로 하지만 초보적인 계산이라면 모르겠는데 고도의 계산, 이를테면 삼차방정식이나 허수가 들어가는 계산은 경험만으로 익힐 방법이 없잖아요.

선생 다양한 수식은 '초보적인 계산'이라는 제1원리의 응용이란다. 초보적 계산이 경험에서 유래했다면 여러 가지 수식은 '경험의 응용'이라고 볼 수도 있지. 그 설명을 납득할지 어떨지는 받아들이는 측에 달려 있겠지만 말이다.

히로 납득이 가네요. 무조건 되는 것은 아니군요. 하지만 저는 귀
       납법에도 걸리는 점이 있었어요.

좀비의 철학 수업 아홉 번째 2:
흄, 지금 경험하는 것만을 믿을 수 있다

히로 귀납법이라는 것은 "100명에게 물어서 100명 모두가 맛있다
       고 하면 크림소다는 틀림없이 맛있다"와 같이 경험의 집계로
       결론을 이끌어내는 거죠?
선생 그래, "자신이 100번 마셔서 100번 모두 맛있다고 느꼈으므
       로 크림소다는 맛있다"라는 것도 귀납법이지.
히로 하지만 그 다음 사람이 "맛이 없다"라고 하면 어떻게 되나
       요? 가령 100명이 맛있다고 해도 101명째에서 "맛없다"라고
       한다면 그때까지의 주장은 깨지는 거죠?
선생 호오, 너답지 않은 꽤 날카로운 질문이구나.
히로 그렇죠? 저도 최근 들어 제 스스로가 날카로워졌다고 생각
       해요.
선생 사실 경험론자면서 그 점을 지적하며 인과율을 부정한 철학
       자가 있었단다. 바로 영국의 데이비드 흄David Hume이다.
히로 역시! 저와 같은 생각을 하다니 흄이라는 사람은 분명히 머
       리가 좋았겠네요?

선생 그래, 그럼 흄처럼 머리가 좋은 너라면 '인과율Law of causality'의 의미 정도는 알겠구나?

히로 선생님, 갑자기 머리가 아파요. 차가운 것을 급하게 마셔서 그런가. 꺄악! 이번에는 정말 아파요. 이거 잇자국 보이세요? 거의 좀비로 만들 뻔한 거라고요!

선생 '깨물면 아프다', 이것이 인과율이다.

히로 네? 뭐가 인과율인데요? 까불면 물린다?

선생 '이렇게 하면 이렇게 된다'는 것이 인과율이란다. 원인의 '인因'과 결과의 '과果'가 조합되어 있는 말이지. "깨물면 아프다", "걸으면 앞으로 나아간다", "뛰어내리면 떨어진다", "모기에게 물리면 붓는다" 등처럼 원인에서 결과가 생기는 흐름이 바로 인과율이란다.

히로 그런데 흄은 인과율을 부정한 건가요? "깨물면 아프다"의 흐름을 어떻게 부정한다는 건가요?

선생 흄은 철저한 경험론의 입장에서 귀납법을 회의했단다. 가령 귀납법으로는 '사과가 나무에서 떨어진다'는 관측 데이터를 몇 개 모아서, 그 결과 '사과는 떨어지는 것'이라는 결론을 이끌어내지. 그리고 '지구에는 중력이 있다'는 법칙을 발견하는 데에까지 나아갈 테고 말이다. 그러나 흄은 '중력이 있으므로 사과가 떨어진다'는 인과율을 부정하고, 눈앞에서 사과가 떨어져도 "이번에는 사과가 떨어졌다"라고밖에 보지 않았단다.

히로 다음에도 떨어질 것이라고 확신할 수 없다는 의미인가요? 그럼 지금까지 사과가 땅에 떨어져 왔다고 해도 앞으로 어떻게 될지는 모르니 중력이라는 법칙까지 인정할 수는 없다는 말이 되는 거네요.

선생 그래, 우리가 모두 "지구에는 중력이 있다", "그러므로 물체는 떨어진다"라고 생각하는 것은 지금까지 관찰한 결과로 <u>그렇게 착각하고 있을 뿐</u>이며 앞으로도 같은 결과가 생길 것은 보증할 수 없다는 게다.

히로 하지만 지금까지 백만 개의 사과가 떨어졌어도 다음의 백만한 개째의 사과는 꼭지가 떨어지자마자 달을 향해서 날아갈 수도 있다는 생각은 좀 비약이 아닐까요?

선생 흄은 그렇게 봤다는구나. 물론 그렇게 된다는 게 아니라 '그럴 가능성도 있다'는 것을 지적하는 것일 뿐이다. 우리는 누구도 미래를 정확하게 예측할 수 없으므로 "이런 일이 반드시 생긴다"라는 절대적인 확신은 할 수 없단다. 즉 귀납법으로 보편적인 법칙을 이끌어내는 것은 불가능하다는 것이 흄의 의견이다.

히로 하지만 그렇게 되면 자연의 법칙 가운데 증명할 수 있는 건 하나도 없게 되잖아요. 뭣보다 애당초 흄은 경험론자가 아닌가요? 경험론자이면서 귀납법을 신용하지 않았다니, 그럼 흄은 뭘 믿었나요?

선생 '지금'이다. "이번에는 사과가 떨어졌다", "이번에는 아팠다"와 같이 '지금 경험하는 것'만을 믿었다는 게지. 이것을 더욱 깊게 살펴보면 '해골이 먼저인가? 인식이 먼저인가?'라는 문제가 생기는 게다.

히로 이런, 그 이야기를 하고 있었다는 걸 놓치고 있었네요.

선생 다시 한 번 확인해보자꾸나. 네 의견은 지금 테이블 위에 놓인 해골을 인식하는 것은 어디까지나 '해골이 있기 때문에 해골을 인식한다'라는 흐름이지, '해골을 인식하고 있으므로 해골이 있다'라는 것은 아니라는 게지?

히로 네, '인식하기 때문에 해골이 있는 것이다'라고 하면 해골이 존재하는지 아닌지는 어디까지나 저의 인식에 달린 것이 되잖아요. 저는 해골을 만들어낼 힘 같은 건 없어요.

선생 너는 '지금 테이블 위에 해골이 있다'는 것은 절대적인 사실로 생각하는구나?

히로 생각이고 뭐고 사실이잖아요.

선생 그럼 사실이라는 근거는 무엇이냐? '여기에 해골이 있다'는 증거는 어디에 있는 게냐?

히로 여기에 있잖아요. 여기 눈앞에 분명히 틀림없이 확실하게 보여… 엥?

선생 깨달은 모양이구나. 이미 배웠듯이 인간의 오감은 부정확하단다. 그 인식에 절대적인 것은 없다. '보인다'는 것은 망막에서 받아들인 빛의 정보를 바탕으로 <u>뇌가 그곳에 물체가 있다고 판단하는 것</u>뿐이다. 뇌의 실수로 착각하거나 헛것을 보는 일은 얼마든지 있지. 따라서 아무리 '눈앞에 해골이 보인다'고 생각하더라도 그것이 현실에 해골이 있다는 증거는 되지 못할 게야. 뇌가 착각해서 해골을 보여주는 것일지도 모르니까 말이다.

히로 하지만 뇌처럼 성능이 뛰어난 기관이 그렇게 간단히 착각할까요?

선생 뇌는 매우 쉽게 착각한단다. 요즘 흔하게 볼 수 있는 3D 영상은 의도적으로 뇌가 실수하도록 해서 착각을 보여주는 게다. 영화관에서 눈앞에 3D 아바타가 보인다고 너는 "여기에 아바타가 있잖아! 이것이 아바타가 있다는 증거다"라고 주장하지는 않겠느냐?

히로 하지만… 선생님께서 처음에 "해골이다"라고 하시면서 해골을 꺼냈잖아요. 저에게만 그렇게 보였다면 환상일 가능성도 있겠지만 해골을 가져오신 선생님 스스로가 해골이라고 하셨으니 틀림없겠죠?

선생 내가 "해골이다"라고 했다고?

히로 그 금시초문이라는 표정은 뭐예요?

선생 그것이 사실이라는 근거는 있느냐? 내가 언제 "해골이다"라고 말했는지 증거를 대보려무나.

히로 저는 이 두 귀로 똑똑히 들었… 응?

선생 깨달은 것 같구나. 보이는 것이 절대적인 것이 아니라면 듣는 것도 절대적이지 않을 게다. '듣는' 것은 귀에 전해지는 공기의 진동을 바탕으로 <u>뇌가 들었다고</u> <u>판단하는 것</u>일 뿐이다. 뇌의 착각으로 잘못 듣거나 환청을 듣는 일도 얼마든지 있지.

히로 그럼 제가 헛것을 들었을 수도 있다는 말씀이시네요?

선생 그래. 해골 자신이 "안녕, 나는 해골이야"라고 자기소개를 하거나, 내가 티스푼으로 해골을 두드려 소리를 냈어도 그 목소리와 소리는 '히로의 뇌가 들었다고 판단한 목소리와 소리'에 지나지 않는단다. 그것은 어디까지나 주관적인 판단인거지. 객관적이라고 할 수 있는 제삼자, 즉 "나는 해골이다"라는 소리조차 그런 소리가 들렸다는 너의 주관적인 판단이란다.

히로 그, 그럼 '본다', '듣는다'만이 아니라 다른 감각도 결국 '뇌의 주관적 판단'이라는 거잖아요? 뇌의 신경이 이상해지면 미각, 후각, 촉각도 이상해지니까요. 그럼 여기에 해골이 있나는 증거는 무엇인가요?

선생 증거는 없다.

히로 하지만 해골이 있잖아요! 있으니까 인식하는 거잖아요?

선생 반대다. 아일랜드의 철학자 버클리_{George Berkeley}는 <u>"존재란 지각되는 것이다"</u>라고 말했단다. '지각'은 '인식'으로 바꿔 말할 수 있지. 즉 "그곳에 사물이 있다"라는 사실은 증명할 수 없으며 우리는 '보이니까', '들리니까', '그곳에 사물이 있다'고 단정하는 것에 지나지 않는다. '존재한다'는 사실로 인해 우

리가 인식하는 것이 아니라 <u>우리가 인식하므로 '그곳에 무언가 존재한다'고 판단하는 것이란다.</u>

히로 그렇다면 해골도 '해골이 있으므로 해골을 인식하는 것'이 아니라…?

선생 네가 '해골이 보인다', '들린다'라는 자신의 인식을 바탕으로 "눈앞에 해골이 있다"라고 생각하는 것일 뿐인 게지. 즉 해골의 존재는 히로의 인식으로 인해 만들어진 것이 된단다. 존재라는 것은 그것을 인식하는 인간의 마음속에만 있는 것이고, 정말로 테이블 위에 해골이 존재하는가는 아무도 알 수 없다는 게지. 유일하게 확실한 것은 "히로가 '해골이 있다'고 인식한다"라는 것뿐이란다.

히로 그렇게까지 말하면 이 해골이 진짜로 있는 것인지 자신이 없어지네요. 존재란 도대체 무엇일까요?

선생 이것이 경험론의 궁극적 사고방식이란다. 신뢰할 수 있는 것은 '지금 이 순간', '자신이 지금 이 순간 경험하는 것뿐'이란 게지. 이에 따르면 '자신이 지금 이렇게 인식한다'는 것은 사실이지만, 그것은 단지 인식에 지나지 않는단다. 자신의 인식을 제외하면 실제로 객관적인 세계가 어떻게 되어 있는지 알 수 있는 수단은 없는 것이고 말이다.

히로 "칭덩이샤請等一下!" 잠깐만요. '신뢰할 수 있는 것은 지금 경험하는 것뿐'이라면 경험하지 않은 것은 어떻게 되나요? 그리고 저의 인식이 존재를 만드는 것이라면 제가 인식하지 않는 것의 존재는 어떻게 되는 거고요? 저는 지금 다나카 커피전 문점 안에서 해골과 좀비 콤비와 크림소다밖에 인식하지 않 는다고요? 그럼 그 이외의 세상은 지금 어떻게 되어 있는 건 가요?

선생 그것을 알 수 있는 수단은 없다고 했잖느냐.

히로 그럼 선생님은 지금 이 순간 도쿄 스카이트리가 존재하는지 아닌지 알 수 없다는 건가요? 제가 인식하지 않을 때 도쿄 스카이트리는 존재하지 않는 건가요?

선생 흄은 그렇게 생각했단다. 지금 이 순간에 지각하지 않는 한, 그 대상이 존재한다는 보증은 없다는 거지. 혹은 "분명히 지 금도 존재한다"라고 착각하는 것뿐이거나 말이다.

히로 어쩐지 게임 속 가상세계가 떠오르는데요. 플레이어가 모니 터로 인식하는 곳에서만 세계가 시각적으로 구현되고 그 밖 의 공간은 함수로만 존재하는 게 꼭 흄이 생각하는 세상 같 네요.

선생 흄과 비교하자면 버클리는 "우리가 인식하지 않는 동안 신이 지각하므로 사물은 계속 존재한다"라고 주장했단다.

히로 또 뜬금없이 신이 나왔네요! 철학자는 생각이 깊은 것인지 얕은 것인지 잘 모르겠어요. 어째서 철학자면서 '곤란할 때 면 신에게 의지'하는 걸까요.

선생 신을 믿지 않는 시점을 따른다면 흄처럼 "인식하지 않는 것 은 존재하지 않는다"라고 하는 것이 자연스러울지도 모르지.

하이데거는 "현존재가 존재를 승인할 때에만 존재는 있다"라고 했단다. 인간이 어떤 존재를 인식했을 때에만 존재가 있다는 거지.

히로 문득 중요한 사실을 하나 알게 됐어요. 오늘 이야기를 종합하면 '불륜도 들키지 않으면 된다'라는 것이군요.

선생 어째서 그렇게 되는 게냐?

히로 예를 들어 남편이 불륜을 저질러도 들키지 않으면 부인은 불륜의 존재를 인식 못하는 것이 되잖아요. 인식이 있어야만 존재가 있으므로 부인이 인식하지 않으면 그 불륜은 '들키지 않은 불륜'이 아니라 '존재하지 않는 불륜'이 되는 거죠. 그렇다면 들키지 않는 한 마음껏 불륜을 저질러도 괜찮은 거잖아요. 들키지 않으면 불륜은 존재하지 않으니까요. 존재하지 않는 불륜으로 인해 비난받을 필요가 없죠!

선생 그건 그렇지만 반대로 불륜을 저지르지 않았음에도 아내가 오해해서 '틀림없이 불륜을 저지르고 있다'라고 인식하면 그 가공의 불륜은 현실에 존재하는 것이 되어버리지 않을까? '존재란 지각되는 것'이니까 말이다.

히로 저지르지도 않은 불륜을 저질렀다고 누명을 쓰다니, 조금 수상하더라도 서로를 의심하지 않도록 노력해야죠! 인식만 하지 않으면 '없던 일'이 되잖아요!

선생 여기 꽤 오래 앉아 있었구나. 좀지로도 더는 참지 못할 것 같으니 슬슬 일어나기로 할까. 그럼 또 보자.

▼▼▼

좀비 선생은 카페모카가 섞인 침을 흘리며 옆자리 손님을 물어뜯으려고 다가가던 좀지로를 데리고 온 다음 해골을 안고 카페를 나섰다.

아오야마 거리를 해골을 든 좀비가 썩은 사체와 함께 걷는 모습은 세기말적인 풍경이다. 하지만 그 광경 또한 히로가 인식하기에 존재한다. 이돌라의 숨결에 속은 거리의 사람들에게 그런 광경은 설령 바로 옆에 좀비 콤비가 지나간다고 해도 존재하지 않는 것과 마찬가지였다.

혹시 히로까지 좀비들을 인식하지 않았다면 그들의 존재는 이 세상에서 사라지는 것일까? 아니면 히로가 그들을 잊어도 그들은 세상 어딘가에 여전히 존재하는 것일까?

다만 히로는 좀비들을 잊고 싶지 않았다.

과거와 기억을
사실로 믿을 수 있을까?

어라? 벌써 이런 계절인가?

히로는 고개를 갸웃거렸다. 정오를 막 지난 휴일, 히로는 이불 속에서 아무 생각 없이 오후 뉴스를 보는 중이었다. 텔레비전에서는 난장판이 된 성인식 풍경이 흘러나왔다. 내빈 인사 도중에 노란 머리와 빡빡머리와 기름을 잔뜩 바른 리젠트 머리를 한 젊은이들이 단상에 난입해 술을 마시고 폭약을 터트리는 등 소란을 피웠다. 불량배들은 카메라를 들고 낄낄거리면서 성인식을 찾은 사람들이 당황해서 도망가는 모습을 찍어댔다.

"조금 전 끝난 세타가야구의 성인식에서 이제 막 성인이 된 몇 명의 청년들이 단상에 올라가 식의 진행을 방해했습니다."

리포터가 중계하는 것으로 보아 분명히 지금 벌어지는 소동이다. 뉴스에서 보도되고 있는 곳은 히로의 원룸에서 겨우 몇백 미터 떨어진 세타가야 회관이다.

"회관 밖의 세타가야 공원에서는 식을 마치고 성인이 된 젊은 이들이 자신들만의 시간을 보내는 중입니다."

카메라가 돌아가자 공원 여기저기에 전통복장을 한 여성들이 짝을 바꿔가며 기념 촬영을 하는 모습이 나왔다. 그 속에는 선명한 분홍빛의 전통복장 차림을 한 에리도 있었다.

"뭐야, 이천 살도 넘은 분이 왜 성인식에? 또 뭘 하시려고."

히로는 자신도 모르게 벌떡 일어나 세타가야 공원을 향해 날 듯이 뛰어갔다.

"이 돌다리 부근이었던 것 같은데."

전광석화처럼 공원에 도착한 히로는 주변을 둘러보면서 돌다리를 건너 공중화장실 쪽으로 갔다. 전통복장으로는 볼일을 보기가 어려운 탓인지 화장실 부근에는 사람이 적었다.

"혹시 안에 계시려나? 일단 볼일부터 볼까나. 그건 그렇고 요즘 전통복장은 참 화려하네. 흥흐흥, 흥흐흐… 꺄아아아악!"

콧노래를 부르며 공중화장실로 다가가던 히로는 비명을 질렀다. 화장실 구석에서 에리가 식사 중이었기 때문이다.

당장 뒤로 물러나 도망치듯 아무 데로 뛰어갔지만 이미 히로의 눈에는 에리가 저글링이라도 하듯이 여러 사람의 몸을 조종하면서 먹는 장면이 새겨진 다음이었다.

'아까 식장을 어지럽히던 노란 머리랑 빡빡머리, 리젠트 머리가 먹히고 있었어…'

"잠깐, 왜 그렇게 시끄러워? 식사 중에 떠드는 게 누구야?"

"으악! 실례했습니다!"

입가에 흐르는 피로 목에 두른 페더숄이 새빨갛게 물든 에리가 성난 표정으로 모습을 드러냈다.

"히로잖아? 어쩐 일이야. 이런 곳에서 만나다니 우연이네."

"그렇게 산책하다 만난 것처럼 말씀할 만한 상황이 아니라고요! 경찰 아저씨, 여기여요! 여기 좀비가 사람을 먹었어요. 혹시 다 드신 건가요? 아직 먹고 있대… 케엑!"

목 뒤의 연수에 손날치기 일격을 받은 히로는 정신을 잃었다.

▼▼▼

정신을 차린 히로 앞에 펼쳐진 풍경은 건조하고 삭막한 분위기의 공간이었다. 긴 책상과 긴 의자가 여러 개 놓인 어딘가의 회의실 같았다.

"어때? 이제 정신이 들어?"

"에, 에리 선생님…, 여기는 어디죠?"

"세타가야 회관의 회의실이야. 동행이 몸이 안 좋아서 쉬게 해주고 싶다고 했더니 열어줬어."

"그렇군요…. 그런데 제가 왜 여기에 있죠? 현기증이 나네요,

가슴도 심하게 뛰고…."

히로는 새삼스럽게 에리를 훑어봤다. 틀어 올린 머리가 벚꽃 무늬의 고운 전통복장과 잘 어울렸다. 히로는 걱정스러운 표정으로 자신을 바라보는 에리의 눈동자에 빨려 들어갈 것 같은 기분을 느꼈다. 하지만 에리가 목에 두른 빨간색 페더숄을 보자 정신이 번쩍 들었다.

"선생님…, 드신 거죠? 이제 막 성인이 된 사람을, 전도유망한 젊은이를, 몇 명이나!"

"응. 말했잖아? 나는 인간을 먹지 않으면 활동할 수 없어. 그러니 누군가를 꼭 먹어야 한다면 선량한 사람보다는…."

"성인식을 망친 불량배라고 해서 잡아먹혀도 좋은 건 아니에요. 제가 환경미화에 이바지했다고 납득해줄 것이라 생각하신 거예요? 일본은 저출산으로 인구가 줄어드는 중이라고요. 그런데 번식력이 높은 개체를 그렇게 먹어치우다니 정말 너무하세요. 그런 건 남획이라고요! 또 성인식장에는 도대체 어떻게 들어가셨어요? 그 녀석들이 불량배라는 것은 성인식장에 있어야 알 수 있었을 텐데요?"

"이돌라의 숨결로 접수담당자의 인식에 오류를 일으켜서 들어갔어."

"그럼 에리 선생님은 애초에 식사하러 여길 오신 거네요?"

"나도 되도록 제대로 된 인간보다는 변변찮은 놈들을 우선해서 먹는다고. 그래서 배가 고프면 변변찮은 놈들이 나타날 만한 곳에 오는 거야."

"그래도 순서는 생각해주시는군요. 하지만 어쩐지 복잡한 기분이네요. 좀비가 당당히 사람을 먹는데 진실을 아는 사람은 저뿐이라니…."

"흐응, 너는 '좀비가 인간을 먹었다'는 것이 진실이라고 단언할수 있어? '진실'이라는 것은 절대적인 거라고? 내가 인간을 먹었다는 것이 절대적 사실이라고 확신할 수 있을까?"

"사실이자 진실이에요. 제가 아까 두 눈으로 봤어요. 겨우 5분, 10분 전의 일이잖아요. 아직 그 광경이 생생하게 떠올라요."

"좋아, 날도 밝은 것 같으니 밖을 걸으면서 철학 수업을 하자."

"하아, 인간의 식량화에 익숙해지는 제 자신이 무서워요."

에릭시아의 철학 수업 세 번째 1:
러셀의 세계 5분 전 창조설

에리 이 공원은 교토에 있는 '철학의 길'과 분위기가 비슷해. 이건 체리나무지? 내 옷의 무늬랑 똑같네.

히로 봄이 되면 볼 만하지요. 그런데 수업 전에 한 가지만 질문해도 괜찮을까요? 계속 궁금했던 일이 있어요.

에리 뭔데?

히로 저는 어째서 좀비 선생님의 철학 수업 학생으로 뽑힌 걸까요? 그리고 다른 사람은 모두 이돌라의 숨결로 속는데 어째서 저는 좀비와 교류할 수 있나요?

에리 응? 못 들었어? 그건 네가 히에로뉴모스와 닮아서야.

히로 히로… 모시기요?

에리 히에로뉴모스! 좀비 선생님의 고대 그리스 시절 애제자야.

히로 제가 그리스인과 닮았나요? 게다가 그런 옛날 사람이랑? 하긴 히로 모시기 하는 이름도 저랑 비슷하네요. 그 사람도 철학 좀비였나요?

에리 그는… 철학 좀비는 되지 못했어. 인간이었지만 철학자로서의 가능성을 발견하고 좀비 선생님이 제자로 받아들였지. 내가 봐도 깜짝 놀랄 정도로 너는 히에로와 분위기가 비슷해.

히로 그렇게 비슷해요? 그렇구나, 그래서 선생님은 저에게 친근감을 느낀 거군요.

에리 철학 좀비는 사신이 호외를 가진 상대와 함께 있을 때 이돌라의 숨결을 잘 내쉴 수 없어. 집중하면 괜찮겠지만, 너와 만났을 때는 갑작스러워서 숨결을 내쉴 수 없었다고 하셨어.

히로 호쿠진보에서 선생님과 만났을 때는 좀 갑작스러웠죠. 그런 사정이 있었군요. 에리 선생님이 봐도 저는 히에로인가 하는 사람과 닮았나요?

에리 글쎄? 내 기억이 확실하다고 할 수는 없으니까. 어차피 너의 5분 전 기억조차 절대적인 것이 아니잖아.

히로 그렇게 슬쩍 넘기시는 건가요. 에리 선생님의 이천 년 전 기억은 애매할 수는 있어도 제 기억은 바로 얼마 전 일이었다고요.

에리 영국의 철학자 버트런드 러셀Bertrand Russell은 '세계 5분 전 가설'을 주장했어. 그 설에 따르면 이 세계는 지금부터 겨우 5분 전에 만들어진 것일지도 모르며, 이 가설은 누구도 완전히 부정할 수 없다는 거야.

히로 세계가 5분 전에 만들어졌다고요? 러셀 씨, 그런 뜬구름 잡는 주장은 제가 완벽하게 부정하겠습니다. 세계는 10분 전에도 있었다고요. 그래서 10분 전에 에리 선생님이 뭘 했는지도 봤다고요. 그리고 어제도, 저번 주도, 저번 달도, 작년에 벌어진 일도 또렷하게 기억하고 있다고요.

에리 그 기억이 정확하다는 것을 어떻게 증명할 거야?

히로 내 그렇게 말씀하실 줄 알았습니다. 기억이라는 걸 백퍼센트 정확하다고 할 수는 없겠으나 적어도 10분 전의 기억이 정확하다는 것쯤은 에리 선생님의 머플러를 보면 알 수 있어요. 그 피! 제가 본 소름 끼치는 식사 장면의 기억은 그 피로 증명할 수 있어요. 그 머플러가 증거다!

에리 소년탐정 흉내를 내는 거라면 '피가 묻은 숄을 두른 나도 5분 전부터 존재했을 가능성 또한 검토해봐야 하지 않을까?

히로 없어요. 저는 5분이 아니라 훨씬 전부터 에리 선생님과 함께 있잖아요. 5분, 10분의 이야기가 아니라 가부키초에서 처음 만난 후로 지금까지 에리 선생님의 모습은 저의 머릿속에 선명하게 새겨져 있다고요. 그러니까 에리 선생님이 5분 전에 이 세상에 나타났다는 것은 말이 안 돼요.

에리 그 기억이 정확하지 않을 수 있다는 거야. 히에로… 아니, 히로도 '22년만큼의 거짓 기억이 뇌에 심어진 상태'이며 나와 이 세계와 마찬가지로 5분 전에 탄생한 걸지도 모르잖아. 너는 기억이 과거의 산물이라고 생각하겠지만, 그것은 어쩌면 5분 전에 외부의 힘이 뇌에 심은 가짜 정보일지도 몰라. 적어도 아무도 그것을 완전히 부정할 수 없어.

히로 아니요. 과거는 저뿐 아니라 모두가 공유하잖아요. '얼마 전 아르바이트 동료 모두와 도쿄 디즈니랜드에 놀러 갔다'는 기억은 함께 있던 모두가 동시에 가지고 있을 거예요. 혼자라면 기억에 오류가 있을지 모르지만 여러 사람이 같은 기억을 가졌다면 그 과거는 확실히 있었던 것이잖아요.

에리 그것도 마찬가지야. 너의 아르바이트 동료 모두가 '얼마 전 아르바이트 동료와 함께 도쿄 디즈니랜드에 놀러 갔나'는 거짓 기억이 심어진 상태로 동시에 5분 전에 존재하기 시작했다는 설은 아무도 부정할 수 없어.

히로 겨우 한 시간 전에 세타가야 회관에서 성인식을 했잖아요! 한 시간 전에 분명히 봤어요. 에리 선생님도 식에 참가했잖아요? 이돌라의 숨결로 접수 담당자를 속여서 성인식에 나갔다고 하셨잖아요. 성인식을 할 나이도 지났으면서! 사실은 이천 살이 넘은 초 울트라 슈퍼 고령자면서 성인식에 나가다니 "나는 영원한 스무 살이야"라고 주장할 생각인가요? 아니면 "내 나이는 스무 살하고 2만 3,769개월이야"라고 하실 생각인가요? 정신 차리세… 아욱!

에리 너는 정말 저질이구나. 여성의 나이를 문제 삼다니!

히로 흑흑, "뚜이부치對不起." 죄송합니다.

에리 흥! 해도 괜찮은 말과 아닌 말이 있어.

히로 전통복장의 소매에 채찍을 감추다니 동서양의 결합이네요. 어라? 채찍에 피가 묻었잖아요? 앗, 따가워. 입술이 찢어졌네. 지금 채찍이 스쳐서 입술에 피가 난 거죠? 제자를 피가 날 때까지 구타하다니, 교사 실격 이전에 인간으로서 실격 아닌가요?

에리 괜찮아.

히로 어째서요!

에리 소크라테스의 철학을 배웠잖아. 벌써 잊었어?

히로 소크라테스가 또 제가 모르는 무슨 이상한 말을 했는데요?

에리 "네 주제를 알게 하라." '너 자신을 알게 하는 것'이야말로 철학을 가르칠 때 가장 중요하다고! 에잇!

히로 "너 자신을 알라"잖아요! 저도 그 정도는 안다고요. 그런 말도 안 되는 억지나 부리며 득의양양한 표정으로 채찍을 휘두르신 건가요? 혹시 진짜로 잘못 알고 계셨던 건가요? 그래서 에리 선생님은 항상 네 주제를 알라고 채찍을 휘두르시는 건가요?

에리 농담이야. 의미가 전혀 다르잖아. 그걸 틀릴 수 있겠어?

히로 웃음으로 넘기려고 하지 마세요!

에리 이야기를 계속할게. 인간에게 과거의 기억은 대부분 '애매한 기억'이야. 착각이나 편견으로 만들어진 '거짓 기억'도 얼마든지 있어. 기억이라는 것은 간단히 바꿀 수 있다는 거지. 너는 피에 물든 숄을 '과거가 존재하는 증거'라고 했지만, 이 숄이 10분 전에 존재했다는 것은 아무도 증명할 수 없어. 이 숄을 10분 전에 보았다고 증언하는 인간이 백 명이든 천 명이든 기억 자체에 신빙성이 없으므로 그것은 어떤 과거가 존재하는 증거가 될 수는 없어.

히로 하지만 저는 텔레비전에서 아직 피가 안 묻은 깨끗한 숄을 두른 에리 선생님을 봤어요. 영상으로 기록되었을 거라고요.

에리 그 남아 있는 영상 자체가 5분 전에 만들어져 존재하기 시작한 것이라면 어떨까?

히로 … 영상이야 요즘 같은 시절에는 얼마든지 날조할 수 있으니까, 그럴 가능성이 전혀 없다고는 할 수 없겠네요.

에리 그렇지? 이 숄에 관해서 단정할 수 있는 것은 "지금 여기에 숄이 있다"라는 것뿐이야. 5분 전에 있었던 것도, 5분 후에 있으리라는 것도 모두 증명할 수 없어. 가령 '1955년'이라고 쓰인 이 100엔짜리 동전도, 더 거슬러 올라가서 2억 년 전의 것으로 추정되는 공룡 화석도 1955년에 제조되었거나 2억 년 전의 것으로 추정될 만한 특징을 갖춘 채 5분 전에 생겨난 것일지도 모르지. 어차피 이 세계가 10분 이전이 아니라 오랫동안 존재해왔다는 증거는 어디에도 없잖아?

히로 그럼 제가 믿어도 좋을 것은 '지금 이 순간'뿐이라는 건가요? 과거는 모두 가짜일지도 모르고, '지금 이외'에는 아무것도 믿어서는 안 된다는 건가요?

에리 내 얘기가 아니라 러셀의 '세계 5분 전 가설'에 의하면 그렇게 되지.

에릭시아의 철학 수업 세 번째 2:
난 누군가, 또 여긴 어딘가?

히로 다른 가설은 이렇게까지 현실을 의심하지는 않죠?

에리 다른 가설로 '우리의 세계는 모두 가상현실이다'라는 것도 있어. 그 가설에서는 "지금 이 순간에 경험하는 것조차 가짜가 아닐까?"라고 의심하지.

히로 어째서 철학자는 그렇게 의심이 많나요? 어렸을 때 큰 사기라도 당한 사람만이 철학자가 될 수 있는 건가요? 아니면 숨겨둔 야한 책을 제자에게 들켜 모든 것이 꿈이었으면 좋겠다고 생각한 것일까요? 그게 어때서! 철학자도 철학자이기 이전에 어른이잖아. 어른이라면 야한 것 좀 봐도 상관없잖아! 어차피 야한 걸 좋아하지 않으면 세상은 존재하지 않아!

우리도 야한 생각으로 생겨난 결과인데… 우꺅!

에리 너라는 인간에게는 지금 이 한순간이라도 방심할 수 없구나. '지금 이 순간'이라도 인간이 오감으로 인식하는 것에 절대적인 것은 없어. 데카르트의 방법적 회의 강의에서 가르쳐줬잖아.

히로 그게 무슨 상관인데요?

에리 네가 보는 세계는 모두 너의 뇌가 만든 가상세계일지도 모른다는 거야. 너의 뇌만 어딘가의 통 속에 존재하고, 그 뇌에 외부에서 전기적 자극을 가해 머릿속에 '자신이 히로라는 인간으로 사는 세계'를 만들어내게 하는 것일지도 몰라. 그런 가상세계에 네가 사는 걸지도 모른다는 거지.

히로 가상현실 게임처럼 말인가요?

에리 그래. 너도 좋아하는 게임을 통해서 가상의 용사나 영웅의 인생을 체험하잖아. 마찬가지로 네가 지금 체험하는 이 세계는 어쩌면 지금의 네가 아닌 '진짜 네'가 어딘가에서 게임처럼 플레이하는 가상공간일지도 모르는 거야.

히로 하지만 게임을 할 때는 자신이 게임 속에 있다는 자각이 있잖아요. 게임을 하면서 스스로를 마리오나 별의 카비로 혼동한 적은 한 번도 없어요. 게다가 제가 인간이 아닌 생물이라면 더욱 위화감을 느끼지 않을까요. 모습 자체가 다른 생물로 변신한 거잖아요?

에리 그럼 너는 꿈속에서도 '이것은 꿈이다'라고 생각하니?

히로 깰 때쯤 되어야 그런 생각이 들죠.

에리 마찬가지야. 꿈속에서 자기가 자신 이외의 캐릭터로 변신했다고 '이것은 진짜 내가 아니다'라고 실감할 수 있을까?

히로 아니요. 전 꿈속에서 자주 시바견이나 지렁이가 되지만, 개와 지렁이인 채 느긋하고 평온한 마음으로 살아가요. 오히려 개와 지렁이로서 자각이 생겨요. 지렁이라면 지렁이답게 살아가자고.

에리 의식이라는 것은 그런 작용을 하는 거야. 혹시 모르지. 지렁이가 진짜 히로의 모습이고 네가 지금 자신의 인생이라고 여기는 삶은 지렁이 형태의 히로가 플레이하는 신형 게임의 퀘스트일지도. 아니면 너의 '뇌만' 다른 세계에서 통에 들어 있고 그 뇌가 컴퓨터에 연결된 채 가상현실을 체험하는 것일지도 모르지.

히로 〈매트릭스〉를 비롯한 몇몇 영화들이 떠오르네요.

에리 그럴 가능성도 있다는 거지.

히로 그런 의미에서 저는 제 삶이 게임이 아니라고 생각해요. 시나리오의 기승전결이 없다고 해야 할까. 제 인생이 게임으로 플레이할 정도로 재밌을까요?

에리 게임으로 인생을 플레이한다면 보통은 유명한 스포츠 선수나 대부호의 인생을 선택하겠지. 하지만 너 같은 평범 이하의 인생도 누군가는 플레이할지 몰라. 일부러 난이도가 높은 게임을 하면서 스스로를 괴롭히는 사람들도 있잖아.

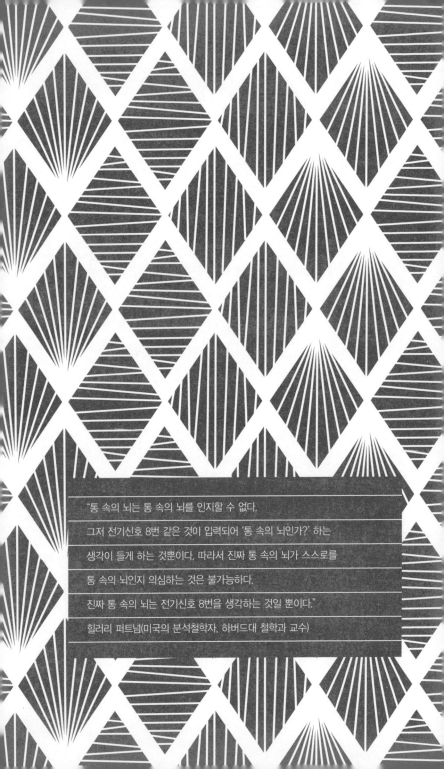

"통 속의 뇌는 통 속의 뇌를 인지할 수 없다.

그저 전기신호 8번 같은 것이 입력되어 '통 속의 뇌인가?' 하는

생각이 들게 하는 것뿐이다. 따라서 진짜 통 속의 뇌가 스스로를

통 속의 뇌인지 의심하는 것은 불가능하다.

진짜 통 속의 뇌는 전기신호 8번을 생각하는 것일 뿐이다."

힐러리 퍼트넘(미국의 분석철학자, 하버드대 철학과 교수)

히로 다른 사람의 인생을 두고 평범 이하라니요! 저는 저의 인생 밖에 못 살아요. 저의 유일한 인생을 그렇게 단정하시니 슬프네요.

에리 그러니까 그런 너의 인생이 가상현실일지도 모른다고. 현실이라면 너무 가혹하잖아.

히로 말씀 한 마디 한 마디가 저의 뼈를 후려치네요. 듣다 보니 의문이 하나 떠올랐어요. 꿈을 꿀 때는 아픔을 못 느끼잖아요? 그래서 볼을 꼬집어서 꿈인지 아닌지 확인하잖아요. 그런데 지금은 아프거든요. 에리 선생님께 맞은 엉덩이가 아직도 짜릿짜릿한 게 위험한 취향에 눈을 뜰 것만 같다고요. 이렇게 아픔을 느낀다는 것이 진짜 현실이라는 증거가 되지 않을까요?

에리 너는 '환상지 증상'이라는 말을 알아?

히로 사고로 팔을 잃은 사람이 이미 없어진 팔의 통증을 느끼는 거죠?

에리 그래, 팔뿐만 아니라 몸의 모든 부분에서 나타날 수 있어. 이미 존재하지 않는 부분이 아프다는 것은 뇌가 있을 리 없는 통증을 만들어낸다는 거야.

히로 가상현실은 고통도 만들어낼 수 있다는 거네요.

에리 반대로 전신마취로 뇌의 움직임을 억제하면 몸에 메스가 닿아도 통증을 못 느끼지. 통증을 느끼는지 아닌지도 뇌에 달렸어. 그러니까 꿈이건 가상현실이건 통증이야 얼마든지 만들어낼 수 있겠지.

히로 혹시 이 세계가 가상현실이라면 자신의 진짜 모습은 어떻게 해야 알 수 있나요? 지금 이 세계에서 빠져나가려면 어떻게 하면 되나요?

에리 꿈에서 지렁이가 됐던 네가 지금이 꿈이라는 것을 깨닫는 때는 언제야?

히로 그야 말씀드렸다시피 꿈에서 깰 때죠. 그때야 '지금은 꿈이었구나', '나는 지렁이가 아니었지' 하고 정신을 차리죠.

에리 그럼 지금 세계에서 '어떻게 하면 진짜 자신을 알 수 있을까?'라고 생각해도 의미가 없는 일이야. 이 세계의 자신이 아무리 발버둥을 쳐도 이 세계를 빠져나갈 수 없으니까. 하지만 제한시간이 오거나, 외부의 힘이 강제로 종료시키면 그때 비로소 '히로의 인생은 가상의 세계였다', '진정한 자신은 지렁이 모습의 우주인이 아니라 이름 없는 행성에 서식하는 이름 없는 벌레였다'라고 깨닫겠지.

히로 지렁이도 서러운데 벌레라니요. 하지만 어쩐지 섬뜩하네요. 철학이 이렇게 무서운 것이라고는 생각도 못했어요.

에리 후후후, 인간은 생각하면 생각할수록 생각을 멈출 수 없는 생물이야. 고민하면 할수록 고민이 계속 생기지. 하지만 그것이 인간이야. 나도 지금 네가 보는 세계가 진정한 세계라면 좋겠어.

히로 지, 진짜겠죠? 에리 선생님도, 좀비 선생님도, 히로도, AKB

도 진짜로 이 세계에 존재하는 거겠죠?

에리 글쎄? 오늘 수업은 여기서 끝. 나는 가방에 담아갈 것이 있으니까 여기서 헤어지자.

▼▼▼

히로는 에리와 헤어진 다음 전통복장 차림을 한 젊은이들 무리를 지나 공원을 천천히 가로질러갔다.

2년 전에도 이곳에서 성인식이 열렸다. 하지만 히로는 성인식에 참석하지 않았다. 성인식장에서 학교 친구들과 마주해봤자 화젯거리로 올릴 만한 변변한 추억 하나 없었기 때문이다. 아름다운 시절은 감히 꿈꾸지도 못한 채 그냥 그렇게, 남들보다 뒤떨어지지는 않을 정도로만 발버둥을 치며 시간을 보냈다. 그때는 빨리 어른이 되고 싶었지만 막상 성인이 되고 나서도 변한 것은 아무것도 없었다.

그럼에도 가상현실이라고 하기엔 너무나 생생한 스물두 해의 시간이었다. 가상현실이라고 하기에는 눈에 비치는 이 풍경과, 피부를 스치는 바람과, 코를 간질이는 공원의 냄새가 너무도 생생하다. 그럼에도 지금 여기가 게임이라면, 이 게임을 플레이하는 이가 '히로'라는 인생을 선택한 것이 조금은 원망스러웠다.

263 / /

경험과 이성을 합쳤을 때
진리가 태어난다

"에리가 히에로뉴모스의 이야기를 했구나…."

수조 속의 바다표범을 바라보며 좀비 선생이 중얼거렸다.

"예. 저랑 똑 닮았다고 하더라고요. 선생님의 애제자였다고 하던데요."

히로는 친구가 적다. 카이쿄칸 수족관은 인간보다 좀비 친구가 많은 그가 외로울 때마다 드나드는 곳이다.

카이쿄칸에서 돌고래 쇼를 구경하던 히로는 우연히 좀비 선생과 만났다. 오늘은 평소처럼 좀비 콤비가 아니라 혼자였다. 돌고래 쇼에서는 추첨을 통해 돌고래에게 먹이를 주는 체험을 할 수 있었다. 여기에 뽑힌 관객 가운데 한 명이 좀비 선생이었다.

좀비 선생은 정어리를 든 팔까지 돌고래에게 먹혀서 그대로 풀장으로 끌려 들어갔다. 아무래도 돌고래는 좀비 선생을 먹을 것으로 착각했던 것 같다. 하지만 이돌라의 숨결로 인식이 애매해진 직원들은 아무도 좀비 선생이 물에 빠진 것을 알지 못했다. 20분 후에 간신히 자신의 힘으로 땅에 올라온 좀비 선생에게 달려간 사람은 마침 그 자리에 있던 히로뿐이었다.

"그래, 애제자였다고 해도 좋겠지. 하지만 나 이상으로 에리와 히에로의 인연이 깊었다."

다행히 까다로운 돌고래의 입맛에는 맞지 않았던 듯 좀비 선생의 팔은 무사했다. 젖어서 미역처럼 늘어진 가발을 쓴 좀비 선생과 젖은 미역처럼 늘어진 히로는 돌고래 쇼를 지나 바다표범의 수조로 향했다.

"에리 선생님이? 사형제라서 그런가요? 새끼발가락 하나도 나눠 먹던 사이라서? 하지만 히에로는 인간이었잖아요?"

"히에로는 에리의 연인이었다."

"예? 예···. 예? 예에에에에에! 연, 연인이라고요? 한쪽이 좀비인데 그게 가능한가요?

"그 무렵 나는 이미 철학 좀비였으나 두 사람은 아직 인간이었단다."

"그럴 수가! 그런 뿌리까지 마녀 같은 좀비도 한때는 인간이었군요···."

"처음 제자로 삼은 아이는 히에로였단다. 히에로와 에리는 연인 사이여서 둘은 자주 신전과 아고라에 나와서 함께 철학 토론을 했지."

"현기증이 날 것 같아요. 뜸 들이지 마시고 빨리 다음을 말씀해주세요."

"하지만 어느 날 히에로는 좀비로 변했다."

"이번엔 너무 빠르잖아요! 에리 선생님은 그런 이야긴 안 했는데요?"

"히에로는 생각에 잠기면 주변을 신경 쓰지 못하는 버릇이 있었다. 파르나스 산기슭의 숲을 산책하다가 산에서 내려온 야생 좀비에게 공격을 받았을 때도 그랬지."

"하지만 산산조각이 난 것이 아니면 선생님의 제자니까 철학 좀비가 되는 게 아닌가요?

바다표범은 아이와 함께 놀러 온 가족과 수족관 데이트를 즐기는 커플의 주목을 받으며 빙글빙글 회전하는 묘기를 보여준 다음 생선을 얻어먹었다.

"그래. 히에로는 철학 좀비가 됐다. 그런데… 그렇게 된 다음 바로 히에로는 숲 속에서 에리를 물었다."

"잠깐만요! 철학 좀비는 이성이 있잖아요. 왜 다른 사람도 아닌 연인을 물어요?"

"추측이지만 에리가 스스로 물리기를 선택한 것 같다. 두 사람은 언제나 함께였으니까. 히에로가 좀비가 된 것을 알고선 에리도 운명을 함께하려고 했겠지."

"사람처럼 좀비도 겉모습으로 알 수 없군요…. 그, 그래서 히에로 씨는 지금 어디에?"

"히에로는 이제 없다. 인간에게 살해당했다."

사육사의 지시에 따라 물속에서 바다표범은 숨을 내뱉었다. 바다표범이 내뿜은 거품이 도넛처럼 링 모양으로 물속을 나아가자 구경꾼들이 탄성을 질렀다.

"히에로가 에리의 어깨를 무는 모습을 누군가 봤다더구나. 히에로를 제압한 사람들은 그 녀석이 호흡도 심장의 고동도 없이 움직이는 것을 눈치 채고 말았다."

"그럴 수가…."

"에리가 필사적으로 말렸지만 히에로는 마물이라고 해서 화형을 당했다. 좀비라도 태워버리면 끝이지. 그러나 인간을 책망할 수만도 없다. 그들은 선의를 가지고 에리를 구하려 한 것이니까."

"이돌라의 숨결은요? 철학 좀비는 인간의 인식을 속일 수 있잖아요."

"이돌라의 숨결은 자신이 애정을 가진 상대와 함께 있을 때에는 잘 내쉴 수 없단다. 특히 아직 숨결을 내쉬는 것에 익숙하지 않은 초보 좀비일 때는 더 말할 것도 없겠지."

"그렇군요…. 들은 기억이 있네요. 그래서 모두 히에로 씨가 좀비라는 것을 인식했군요. 어쩐지 슬프네요."

"에리는 그 후 아스클레피오스Asclepius의 병원으로 옮겨졌으나 철학 좀비로 각성한 다음 마을을 빠져나와 내 곁으로 왔다. 그리고 지금에 이른 게지."

"어쩐지 남의 일 같지 않네요. 저와 닮은 사람이라 더욱 그래요. 에리 선생님에게도 가슴 아픈 과거가 있었네요. 그렇게 센 척하는데…"

히로는 수조와 바다표범 건너편의 먼 곳을 바라보았다. 조금 가슴이 아렸다.

"에리는 최근에 롯폰기 클럽에 자주 다니는 것 같더구나. 녀석은 옛날부터 리듬감이 있었지."

"클럽? 롯폰기? 슬픈 이야기를 듣다가 롯폰기 얘길 들으니 좀 깨는데요. 하긴 에리 선생님이 클럽에서 춤을 추면 남자들이 많이 달려들 것 같긴 하네요."

"사내들이 끊임없이 말을 거는 것 같더구나."

"그, 그래서 말을 걸면 역시나…?"

"일단 잠시 함께 춤을 추며 상대를 파악한 다음 그들 중에 가상 이자를 올릴 듯한 놈을 데리고 나가서 롯폰기힐스의 뒷골목으로 간다더구나. 이것이 진정한 '생식'이지, 하하하!"

"뭐야, 결국 클럽도 식사하러 가는 건가요? 어쩐지 안심이 되면서도 복잡한 마음이네요."

"롯폰기는 다양한 나라의 사람들이 모이기에 질리지 않아서 좋은 것 같다고 하더구나. 그래, 에리로부터 네게 인식의 총괄을 가르쳐달라는 말을 들었다. 오늘의 강의는 칸트다."

"언제나처럼 갑작스러운 수업 시작!"

좀비의 철학 수업 열 번째 1:

칸트, 인간에게는 보편적인 진리가 존재한다

<u>선생</u> 그럼 인식에 관해서 이야기하자. 커피전문점에서 이야기한 귀납법과 연역법의 대립을 기억하느냐?

<u>히로</u> 나름 복습했지요. 가만 있자, 그러니까 귀납법은 경험이 전부인 느낌이고 연역법은 머릿속의 이성이라고 할까, 논리적 사고를 중시하죠.

<u>선생</u> 좋아. 인식 문제에서 철학자는 합리론과 경험론으로 나뉘었다. 합리론은 데카르트처럼 세계의 법칙을 연역법으로, 즉 자신의 이성을 활용해 논리적으로 생각하면 올바른 인식을 할 수 있다는 입장이었단다. 반대로 경험론은 흄처럼 '경험이 전부'라고 생각했지. 다시 말하자면 합리론자는 경험에 의지하지 않고, 경험론자는 생득관념과 논리적 사고를 인정하지 않았던 게야.

<u>히로</u> "경험 따위는 필요 없어! 생각하면 알 것 아니야"라는 입장과 "생각 따위 못 믿어! 경험해야 알 수 있잖아"라는 입장이 대립했다는 거군요.

<u>선생</u> 그래, "세계의 진리를 알 수 있다"라는 시각과 "세계의 진리는 절대로 알 수 없다"라는 시각의 대립이라고도 할 수 있지. '진리'는 다른 단어로 '정체'나 '진정한 모습'이라고 해도 좋다. 어느 논리가 어느 입장인지 알겠느냐?

히로 합리론은 '생각하면 알 수 있다'는 논리이므로 "세계의 진정한 모습도 생각하면 알 수 있다"라는 입장이죠? 반대로 경험론은 "지금 이 순간밖에 안 믿어! 눈앞의 해골이 진짜로 존재하는지도 알 수 없어"라는 입장이므로 세계의 진리를 아는 것을 포기한 거죠.

선생 그래. 그렇게 대립하는 두 개의 의견을 잘 융합해서 정리한 사람이 독일 철학자 칸트Immanuel Kant다.

히로 칸트가 중재했군요! "어이, 우린 철학이라는 뜻을 함께 품은 동지들이잖아. 철학계를 위해 과거를 털고 손을 잡자!"라고 한 건가요?

선생 덥썩!

히로 어이쿠, 위험! 하지만 이제 더는 당하지 않지요.

선생 제법이구나. 칸트는 세계의 진리를 이야기할 때 "인간에게 보편적인 진리가 있을 것이다"라고 주장했다.

히로 '진리는 알 수 있다'는 쪽에 붙었군요. 그런데 '인간에게 보편적인'이라는 기묘한 말이 붙었네요.

선생 세계의 보편적인 진리를 칸트는 '물자체Das Ding an sich'라고 불렀더구나. 하지만 그것은 인간이 파악할 수 없다. 그럼에도 칸트는 '인간 세계의 진리'는 보편적이면서 우리도 인식할 수 있다고 말했지.

히로 선생님, 바다표범이 손을 흔들고 있어요! 이름이 고메라네요. 귀여워라. 선생님이라면 고메를 예로 들어서 설명할 수 있죠? 돌머리 철학자들과 달리 선생님의 철학 수업은 알기 쉬우니까요.

선생 어째 사육사에게 교육받는 바다표범이 된 기분이지만 그래, 내가 누구더냐. 철학 좀비다! 너는 지금 '수조 속 고메'의 존재를 인식하고 있지? 사육사를 따라서 빙글빙글 돌거나 볼에 뽀뽀하는 모습이 퍽 귀여운 바다표범이구나.

히로 "쩐요우이스真有意思!" 바다표범이 이렇게 영리한지 몰랐어요.

선생 하지만 경험론으로 보면 객관적으로 고메가 진짜 존재하는지, 진짜 고메가 귀여운 바다표범인지 등에 대해서는 보증할 수 없단다.

히로 네, 기억해요. '저의 오감이 바다표범 고메를 인식'하는 것뿐이며, 그것이 진리라고는 말할 수 없죠. 단순히 저의 뇌를 통한 주관적 인식일 뿐이니까요. 진정한 세계가 객관적으로 어떻게 되어 있는지 알 수 있는 수단은 없죠.

선생 그래, 너의 시각과 청각을 통하면 고메는 귀여운 바다표범일지도 모르겠으나, 사실은 너의 착각일 뿐이며 히로의 인식 필터를 제거하면 진정한 고메는 크아아앙! 하고 우는 두억시니(가칭)라는 괴물일지도 모르지.

히로 이름이 장난 아니네요.

선생 내가 임시로 만든 고메의 정체다. 하지만 그것이 어떤 생물인지 너는 알 수 없다. 무서운 두억시니(가칭)도 히로의 오감이라는 싸구려 필터를 통해서는 언제나 '귀여운 바다표범 고메'로 인식되기 때문이지.

히로 '존재는 지각되는 것'이므로 혹시 '가칭 두억시니'라는 괴물이 눈앞에 있어도 제가 '귀여운 고메'라고 인식하면 저에게는 귀여운 바다표범 고메가 되는 거죠. 고메뿐 아니라 모든 것이 그렇지 않나요.

선생 그래, 귀여운 사쿠라코도 마찬가지로 너의 의식이 그렇게 잘못 인식하고 있을 뿐이며 사실 사쿠라코는 스물여덟 개의 다리를 가진 착착귀신(가칭)일지도 모르지.

히로 사쿠라코를 그런 식으로 매도하지 마세요!

선생 그러나 여기서 칸트는 인식이란 분명히 주관적인 것에 지나지 않으나 <u>인간은 모두 '인간의 주관'이라는 공통의 인식방식을 가졌다</u>고 주장했다.

히로 '공통의 인식방식'이라면 '저에게 보이는 것은 마찬가지로 다른 사람에게도 보인다'는 건가요?

선생 그래, 칸트는 그렇게 생각했다더구나. 먼저 사물은 그 '정체', '진리'라고도 불리는 진정한 모습이 있다. 그 진정한 모습이 아까 얘기한 '물자체'란다. 고메로 예를 들자면 두억시니(가칭)가 물자체가 되겠지.

히로 '가칭'인 거죠? 고메의 정체가 그 괴물이었다면 그것이 칸트가 말하는 '물자체'라는 거죠?

선생 그리고 우리는 물자체를 '인간의 독자적인 인식방식'으로 파악하는 거지. 음악 CD로 예를 들어보자. CD에는 0과 1이라는 2진법으로 이루어진 디지털 데이터가 쓰여 있지. 그대로라면 단순히 데이터가 쓰인 판일 수밖에 없지만 CD 플레이어에 넣으면 '데이터'가 '소리'로 변환되면서 우리가 '음악'으로 들을 수 있게 되겠지? 텔레비전도 마찬가지일 테고.

히로 그러네요. 0과 1로 이루어진 데이터가 도쿄 스카이트리에서 날아오면 그것을 가정의 텔레비전이 수신해서 소리와 영상으로 만드는 거죠.

선생 그때 '날아오는 데이터'를 '물자체'라고 하면 텔레비전은 무엇이 될까?

히로 인간의 독자적인 인식방식! 그게 텔레비전인 거죠?

선생 히로가 나날이 똑똑해지는구나. 칸트의 생각에 따르면 인간은 모두 '인간의 독자적인 인식방식'이라는 텔레비전 같은 도구를 가졌단다. 수신기라고 할 수 있지. 그리고 인간으로 존재하는 한 수신기를 통한 인식이 달라질 수는 없단다. 제조업체와 형태가 달라도 같은 전파를 수신한 텔레비전들이 모두 같은 영상을 내보내는 것처럼 말이다.

히로 그러니까 인간은 모두 같은 타입의 인식 수신기를 가졌으므로 인식하는 방식이 모두 같다는 거지요?

선생 그것이 '올바른 인식'인지는 알 수 없다. 하지만 '공통된 인식'이라고는 할 수 있겠지.

좀비의 철학 수업 열 번째 2:

인간은 완전한 없음을 상상할 수 있을까?

히로 우리의 수신기가 어떤 타입인지는 알 수 없을까요?

선생 칸트는 사물을 '시간'과 '공간'으로 파악하는 수신기라고 했단다.

히로 시간과 공간의 수신기요?

선생 우리가 있는 세계는 시간과 공간의 세계다. 아니, <u>우리가 인식할 수 있는 것이 시간과 공간뿐</u>이라는 게 조금 더 자세한 설명이겠지. 그러므로 고메를 인식할 때도 우리는 고메를 시간과 공간으로 파악하는 것이지. '고메는 이 시간에 존재하고 이만큼의 공간을 이런 형태로 차지하는 생물이다'라고 우리의 '시간과 공간 수신기'로 인식하는 것이란다. 그것이 적어도 인간에게는 공통된 보편적인 인식이다.

히로 "인간에게 보편적인 진리는 존재한다"라는 미묘한 말은 그런 뜻이었군요. 인간은 모두 같은 수신기를 가졌으므로 인간에게는 보편적이라는 의미군요.

선생 수신기 즉 인식방식은 칸트의 말에 따르면 '아프리오리Apriori로 가진 것'이다.

히로 아프리카… 뭐라고요?

선생 '아프리오리'라는 것은 '선험적'이라는 의미의 라틴어다. 철학에서는 자주 나오는 말이므로 일단 말해주는 게야. 여기서 칸트는 합리론과 경험론을 잘 융합하게 된단다.

히로 선생님, 보충설명이 필요합니다.

선생 무언가를 인식할 때에 경험이 필요하다는 것은 알겠지? '고메를 본다'는 경험이 없으면 고메를 인식할 수 없겠지. 하지만 동시에 경험보다 이전에 '시간과 공간을 창구로 삼은 인식방식'도 우리는 머릿속의 개념으로 가지고 있어야 한다. 그것이 없으면 경험을 해도 제대로 받아들일 수 없으니까. 이 '머릿속의 개념'은 경험론자가 부정하는 것이었지?

히로 경험론자가 인정하는 것은 경험뿐으로 이성이나 이론적 사고는 아무것도 인정하지 않았죠. 하지만 그 개념이 경험보다 앞서서 인간에게 있다면 '경험이 전부'가 아니게 되네요.

선생 칸트는 시간과 공간의 개념과 이를 통한 인식방식은 경험을 근거로 하는 것이 아니라 인간의 이성으로 만들어낸 것이라고 했단다. 그래서 경험론자는 인간의 이성을 인정하지 않았지만 칸트는 "경험을 이성으로 인식함으로써 인식이 완성된다"라고 했다. 말하자면 "경험도 중요해요. 이성도 중요해요. 양쪽을 합쳐서 인식이에요"라고 인식 문제의 결론을 맺은 셈이라 할 수 있지.

히로 "경험이에요! 이성이에요! 둘이 합쳐서 인식이에요!" 이런 식이네요. 동방신기 같지 않나요. "최강창민이에요! 유노윤호예요! 둘이 합쳐 동방신기예요!" 꺅!

선생 안심하렴, 여느 때처럼 살짝 물었단다. 덧붙여서 흄은 '사과는 떨어진다'와 같은 인과율조차 부정했지만 칸트는 시공의 인식과 인과율 등 몇 가지 관념은 인간이라면 경험하지 않아도 이성으로 이해할 수 있다고 봤단다.

히로 '인간이라면'이나 '인간에게 보편적 진리'라고 했는데 인간 이외의 존재에게는 어떤가요? 인간에게 고메는 귀여운 바다표범으로 보이지만 인간 이외의 존재가 인식하면 고메는 다르게 보일 수 있다는 건가요?

선생 그것은 '인간이 알 수 없다'고 답할 수밖에 없단다. 예를 들어 옆 수조에 있는 상괭이(쇠물돼지라고도 불리는 돌고래의 일종)가 고메를 어떻게 인식할지는 상괭이가 아닌 이상 알 수 없겠지. 어쨌든 우리와 같은 형태의 수신기를 가진 것 같기도 한데, 절대적인 것은 아니지.

히로 예를 들어서 혹시 다른 형태의 수신기가 있다면 그것은 어떤 형태일까요?

선생 글쎄다. 혹시 인간과 전혀 다른 인식 방식을 가진 생물이 있다면, 예를 들어 8차원에 대응하는 수신기를 가진 생물체가 있다면 어떨까? 우리는 시간과 공간을 통해서 사물을 인식하지만, 그 생명체는 고메를 시간과 공간, 아공간, 초공간 등 더 많은 것을 통해서 인식하겠지. 그리고 우리에게는 바다표범으로 보이는 고메를 그 생명체는 '두억시니 MKII'로 인식할지도 모르고 말이다.

히로 말씀을 들으니 다른 수신기를 사용한 인식이 궁금해졌습니다. 고메의 진정한 모습이 무엇인지 알고 싶네요.

선생 하지만 그런 것을 생각해도 소용없지 않을까. 어차피 우리가 파악할 수 있는 개념은 시간과 공간뿐이니까 말이다. "시간과 공간 이외의 것을 상상해보자"라고 해도 상상하는 게 쉽지는 않을 게다. 텔레비전과 달리 인식의 수신기는 우리 뇌와 일체화되어 있으니까 말이다. 아프리오리, 그러니까 처음 구입할 때부터 스마트폰에 강제로 깔린 앱처럼 말이다. 그러므로 인간은 시간과 공간 이상의 창구를 통해서 사물을 볼 수 없으며, 반대로 시간과 공간을 배제하고 사물을 볼 수도 없다. 바로 그렇기에 비로소 인간의 인식은 공통적이고 보편적인 것이란다. 따라서 칸트가 말한 것처럼 '시공의 개념을 초월한 것'에 관해서는 생각해도 소용없을 거란다.

히로 그래도 생각하는 것이 소용없을 리는 없잖아요.

선생 그건 그렇구나. 소용없는 것이 아니라 '생각한 결과, 알 수 없어도 어쩔 수 없다'라는 말이 더 어울릴지도 모르겠다. 보다 구체적으로 예를 들자면 "우주는 생성 전에 어떻게 되어 있었을까?"와 같은 질문은 아무리 생각해도 결론을 내릴 수가 없겠지.

히로 그럴까요? 우주는 빅뱅에서 시작됐으니 그 전에는 '무無'가 아니었을까요?

선생 그래. 통설로 우주는 138억 년 전에 탄생했으며 그전에는 '시간도 공간도 없는 무'였다는 것으로 알려졌지.

히로 그럼 결론이 나왔잖아요. 우주가 생기기 전에는 '완전한 무'
였어요.

선생 그럼 묻겠는데 너는 '시간도 공간도 없는 완전한 무'라는 상
태를 상상할 수 있느냐?

히로 흠, 제 머리로는 힘드네요.

선생 그렇지? 애당초 '완전한 무'인데 '그곳에서 우주가 탄생했다'
는 가정에는 모순이 있단다. 무라는 것은 무언가 탄생할 가
능성조차도 없기에 비로소 무인 게다. 우주가 탄생할 가능
성을 가지고 있다면 그것은 완전한 무가 아니게 되지. 그럼
'우주가 탄생할 가능성'은 무엇일까? 시간과 공간이 없는 세
계가 품고 있는 '우주가 탄생할 가능성'이란 무엇일까?

히로 뭐가 뭔지 모르겠네요. 말씀을 듣고 보니 애당초 '시간도 공
간도 없다'는 것을 전혀 모르겠어요. 시간이 없는 상태에서
어떻게 시간이 등장했을까? 난센스네요.

선생 그래서 시간과 공간을 초월한 문제는 내버려두는 게 좋단다.
어이쿠, 슬슬 '상괭이의 비행 쇼' 시간이구나. 인식 문제는 이
것으로 마무리하자꾸나. 그럼 오늘 수업은 끝이다! 히로 너
는 어쩔 게냐?

히로 저는 저녁부터 아르바이트가 있어서요.

선생 그렇구나. 그럼 건투를 빈다.

▼▼▼

　상괭이의 수조에 달라붙은 좀비 선생을 뒤로 하고 히로는 카라토의 버스 정류장을 향해 서둘러 발걸음을 옮겼다.

　철학 수업을 받기 시작한 다음 하나의 강의가 끝날 때마다 히로가 보는 세계는 이리저리 모습을 바꿨다. 히로의 눈이 바뀐 것도 귀가 바뀐 것도 아니었다. 단지 '지식'이 바뀐 것만으로 히로가 바라보는 세계도 수조 속 문어들처럼 자유자재로 색이 바뀌었다.

　아무 생각 없이 맘 편히 살아가는 것과 철학을 공부하며 고민하는 삶 가운데 어느 쪽이 행복한 것일까? 히로는 그런 의문을 가졌으나 이미 철학을 시작한 히로에게 그것은 고민해봐야 소용없는 질문이었다.

산다는 것을
안다는 것

질투에서
도덕이 탄생했다

히로는 쿵쾅대는 심장의 고동을 느끼며 자신이 살아 있다는 것을 실감했다.

이곳은 아키하바라秋葉原 어디쯤에 있는 빌딩이다. 히로는 3층으로 올라간 다음 하트 마크가 그려진 문 앞에서 심호흡을 했다. 새로운 가게를 개척할 때에는 언제나 가슴이 두근거렸다.

어제 히로는 인터넷 검색을 하다 메이드 카페 '이터널★버스데이'를 발견했다. 3개월 전에 문을 열었다고 하지만 자신이 인식하지 않았으면 이 카페는 존재하지 않았다고도 할 수 있다. 히로는 새로운 메이드 카페를 찾으면 일단 방문해봤다. 이런 메이드 카페(빅토리아 시절 영국 귀족 집안의 하녀 차림을 한 종업원들이 손님을 맞는 카페. 여성 손님들도 많은데 어째서인지 남성 오타쿠들의 피난처로 인식된다)에 대한 사랑은 샤브샤브 전문점 직원들 가운데에서도 한손에 꼽히는 수준이라고 히로는 자부했다. 그런 것으로 자부심을 느끼다니, 히로는 이대로 괜찮은 것일까.

히로는 단숨에 문을 열고 카페 안으로 발을 들여놓았다. 메이드 카페의 왕도, 분홍 바탕에 메르헨Märchen(동화와 같은 분위기를 가리키는 일본식 조어)풍의 실내 장식이 히로의 눈에 들어왔다. 문이 열리면서 문에 달린 벨이 울리자 메이드 한 명이 쪼르르 달려와 맞아줬다. 허리가 잘록한 연자색 제복 차림이었다. 히로는 카페 콘셉트에 맞춰 일을 마치고 오랜만에 집에 들른 영국 귀족처럼 행세했다. 다시 말해 갑질을 시작했다.

"뭐야, 주인님이 왔는데 이렇게 늦게 맞아도 되는 겐가! 그리고 왜 혼자인가?"

하지만 종업원은 예상과는 다르게 오랜만에 돌아온 백작 어르신을 무뚝뚝하게 맞이했다.

'흥, 방문 후기와는 다르게 직원 교육이 형편없는데? 하지만 아직 개점 초기라 할 수 있으니 이번만은 용서해주지. 나는 관대하니까 말이야. 그건 그렇고 정말 모델 같은 체형이네. 이 몸의 깐깐한 기준으로도 인정할 정도니 자부심을 느껴도 좋을 게야. 좋아, 당신을 내 신붓감 후보 17위 정도로 올려주겠어. 16강에 진출하려면 분발해야 할 거….'

"응, 혼자야."

히로는 이런 몹쓸 망상이나 하다 반말인 대답을 듣고 깜짝 놀랐다. 정신을 차리고 앞을 보니 낯익은 얼굴이 시야에 들어왔다. 에리였다.

"에리 선생님? 잠깐, 이게 뭔가요?"

"우갸걱! 히에로…가 아니라 히로! 뭐, 뭐야? 너 뭐야?

"뭐긴 뭐예요, 손님이지. 선생님이야말로 여기서 뭐하시는 건가요? 아무리 봐도 메이드로 보이는데요."

"아무리 봐도 메이드로 보이면 메이드겠지. 당연한 걸 새삼스럽게 묻지 마."

"죄, 죄송해요. 뭐…. 상관없겠죠. 일단 자리로 안내해주세요. 주인님이 돌아왔잖아요."

"하필 이런 곳에서 이런 차림으로 히로와 만나다니…. 들어와. 이쪽이야."

히로는 자리를 안내받으며 카페를 둘러봤다. 3분의 2 정도 자리가 차 있었는데, 이 시간에 이 정도면 꽤 성황인 셈이다. 히로가 선명한 핑크 색상의 소파에 등을 기대고 앉자 에리가 테이블 위로 메뉴를 힘껏 던졌다.

"뭐 마실 거야? 빨리 정해!"

"까, 깜짝이야. 무슨 짓이에요? 이게 주인님을 대하는 태도인가요. 당신은 메이드잖아요. 평소에는 제가 학생일지 모르지만, 이 자리에서는 이 몸이 주인이고 너는 하녀예요. 공사를 혼동하다니 어른으로서 실격이네요. 혹시 알바 초짜인가요? 아직 사회인으로서 쓴맛을 못보신 것 같은데 내가 메이드 카페의 고인 물이자 주인님의 입장에서 하나부터 열까지 가르쳐 드리죠. 닥치고 가르침을 새겨 들으세요, 아시겠어요? 잠깐, 그 반항적인 눈빛은 뭐지요? 이거 매니저를 소환해야겠는데요, 내가 누군지 알아… 꺄아악!"

찰싹!

"어디서 히로 주제에 큰소리야!"

"때, 때리지 마세요!"

"구시렁대지 말고 빨리 주문이나 해!"

"손님에게 채찍을 휘두르다니, 도대체 여긴 어떻게 되먹은 가게인가요? 본사에다가 직접 불만을 제기할 거예요. 리뷰 사이트에도 방문 후기를 올릴 거고요. 이런 심한 일을 당했다고 실명을 넣어서 쓸 거예요. 꺄아악!"

찰싹!

"오빠도 참 바보구나. 저기 붙은 안내문이 안 보여?"

"카페의 도의가 땅에 떨어졌다는 소식이라도 붙은 건가요?"

메이드 카페에서는 기본적으로 메이드 말고는 눈길을 안 주는 히로였으나 그의 말에 떨떠름하게 벽의 안내문을 보니 오늘 날짜와 함께 '월 1회 ☆츤데레의 날☆'이라는 글자가 보였다.

"밖에 크게 붙여놨잖아. 오늘은 츤데레(겉으로는 쌀쌀맞지만 속으로는 좋아하는 속성을 가리키는 일본 조어. 국립국어원에서는 새치미로 바꿔 사용할 것을 권한다)의 날이야. 아니면 내가 메이드를 할리 없잖아."

찰싹!

"하흑, 때리지 마세요."

"이벤트 내용도 확인 안 하고 온 손님은 너뿐이야. 다른 손님들을 둘러봐."

히로는 새삼스레 가게 안을 둘러보았다. 분명히 '츤데레'라는 말대로 종업원들은 모두 무표정을 유지하고 새침하게 손님을 맞았다. 꾸중을 들은 손님도 왜인지 기뻐하는 듯 보였다.

히로는 크림소다를 주문한 다음 에리에게 자세한 사정을 물었다. 이 가게의 사장은 에리와 클럽에서 만난 친구라고 했다. 클럽에서 민폐를 끼치는 남성들을 에리가 모조리 없애는 모습을 보고선 이 카페의 경호를 의뢰했다는 것이다. 가령 메이드에게 끈질기게 달라붙거나, 심하게는 추행까지 하는 손님이 나오면 에리가 나서서 해결하는 식이었다. 에리는 문제 현장에 가서 처음에는 해당 손님에게 부드럽게 경고한다. 그럼에도 악행을 멈추지 않으면 뱃속에 넣었다.

따라서 에리는 평소에 종업원으로 일하지는 않지만, '츤데레의 날'만큼은 기존의 종업원들만으로는 좀처럼 거친 듯 새침한 박력을 연출할 수 없었기 때문에 사장님의 요청을 받고 가게 앞에 서 있기로 했다는 것이다.

"걸크러쉬 역할이 에리 선생님께 딱이기는 하죠. 역할이고 자시고 실제로 세니까요. 그래도 깜짝 놀랐어요. 설마 아키하바라의 메이드 카페에서 선생님을 뵙다니."

"그건 내가 할 말이야. 아무에게도 말한 적 없는데 아는 사람을 만나 깜짝 놀라는 바람에 심장이 떨어지는 줄 알았잖아."

"심장은 애저녁에 멈춰져 있었잖아요!"

"우리 히로가 요즘엔 말꼬리도 다 붙잡네? 괜찮아, 괜찮아. 안 때릴게. 그럼 철학 수업을 시작할까. 그전에 뭐라도 먹지 그래? '야옹이 오므라이스'는 어때? 단돈 이천삼백 엔이면 특별히 케첩으로 오므라이스 위에 고양이 그림까지 그려주거든."

"그 돈 안 내면 제가 야옹이 오므라이스가 되는 거죠? 그보다 이런 곳에서 철학 수업을 할 수 있을까요. 뭣보다 선생님은 일하는 중이잖아요. 저 말고 손님들을 상대하셔야죠."

"지명제도가 있으니까 괜찮아. 나를 지명하면 30분간 나를 독점할 수 있지."

"야옹이 오므라이스가 아니면 독점인 건가요…."

"응, 지명료는 사천 엔이야. 영수증 가지고 올게. 천오백 엔만 추가하면 나랑 가위바위보도 할 수 있어. 어때?"

"바가지잖아요! 그리고 제가 여성한테 말 한 마디 못 붙이다가 이런 곳에 와서 가위바위보나 청하는 불행한 청춘인지 아세요? 저는 그저 마음의 쉼터를 찾아서 아키하바라에 왔는데 그렇게 돈, 돈, 돈 노래를 부르시면 맥이 풀린다고요."

"돈 노래 부르면 안 되는 거야?"

"속물적으로 보이잖아요. 우리는 돈을 위해 사는 것이 아니라고요. 저는 돈에 집착하는 사람은 인간의 마음을 잃었다고 생각해요. 천박하단 말이에요! 부자들은 돈을 대가로 무언가 소중한 것을 잃은 것처럼 보인다고요."

"너는 정말 구제불능이구나?"

"메이드 주제에 사천 엔이나 낸 주인님한테 그게 무슨 버릇없는 말대답… 꺄악!"

에릭시아의 철학 수업 네 번째 1:
르상티망과 힘에 대한 의지

에리 인식문제는 칸트까지 끝났지? 그럼 한 단락이 끝났으니 오늘은 시점을 바꿔서 니체Friedrich Nietzsche를 공부해보자.

히로 니체……? 니체라면 츤데레에 어울리는 주제일 것 같네요.

에리 니체를 잘 알아?

히로 그냥 아는 척하고 싶었어요.

에리 찰싹!

히로 어흑!

에리 니체는 19세기 독일 철학자야. 대표적인 저작은 《차라투스트라는 이렇게 말했다Also sprach Zarathustra: Ein Buch für Alle und Keinen》, 유명한 말은 "신은 죽었다Gott ist tot". 너도 한 번쯤 들어왔을 텐데?

히로 저를 밀로 보시고, 당연히 못 들어봤죠.

에리 그래, 그럴 수도 있지. 니체는 "도덕의 뒷면에는 강자에 대한 약자의 르상티망Ressentiment이 숨어 있다"라고 주장했어. '르상티망'은 '원한'을 말해. 질투나 삐뚤어진 마음으로 바꿔도 좋아. 도덕이라는 것은 약자가 강자를 질투해서 만들어낸 것에 지나지 않는다고 본 거지.

히로 거기서 말하는 '도덕'이란 예를 들면 어떤 건가요?

에리 말 그대로 지금의 너야. 방금 네가 말했지? 돈에 집착하는 것은 보기 흉하다고, "부자들은 돈을 대가로 무언가 소중한 것을 잃었어요!"라고 했지? 그런 게 르상티망이 만든 노예의 도덕이야.

히로 노예라니 듣기 거북한데요. 그리고 제가 언제 부자를 질투했다고 그러세요.

에리 흐흥, 그래?

히로 그런 경멸의 눈으로 바라보다니…. '돈에 집착하는 것은 보기 흉하다'라는 생각은 상식이잖아요. 모두 그렇게 생각한다고요. 옛날부터 부자는 변변찮은 인간뿐이었어요. 사극에 나오는 에치고야(일본 에도시대부터 있던 잡화점으로 오늘날 미츠코시 백화점의 전신) 같은 곳에서 으스대기나 하는 배불뚝이 졸부처럼 말이죠.

에리 상식이란 게 뭐야? 너는 자신의 주장이 빈약한 것을 알고 있기에 억지로 "모두가 그렇게 생각한다"라는 근거를 추가하려고 상식이라는 말을 꺼낸 것뿐이잖아. 상식이라는 말은 자신감이 없는 멍청이나 사용하는 말이야.

히로 츤데레 정도가 아니라 오늘 에리 선생님의 말씀에는 가시가 서 있네요. 아니, 항상 그랬나?

에리 하지만 그런 생각이 있다는 것을 부정하지는 않겠어. 〈누가 복음〉에도 "부자가 천국에 들어가는 것은 낙타가 바늘구멍을 통과하기보다 어렵다"라고 나와 있으니까 말이야. 뒤집어 생각하자면 "부자는 지옥에 떨어지기 쉽다"는 뜻으로도 받아들일 수 있겠지.

히로 역시 그렇잖아요. 성경에서조차 부자는 변변찮은 인간밖에 없다고 하잖아요.

에리 히로, 너 기독교인이었어?

히로 아니요. 저는 딱히 믿는 종교는 없어요. 하지만 자신의 의견을 뒷받침해주는 종교라면 무슨 종교라도 끌어와서 이용하려고 해요.

에리 부자가 아니라 너부터 지옥에 갈 것 같은데? 니체는 그런 기독교의 가르침조차 약자의 르상티망이 만들어낸 것이라고 했어. 간단히 말하면 **가난한 자가 부자를 질투하는 것**일 뿐이라고 한 거야.

히로 아니에요! 질투 따위가 아니라 사실을 말하는 것뿐이라고요. 돈은 단순한 종잇조각이잖아요? 종잇조각에 좌우되는 인생은 바보 같다고 생각하지 않으세요? 저는 돈보다 마음을 소중히 여기고 싶어요.

에리 아, 그래? 그런 숭고한 사상을 바탕으로 나의 영업 행위에 불평을 한 거구나?

히로 그래요. 제자를 구워삶아서 사천 엔이나 뜯어내다니 에리 선생님은 돈에 휘둘리는 거예요. 겨우 사천 엔을 가지고 그렇게 필사적으로 덤비나요? 돈에 좌우되다니 인간으로서 아니 좀비로서 미숙하시네요!

에리 알았어, 아무래도 내가 잘못한 것 같아.

히로 정말요? 스스로의 잘못을 깨달으신 건가요? 드디어 자신이 돈의 망자였다는 걸 인정하시는군요.

에리 응, 깨달았어. 사과의 뜻으로 지명료는 공짜로 해줄게. 이번에는 내가 요금을 낼게.

히로 정말이죠? 됐다! 사천 엔이 굳었다. 저한테는 그 정도 금액도 크다고요. 크림소다가 몇 잔인데요.

에리 잠깐 기다려. 아무리 그래도 사천 엔을 모두 내는 건 나도 힘들어. 반만이라도 내주지 않을래?

히로 싫어요! 좀비일언중천금이란 말도 있잖아요. 공짜랑 절반은 완전히 다르다고요. 치사하게 굴지 말고 처음 말씀하신 대로 해주세요.

에리 시끄러워서 못 살겠네. 알았어, 그럼 그렇게 하자.

히로 야호! 돈 굳었다. 그 돈으로 야베돈에 갈지 다나카 커피전문점에 갈지 정해야지.

에리 ….

히로 응? 또 그 경멸의 눈빛은 뭔가요?

에리 너는 방금 "사천 엔이 그렇게 대단한가요? 사천 엔 가지고 그렇게 필사적으로 덤비나요?"라고 말했잖아? 그런데 왜 그렇게 기뻐할까?

히로 그, 그건 기억이 나지 않아요. 아니면 거짓 기억이 심어진 에리 선생님이 5초 전에 탄생한 건 아닐까요?

에리 돈에 일희일비하는 건 꼴불견이 아니었어? 돈에 좌우되는 건 인간으로서 미숙한 증거가 아니었냐고.

히로 어이쿠, 샤브샤브 가게에서 문자가 왔네요. 급하게 일손이 필요하다고 하네요. 그럼 이만 가보겠습… 꺄악!

에리 이게 너의 정체야. 돈을 밝히는 모습을 경멸하지만 사실은 돈을 무척 원하고 있어. 부자가 되고 싶어서 견딜 수가 없지. 하지만 현실에서 자신은 가난뱅이야. 다른 사람이 잘사는 모습을 보면 부러워서 견딜 수가 없어. 그래서 너는 "부자는 보기 흉하다"라는 도덕을 만들어 감정의 타협을 하려는 거야. 약자인 네가 부자를 "보기 흉한 인간이다"라고 끌어내림으로써 스스로를 '가난하지만 올바른' 도덕적 강자로 끌어올리려는 거지.

히로 뼈까지 아픈데요. 가시 돋친 정도를 넘어 이제는 제 몸이 꿰뚫리겠어요.

에리 돈은 누구나 원하는 거잖아. 하지만 모두가 금전적으로 풍요로워지는 것은 불가능하고 부가 소수에게 편중되면서 많은 사람들이 괴로운 상황에 놓이게 되었지. 누구나 '나는 약한 가난뱅이다'라고 생각하며 살아가고 싶지는 않을 거야. 그래서 '돈에 집착하는 것은 창피한 일이다'라는 도덕을 만들어서 '돈에 집착하지 않는 자신은 올바르다'라고 믿으며 스스로를 위로하는 거지. 사실은 부자가 부럽고 돈이 탐나면서 말이야.

히로 니체는 말을 참 잘하네요. 그래서 결국 지명료는 얼마나 할인해주실 건가요?

에리 할인이 될 리 없잖아? 사천 엔이야. 세금 포함해서 4,320엔, 메뉴 그대로야. 나는 단지 너의 가면을 벗기려고 농담을 한 거야.

히로 농담에도 정도가 있다고요. 치켜세운 뒤 나락으로 떨어뜨리다니 참 잔혹하시네요.

에리 철학을 위해서니까 어쩔 수 없잖아?

히로 저에게 어떻게 그럴 수 있어요? 다른 사람도 아니고 옛 남자친구와 닮은 저에게….

에리 무, 무슨 말이야?

히로 흐흥, 다 들었어요. 에리 선생님과 히에로 씨는 연인 사이였죠? 이천 년 전에 뜨거운 관계였죠?

에리 그 얘긴 누구에게 들었어?

히로 당연히 좀비 선생님이죠. 숲 속에서 데이트하고 나중에는 에리 선생님이 "아잉, 나를 물어줘"라고 부탁하셨다면서요? 대담도 하시지.

에리 으아아아악!

히로 왜 소리는 지르고 난리세요. 무섭잖아요.

에리 잘 들어, 누구에게나 자신만의 지옥이 있는 거야. 그걸 건드
리면 안 되는 거야. 나는 무슨 말을 들어도 괜찮지만 히에로
에 대한 험담은 용서 못해. 다시 한 번 말할 용기가 있으면
해봐! 어떻게 될지 궁금하지 않아?

히로 죄송해요, 약이 올라 그런 건데 제가 생각해도 말이 많이 심
했네요. 하지만 저는 히에로 씨 험담을 하진 않았어요. 연인
사이라고만 했을 뿐이잖아요.

에리 그랬었나?

히로 그래요. 하지만 히에로 씨에 대한 선생님의 마음은 알겠어
요. 그렇게 화를 내시다니⋯. 그런데 방금 "나는 무슨 말을
들어도 괜찮지만"이라고 하셨죠? 에리 선생님은 무슨 말을
들어도 괜찮은 거네요? 그럼 사양하지 않을게요. 역시 대담
도 하셔⋯ 아얏!

에리 가끔 꿈에서 나올 뿐인 아득한 옛날 일이야.

히로 요즘 들어서 맞는 횟수가 늘어난 것 같은데요. 아마 제 착각
이겠죠⋯.

에리 이야기를 계속할게. 돈뿐이 아니야. 지금 세상에는 르상티망이 넘쳐흘러. 이른바 '가방끈'에 대한 질투, 유명인에 대한 삐뚤어진 마음, 자신보다 위에 있는 사람에 대한 질투, 남다른 개성을 비난하거나 연예인의 사소한 불의에 대한 격한 추궁까지, 모두가 자신이 얻을 수 없었던 것을 가진 강자에 대한 약자의 원망이 원동력이야.

히로 그렇게 쉽게 단정 지을 수 있을까요. 예를 들어 가방끈이니 대학 간판이니 하며 학력사회를 비판하는 것에 대한 태도도 질투라고만 볼 수는 없거든요. 좋은 대학을 나왔다고 해서 일까지 잘하리라는 보장은 없는 거잖아요. 실제로 회사 생활에서도 최종 학력이나 졸업한 대학의 명성이 그 사람의 성과나 인성과 비례하지도 않고요.

에리 맞아, 대학 입시 성적으로 누군가의 평생을 재단하는 것은 분명히 잘못된 태도지. 하지만 학교 성적이나 입시 성적으로 몇 가지는 짐작할 수 있어. 많은 유혹을 참아내고 '성실하게 공부해온 노력'과 '그렇게 노력하는 것 자체를 습관으로 축적하는 자세' 등이겠지. 어차피 회사에서는 지원자의 가능성이나 자질을 짧은 시간 동안 제대로 평가하기 힘들어. 일을 잘하는지, 동료들과는 잘 어울리지는 오래 겪어봐야 아는 거잖아. 그래서 어느 정도 폭력적인 평가라는 것을 알면서도 채용 기준으로 학교 성적을 볼 수밖에 없는 거야.

히로 아무리 그래도 학력사회 비판을 질투로 매듭짓는 것은 납득할 수 없어요.

에리 그래, "학력이 전부는 아니다"라는 주장은 당연히 옳아. 하지만 그렇다고 "명문대생은 대체로 이기적이다", "도쿄대생들은 머리가 굳은 시험기계다"라는 주장 또한 비약이 아닐까?

히로 솔직히 제가 채용담당자라도 눈앞에 있는 사람의 가능성에 베팅해야 한다면 저보다는 도쿄대 출신을 뽑으려고 하겠죠. 하지만 제가 회사원이 되지 못해서일까요. 여전히 억울한 감은 있어요. 이런 감정도 질투일까요?

에리 물론 아니지. 다만 옛날부터 약자는 선하다는 생각이 어떤 도덕처럼 받아들여졌어. "부자는 지옥에 떨어진다", "권력자는 탐욕스럽다", "강한 것은 악이다" 등의 주장이 신의 가르침이라고 여겨졌지. 하지만 니체는 그런 가르침을 약자가 질투해서 만들어낸 노예 도덕이라고 단언했어.

히로 그 시대에 기독교를 부정하다니 니체는 용감하네요.

에리 그런 사람이 바로 철학자야. 그때까지 도덕과 윤리관은 종교와 신 등 '외적인 것'이 정해주는 것이었어. "신이 돈에 욕심내는 것은 안 좋다고 했으니 좋지 않다"라는 것처럼 말이야. 하지만 니체는 사실 도덕은 신이 아니라 약자가 질투심을 감추려고 스스로 만들어낸 것이라고 간파했어. 그래서 니체는 "신은 죽었다"라고 말했어.

히로 '신은 죽었다'가 그런 뜻이었나요? "맹종해야 할 절대적인 기준은 없으니 정신 좀 차려!"라는 의미라고요?

에리 그래. 인간이라면 누구에게나 욕구가 있어. 부와 권력, 지성과 미와 행복 등 수많은 것을 원해. 인간은 그것을 손에 넣으려고 노력함으로써 역량을 발휘하는 거야. 그런 노력으로 인간은 성장하는 거야. 하지만 거짓 도덕 탓에 인간이 '욕구에 집착하는 것은 악이다'라고 착각한다면 어떻게 될까?

히로 노력을 하지 않게 되겠죠.

에리 그거야. '약자야말로 정의', '가난함이야말로 미덕', '현실을 받아들이는 것이 선'이라는 사상이 만연하면 사람은 열심히 사는 것을 포기할 거야. 그뿐 아니라 자신의 에너지를 '저 사람의 돈은 더러워', '저 유명인은 이런 부도덕한 행동을 했을 거야'라고 타인을 비방하는 데 사용하게 될 거야. 자신의 욕구를 인정하고 그것을 충족시키려고 노력한다면 인생이 얼마든지 풍요로워질 수 있는데 말이야.

히로 '어차피 저런 녀석은 죽어서 지옥에 갈 거야'라고 질투하면서 살다가 불평만 하는 인간으로 죽어가는 건 확실히 비참하겠지요….

에리 신은 죽었어. 그러므로 청빈하게 살아도 신이 천국에 데리고 가지 않아. 성실하게 가난을 견뎌도 돌아오는 것은 아무것도 없어. 권력과 부의 힘, 지식의 힘, 그런 '강한 힘', '인간으로

서의 강함'을 추구하는 걸 주저하지 않고 '힘에 대한 의지'를 가지고 살아라. 그것이 니체의 가르침이야.

히로 심장을 관통하고 충격을 주는 말이네요⋯. 에리 선생님에게서도 분명히 힘에 대한 의지가 느껴져요. 니체의 가르침에 충실하게 살아⋯ 돌아가셨지요. 어쨌든 저도 조금 배워야겠어요.

에리 후후후, 니체가 그렇게 말했다는 거지. 오늘 수업은 이 정도로 끝내고 즉석 사진 찍자. 간판 앞으로 가볼까?

▼▼▼

말을 마친 후 에리는 히로의 손을 잡아끌고 억지로 입구 옆의 이터널★버스데이 간판 옆에 세웠다. 히로 옆에 선 에리는 다른 종업원에게 촬영을 부탁했다. 일반적으로 메이드 카페는 점포 내 촬영이 금지이므로 종업원과 함께 찍을 수 있는 것은 즉석 사진뿐이었다.

"잠깐! 즉석 사진도 유료죠? 제가 모를 것 같아요. "뚜오샤오 첸多少錢?" 얼만데요?"

"한 장에 천오백 엔밖에 안 해. 특별히 사진 위에 내가 그림까지 그려주면 이천오백 엔."

"사진 한 장이 왜 그렇게 비싸요? 역시 돈에 지배당하고 있는 거잖아요! 아얏!"

찰싹!

"나는 힘에 대한 의지에 충실한 것뿐이야. 그래서 몇 장 찍을래? 다섯 장? 열두 장?"

"점점 늘어나기까지 하잖아요. 한 장이면 충분해요. 휴식을 바라며 메이드 카페에 왔는데… 이렇게 힘에 대한 의지가 강한 사람은 싫어."

"아우우우, 크아아앙!"

"깜짝이야! 좀지로 씨? 어째서 좀지로 씨가?"

갑자기 누군가 뒤에서 껴안기에 깜짝 놀란 히로가 돌아보니 좀지로였다. 그 뒤로 좀비 선생의 모습도 보였다.

"오, 히로구나. 이런 곳에서 만나다니 우연이구나. 너도 와 있던 게냐?"

"어째서 여기에 좀비 콤비가? 여기는 저승이 아니라고요?"

"오늘 에리가 일하는 날이라는 소문을 듣고 잘 지내는지 보러 왔단다. 프릴이 달린 에이프런도 잘 어울리는구나."

히로는 그 말을 듣고 시선을 돌려서 새삼 에리를 바라봤다. 그리고 히로는 희미한 설렘을 느꼈다. 에리는 에리대로 좀비 콤비가 온 데 동요한 듯 채찍을 만지작거렸다.

"일부러 보러 오실 필요까진 없잖아요."

"응? 그 태도는 뭐니? 여기는 직원 교육이 형편없구나. 잠시 착각한 것 같은데 우리는 손님으로 찾아온 게란다. 종업원이 손님에게 그런 말을 해도 괜찮은 게냐? 좀지로야, 우리가 이런 대접을 받고 참아야 할까?"

"아우우! 사…사장 불러…"

찰싹!

막 방문한 좀비 콤비에게 채찍이 날아들었다.

"어이쿠!"

"크아아앙!"

"안내문을 보지 못하셨나 보네요. 오늘은 한 달에 한 번 있는 츤데레의 날이라구요!"

"됐다, 찍어요! 선생님도 자세를 잡으세요. 좀지로 씨는 히로에게 더 붙고요."

"좀비 콤비와도 함께 찍는 거예요? 돈은 다 내가 내는데?"

"속 좁은 소리 하지 마, 타루토, 그럼 부탁해. 자, 다 같이 웃어요! 버스데이."

에리의 카페 후배인 타루토의 "하나! 둘 !셋! 버스데이☆"라는 구호에 맞춰 모두 입을 모았다. 한 명과 세 좀비가 나란히 선 사진은 바로 현상됐다.

히로는 사진을 가만하게 들여다보았다. 가끔은 좀비들과 기념 촬영을 하는 것도 나쁘지 않을 것 같았다. 에리가 사진을 뺏어가 여백에 그림을 그린 탓에 이천오백 엔을 또 내야 했지만 말이다.

타인에게 존중을 구걸하는 것은 노예의 행동이다

도쿄만에 접한 하루미후도 공원, 히로는 이곳에서 레어 몬스터를 향해 열심히 몬스터볼을 던졌다.

히로는 레인보우 브리지와 반대쪽 해변의 빌딩에는 눈길도 안 주고 스마트폰 게임에만 열중했다. SNS 친구들 사이에서 유행하는 게임 〈포켓몬 GO〉의 레어 포켓몬이 하루미후도에서 발견됐다는 정보를 듣고 서둘러 온 터였다.

공원은 젊은이들로 붐볐다. 점심 도시락을 깔아놓은 회사원들의 모임이 하나 있었으나 나머지는 데이트 중인 커플들이었다. 그 속에서 혼자 포켓몬을 잡는 비참한 현실을 잊으려고 히로는 더욱 집중해서 화면의 몬스터와 맞섰다.

어라? 문득 히로는 시야 끝에서 다른 몬스터의 기척을 느끼고 손을 멈췄다. 그게 뭐였지? 어째서 스마트폰 밖에 몬스터가? 하루미가 그런 곳이었나?

"아우우우! 크아아앙!"

"혹시나 했는데 역시나 좀지로 씨였네요."

50미터 정도 떨어진 나무 뒤에서 모습을 드러낸 것은 좀지로였다. 반쯤은 백골화된 다리를 질질 끌며 좀지로는 사람들이 있는 쪽으로 슬금슬금 다가갔다. 아직 히로가 있다는 것은 깨닫지 못한 것 같았다.

"좀지로 씨가 누구를 덮치려는 건 아니겠지. 설마…"

히로가 잠시 관망하는 동안 좀지로는 한 쌍의 커플에게 다가가 여성의 뒤에서 입을 벌린 다음 으르렁거리는 위협음을 냈다. 살아 있는 것의 본능을 위협하는 사악한 소리에 여성이 움찔하며 뒤돌아보았다.

좀지로와 눈이 마주친 여성의 주변에는 잠시 정적이 돌았다. 그리고 곧 여성은 절규했다.

"끼야아아아!"

공원 안의 시선이 비명이 난 곳으로 모였다. 그리고 좀지로의 모습을 본 사람들이 차례차례 공포의 비명을 질렀다. 여성들은 귀청이 찢어질 정도로 소리 지르고 남성들은 "저게 뭐야!", "괴물이다!", "경찰, 경찰 불러!"라고 외쳤다. 좀지로는 계속 절규하는 여성을 당장이라도 덮칠 것 같았다. 좀지로가 인간에게 들켰다!

'어째서 좀지로 씨가 혼자 있는 거야? 선생님은 좀지로 씨를

놔두고 어디 계신 거지.'

아니, 그런 말이나 할 때가 아니었다.

'어서 가서 구해줘야지!'

하지만 히로보다 비명을 지르고 있는 여성의 남자친구가 먼저 뛰어들었다.

"그만둬! 마사미에게 손대지 마! 마사미는 내가 목숨을 바쳐서라도 지킨다. 이야압!"

남성은 용감하게 좀비에게 덤볐다. 어디에 근육이 있는지 알 수 없는 좀지로가 "크앙!" 하면서 되받아치자 남성은 비명을 지르며 쓰러졌으나, 다시 일어나서 "질 것 같아!"라며 반격을 했다. 히로가 보기에는 전혀 때리는 것 같지 않은 어설픈 연타였지만 놀랍게도 남성은 좀지로를 격퇴했다.

"크아아앙!"

좀지로는 울부짖으며 나무 뒤로 모습을 감췄다.

"마사미, 괜찮아?"

남성은 겁을 먹은 여성에게 손을 내밀며 일으켜 세웠다. 여성이 간신히 일어나자 주위 사람들에게서 일제히 박수소리가 터져 나왔다. 동시에 어디에선가 신나는 음악이 흘러나왔다. 외국인 가수가 부르는 빠른 박자의 댄스곡이었다. 주위에 있던 젊은이들은 모두 신나게 손뼉을 치며 춤을 췄다. 히로는 턱이 빠질 정도로 입을 벌린 채 그 광경을 멍하니 바라봤다.

도시락을 먹던 회사원 그룹도 히로와 마찬가지로 아연실색했으나 그 밖의 사람들은 모두가 음악에 맞춰서 스텝을 밟았다. 좀 지로와 싸웠던 남성도 그 무리에 참여했다. 그러곤 아직 떨리는 어깨를 붙잡고 있는 여성을 둘러싸고 모두 호흡을 맞춰 춤을 췄다. 이윽고 곡이 바뀌며 남성은 아직도 떠는 중인 여성 앞에 무릎을 꿇고는 주머니에서 작은 상자를 꺼냈다. 이런, 반지 케이스였다! 남성이 양손으로 상자를 살짝 열자 그 안에 빛나는 반지가 들어 있는 모습이 히로에게도 똑똑하게 보였다.

"마사미. 앞으로도 내가 너를 평생 지키겠어. 결혼해줘!"라는 씩씩한 프러포즈를 보며 히로는 간신히 상황을 이해했다. 플래시몹이었던 것이다. 많은 사람들이 참여해 꾸미는 일종의 서프라이즈 이벤트였다. 확실히 요 몇 년간 플래시몹 프러포즈가 유행인 것 같았다.

'뭐야, 깜짝 놀랐잖아! 좀지로 씨도 무척 중요한 역할로 참가했구나. 괜히 놀랐잖아.'

"지금 장난해? 믿을 수 없어!"

어라? 기대와는 전혀 다른 소리가 난 곳을 보니 마사미가 표독스러운 표정으로 남성을 노려보았다. 마사미는 멈칫하는 남자 친구에게서 반지를 빼앗아 수풀을 향해 힘껏 던진 다음 씩씩거리며 가버렸다. 남성과 댄서들은 얼어붙은 채로 서 있었다.

"이런… 실패했구먼."

"선생님! 어느새?"

"이런 곳에서 또 만나다니 우연이구나. 나도 함께 춤을 췄는데 몰랐나 보구나?"

"선생님도 댄서들 사이에 있었다고요?"

"어떠냐? 스트리트 패션도 잘 어울리지? 보름이나 연습했단
다. 모처럼 호흡이 맞는 댄스를 췄는데 실패라니 안타깝구나. 좀
지로도 격투 장면을 위해 열심히 합을 맞췄는데 말이다."

"전에 이야기했던 캐스팅 회사의 일인가요? 좀비 파견?"

"그래. 플래시몹 기획과 운영은 다른 회사에서 하고, 손님이 좀
비 코스를 골랐을 때 파견 의뢰가 들어온단다. 이돌라의 숨결을
조절해야 하므로 나도 매번 참가하지. 좀비 코스는 이번처럼 상
대를 화나게 하는 일이 잦아서 반 이상은 실패로 끝나더구나."

"지금 당장 좀비 코스는 없애세요. 프러포즈는 로맨틱해야지
요. 썩은 살이 튀는 프러포즈를 누가 좋아하겠어요."

"그거야 기획회사에서 정할 일이고, 나는 배우니까 디렉터의
말에 따를 뿐이란다."

이때 첨벙! 하는 물소리가 들렸다. 놀라서 바라보니 방금 프러
포즈를 했던 남성이 바다에 뛰어들었다. 프러포즈에서 차인 충
격으로 도쿄만에 몸을 던진 것이다. 방금 전까지 신나게 춤을
추던 댄서들이 이번에는 필사적으로 구명 활동 중이었다.

"저 사람도 불쌍하네요…."

"애당초 여성의 입장이나 마음은 무시하고 제멋대로 많은 사
람을 끌어들여서 공개적으로 프러포즈했으니 미움을 받는 것도
당연하다고 할 수 있지."

"남의 얘기 같지 않네요. 아무리 그래도 신나게 같이 춤도 추셨으면서 그런 말씀을 하세요?"

이번에는 다른 쪽에서 "사과해!", "변상해!"라며 싸우는 소리가 들려왔다. 아무래도 댄서 가운데 누군가 춤을 추다 실수로 회사원의 도시락을 차버린 것 같았다. "공공장소에서 무슨 짓이야!", "민폐잖아!"라는 성난 목소리도 들렸다.

"어째 더욱 수습이 힘들어지고 있네요. 하지만 자신의 행복을 모두에게 자랑하고 싶은 사람의 마음도 이해할 수 있어요. 지금은 뭐든지 보여주는 시대잖아요. 저 치도 분명히 깜짝 프러포즈에 성공하는 동영상을 인터넷에 올려서 '좋아요'를 많이 받으려 했을 거예요. 그런데 일이 꼬여서, 참 안타깝네요."

"너는 처음 만났을 때부터 계속 그 말을 하는구나. '좋아요'가 어쩌고저쩌고."

"당연하잖아요? 선생님은 자신이 올린 글에 '좋아요'가 이어지는 쾌감을 모르시죠? 많은 사람들에게 주목받는다는 건 정말 기분 좋은 일이에요. SNS는 한번 시작하면 반드시 중독된다니까요."

"좋아, 간만에 철학 수업이다! 오늘의 테마는 '다른 사람으로부터의 인정'에 관해서란다."

좀비의 철학 수업 열한 번째 1:

인간은 부족하다고 느끼는 것을 자랑한다

선생 트위터나 페이스북, 인스타그램 등 인터넷이라는 공공장소
에서 자신의 사적인 일상을 공개하는 것이 지금은 당연한
일이 됐구나.

히로 SNS 정도는 다들 하니까요. 자신이 할 줄 모른다고 할 수 있
는 젊은이를 질투하는 것은 그만두세요. 르상티망은 좀 그
렇잖아요?

선생 질투 난다고 한 적 없다만⋯. 나는 단지 바보 같다고 느낄
뿐이란다.

히로 뭐예요, 깔보는 것이 더 나쁘잖아요!

선생 나는 인터넷을 활용하는 사람들을 바보라고 하는 게 아니
다. 인터넷을 사용하면서 '좋아요'를 누르는 거짓에 놀아나
인정 욕구의 노예로 전락한 너를 바보라고 하는 게다.

히로 좀 서운한데요. 인정 욕구의 노예라는 게 무슨 말인가요?

선생 사람은 누구나 '다른 사람에게 인정받고 싶다'는 <u>'인정 욕구'</u>
를 가졌단다. 헤겔은 "인간은 누구나 근본적으로 '인정받고
싶다'는 욕망을 가진다"라고 했으며 라캉_{Jaques Lacan}은 <u>"인간의
욕망은 타인의 욕망을 욕망한다"</u>라고 했지.

히로 '인간의 욕망은 타인의 욕망을 욕망한다'고요? 무슨 뜻인지
전혀 알아듣지 못하겠어요.

선생 간단히 말하면 인간은 타인이 원하는 것을 원한다는 말이
다. 물건도 그렇고, 신분과 직책도 그렇고 이성도 그렇고 아
름다움과 젊음도 그렇다. 많은 사람이 '원하는 것'을 자신이
손에 넣음으로써 "그런 것을 가지고 있다니 좋겠다. 대단하
다"라는 칭송을 받고 싶은 마음이 있다는 게다.

히로 그야 그렇죠. 세상에서 촌스럽게 여기는 물건을 가지면 '히
로는 촌스럽다'고 생각할 것이고 모두가 동경하는 멋진 차와
잘 나가는 직업, 예쁜 여자친구가 있으면 '히로 대단해'라는
말을 들을 테니까요.

선생 그러한 인정 욕구는 모든 인간이 가졌지. 하지만 문제는 그
것이 아니다. 인정 욕구는 누구에게나 있으나 나는 SNS를
통해서 즉 <u>스스로 글을 올림으로써</u>' 인정을 얻으려는 것은
<u>어리석은 행위</u>라고 생각한다. 특히 자신을 실체 이상으로 크
게 표현함으로써 다른 사람에게 인성을 바라는 것은 무의미
하고 어리석은 행동이란다.

히로 무의미하다니요. 저는 '좋아요'를 받으면 쾌감을 느껴요. 제
가 즐겁다면 거기에 의미가 있는 거잖아요?

선생 과연 그럴까? 내 생각에 너는 'SNS에 올리는 것' 자체를 즐
기는 것이 아니라 '올린 결과로 좋아요 등의 인정을 받는 것
이 즐겁다'고 생각하는 것 같다만?

히로 그렇게 노골적으로 말씀하실 필요는 없잖아요. 기껏 올렸는
데 아무 반응이 없으면 낙담하니까 그렇긴 하네요.

선생 그렇다면 무의미하지 않을까. 자신의 장점을 과시하려고 SNS에 올리는 글들이 스스로를 평판의 시험대로 몰고 가는 일이 될 수도 있으니까 말이다. 만약에 인정받고자 올린 글로 평가만 떨어진다면 말 그대로 글을 올리는 목적에 어긋나는 무의미한 일이 되겠지.

히로 모르겠네요. 어째서 글을 올릴수록 평가가 떨어지나요? "카오스워告訴我", 가르쳐주세요.

선생 나도 사람들이 인터넷에 올리는 글을 자주 접한단다. 그중에는 꽤 높은 빈도로 '인정을 받으려고 올리는 글'도 섞여 있지. 바꿔 말하면 자랑하는 글이다. 예를 들어 '이런 좋은 레스토랑에 갔다'라는 돈 자랑, '잘나가는 동료와 모였다'라는 인맥 자랑, 혹은 해외에서 올리는 행동력 자랑과 '울고 싶어!'라고 표현하는 감수성 자랑… 그뿐이냐. 문화의식이 높다는 자랑과 자신은 선택받은 인간이라는 자랑도 있더구나.

히로 그래요, 자랑이에요. 저도 전부 한 적이 있으니까요. 비싼 생선을 올린 초밥을 먹으면 사진을 올리는 자신을 멈출 수 없어요. 투표를 하고 나선 '사전투표를 마치고 왔습니다' 따위의 글을 올려서 정치의식이 높다는 것을 알려야 직성이 풀려요. 하지만 상관없잖아요. 일본에는 표현의 자유가 있고, 누구나 자신을 홍보해야 하는 시절이니까요.

선생 그런 자랑은 반대로 대부분 "지금 과시하는 것이 자신에게는 결여됐다"라는 것을 알리는 것이란다. 패션 감각을 자랑하는 인간은 패션 감각이 없으며 인맥을 자랑하는 인간은 인맥이 없다는 것을 알리는 게지.

히로 뭔가를 어필한다는 것은 당연히 "그것만큼은 자신 있다"고 주장하는 거잖아요? 그걸 왜 반대로 받아들이시는지요.

선생 소크라테스는 "인간이 무언가를 원하는 까닭은 그것이 없기 때문이다. 없는 것이 아니라면 굳이 그것을 원할 필요가 없을 테니까"라고 했다. 이미 덩치가 큰 사람이라면 더 크기를 원하지 않고 이미 강한 인간이 더 강해지고 싶다고 바라지 않는 거란다.

히로 과연 그럴까요? 제가 좋아하는 격투가 효도캅 씨는 언제나 "더 강해지고 싶다! 세계 최강이 되고 싶다!"라고 한다고요. 격투가가 아니었을 때부터 특수부대원 다섯 명을 박살냈다는 전설이 있을 정도예요. 그런 그가 "더 강해지고 싶다"라고 하는 게 결핍이라고요?! 강한 인간이 더 강함을 원하는 건 당연한 게 아닌가요?

선생 이해력이 떨어지는구나. 더 강해지고 싶다고 하는 것은 그 시점에서 효도캅이 "아직 자신은 강함이 부족하다"라고 생각하는 것이겠지? 효도캅이 "이제 나는 세계 최강이다"라고 만족했다면 더 강해지고 싶다고 생각할까? 아직 부족하다고 느끼고, 자신보다 강한 사람들이 있다고 생각하니까 격투가로서 더욱더 강함을 원하는 게다. 소크라테스의 말대로잖느냐?

히로 결핍을 채우려는 게 아니라 향상심일 수도 있잖아요.

선생 이미 주변인에게 충분히 인정받는 사항에 대해서 인간은 일일이 자랑하지 않는단다. 누구나 인정하는 자산가 빌 게이츠가 "오늘은 텍사스로 출장을 갑니다. 후후후, 특등석은 언제나 쾌적하군요"라고 새삼스럽게 자랑을 할까? 황금사자상도 받은 기타노 다케시 감독이 "오늘은 인기 유튜버 '몬테네그로 여자' 씨와 의류 쇼핑몰 '미력☆매력☆UP' 대표 사키 사장님이 내 생일을 축하해줬다"라고 인맥을 과시할까?

히로 어쩐지 각각의 캐릭터들이 이상해진 느낌이 드네요. 빌 게이츠 씨와 기타노 다케시 감독의 평가는 그런 자잘한 어필로는 꿈쩍도 안 할 테니까요.

선생 그래. 이미 세상에서 충분히 인정받아 자신감을 가진 사람은 인터넷을 통해서 스스로 인정을 구하려고 하지 않을 것이란다. 뒤집어 말하면 패션 감각을 자랑하는 사람은 '주위에서 자신의 패션 감각이 좋지 않다고 생각하는 것'을 두려워하기에 그것을 보완하려고 자랑을 하는 게다. 인맥 자랑을 하는 사람은 '주위에서 인맥이 좁은 인간이라고 수군거린다'고 느끼기에 그것을 메우려고 자랑을 하는 게다. 심리학자 아들러Alfred Adler는 "인간이 자랑하는 까닭은 열등감을 느끼기 때문이다"라고 단언했지.

좀비의 철학 수업 열한 번째 2:

자존감이란 남에게 인정을 구하지 않는 것이다

히로 하지만 그런 식으로라도 열등감을 해소하면 그것대로 괜찮지 않을까요? 자랑 글에 '좋아요'를 많이 받아서 인정 욕구를 만족한다면 그것 나름대로 의미가 있잖아요.

선생 히로야, 그럼 질문 하나 하자꾸나. 너는 그런 글에 대해서 '이 사람 정말 대단하구나'라는 인정의 마음을 담아 '좋아요'를 누르는 게냐?

히로 그건 뭐, 굳이 따지자면 대단하다고 느끼기보단 "이 사람 또 자랑질이구나"라고 생각하죠. 하지만 서로의 관계도 있으니까 예의상 '좋아요'를 눌러요. 어른이니까요. 사회는 기브 앤 테이크, 등가교환의 법칙으로 유지되잖아요.

선생 그런 짓 당장 그만둬라!

히로 하, 하지만 제 친구는 다를지도 몰라요. 제 친구는 모두 의례적으로가 아니라 진짜로 좋아서 '좋아요'를 누르는 것 같거든요. 저와 친구를 맺은 사람들은 모두 자상하고 사려 깊은 인격자뿐인 걸요.

선생 그렇구나. 인격자라…, 그러니까 선의에 의해서 히로가 자랑하는 것을 알고도 아무 말 없이 '좋아요'를 누르는 거겠지. 정신 차려라!

히로 그런 건가요….

선생 잘 생각해보려무나. 너는 인정 욕구를 충족시키려고 자랑 글을 올렸지? '좋아요'를 많이 받아 인정받는 것을 목적으로 스스로를 과시하는 것일 게다. 하지만 결과는 어떠냐? 네가 "나의 이것을 봐줘!"라고 호소할 때 그것은 사실 "나는 이것이 결여됐어요!"라고 어필하는 것이다. 그러므로 인정은커녕 평가가 떨어지게 되는 거야. 그렇다면 목적한 바를 전혀 얻을 수 없으므로 그 행위는 무의미한 것이 되지. 히로야, 자긍심은 구걸해서 받는 게 아니란다.

히로 그럼 제가 어떻게 하면 되는 건가요?

선생 철학자 쇼펜하우어_{Arthur Schopenhauer}는 <u>"허영심은 인간을 수다 쟁이로 만들고, 자존심은 인간을 과묵하게 한다"</u>라고 했다.

히로 자존심은 인간을 과묵하게 한다? 자신 있는 인간이라는 인상을 주려면 조용히 있으라는 건가요? 과묵한 사람이 고독한 늑대로 보였던 시절도 있었죠. 하지만 지금 SNS는 하나의 사회라고요. SNS를 활용하지 않는 것은 생각할 수도 없어요. 비즈니스 찬스도 잔뜩 굴러다니는 걸요.

선생 물론 일을 위해서라면 얼마든지 해도 된다. 꼭 일이 아니라도 사적인 일기 대신으로도 좋고, 좋아하는 것을 퍼뜨려도 좋고, 가끔은 구시렁대며 스트레스를 발산해도 좋단다. '글을 올리는 것 자체'가 목적이라면 그것도 좋지. 하지만 '다른 사람에게 인정을 받으려고 글을 올리는 것'이라면 차라리 침묵이 더욱 가치가 있단다.

당신이 자신의 것은 자신의 것으로,

타인의 것은 타인의 것으로 생각할 수 있다면 그 누구에게도

휘둘리거나 방해받지 않을 것이다. 당신 또한 그 누구도 비난하지 않을 것이고,

스스로의 뜻에 어긋나는 일도 하지 않을 것이다.

어떠한 적도 없을 것이며, 그 누구도 당신을 위협하지 못할 것이다.

에픽테토스, 《엥케이리디온》 중에서

히로 하지만…, 솔직히 인정을 받고 싶은 걸요. 어쩔 수 없잖아요. 인정을 받고 싶어요. 나의 쓸모를, 나의 가치를 호소하고 싶어요. 일본을 떠나 멋진 도시에 가면 누구라도 일단 사진을 찍어 부러워할 만한 곳에 있었음을 증거로 남기잖아요. 그건 인지상정이라고요. 로마에 가면 트레비 분수 앞에 선 스스로를 사진으로 찍어 SNS에 올리는 거야말로 '로마에 가면 로마법을 따르는 것'이죠. 베니스에 가면 리알토 다리를 배경으로 커피를 마시며 '나는 지금 베니스를 마시고 있다'란 코멘트를 남기는 게 베니스의 상인다운 거지요! 꺅!

선생 못난 놈, 인간은 누구나 인정 욕구를 가졌다. 그것을 버리라고 설파하는 성인도 있으나, 나는 그것은 무리라고 생각한다. 게다가 '엄마, 아빠에게 칭찬받고 싶다', '상사에게 높은 평가를 받고 싶다', '친구에게 뛰어나다고 인정받고 싶다', '이성에게 인기를 끌고 싶다'와 같은 인정 욕구가 있기에 인간은 비로소 열심히 살 수 있다고도 생각한다.

히로 그것 봐요, 역시 인정 욕구는 중요하잖아요!

선생 물론 중요하단다. '세상에 인정받고 싶다', '자신의 존재가치를 확인하고 싶다'라고 욕망하기에 인간은 발버둥을 치는 게다. 인정을 받기 위해 고생해서 자신을 성장시키는 것이지. 그러나 누구나 인터넷으로 간단히 자기 어필이 가능해지면서 예의상 '좋아요'를 준 것을 가지고 "나는 세상에 인정받고 있다"라고 만족해버리면 어떻게 될까?

히로 … 노력을 안 하게 되겠죠.

선생 그래, 자랑하고 싶으면 얼마든지 해도 된단다. 하지만 '나는 인정받고 싶어!'라는 에너지를 자랑 글로 발산하면 어떻게 될까? '좋아요' 정도에 만족한다면 곧 뒤떨어지게 될 게다. 네 친구들이 진정으로 인간적 성장을 이루고 어른이 되었을 때도 너는 여전히 '인터넷상에 거짓 자신을 어필하는 것'밖에 못하고, 가상세계에서 가상의 인정을 추구하는 나날을 보내겠지. 너는 그런 인생이 좋으냐?

히로 좋을 리가 없죠. 현실 세계에서 불만을 느끼니까 가상 세계에서 만족을 찾는 것인데, 가상의 세계가 현실 세계를 잡아먹으면 무슨 소용이 있겠어요. 저는 진정한 인정을 원해요.

스스로를 연기하며 산다면
삶까지 연극이 된다

좀비 선생은 히로에게 타이르듯 말했다.

"그 마음이다. 그 마음을 잊어서는 안 된다. 그런 절치부심이야말로 성장의 씨앗이 될 게다."

"선생님, 꽤 어려운 고사성어도 아시네요."

"마침 앞에서 로마라는 단어가 나왔으니 로마로 예를 들어보자꾸나. 이탈리아 영화 〈시네마 천국〉을 아느냐?"

"본 적은 없지만 이름이야 들어봤죠."

"그 작품 속에 이런 장면이 있단다. 고향으로 돌아온 주인공에게 친구인 늙은 영화기사가 이렇게 말하지. '너는 아직 젊다. 로마로 돌아가라. 나는 이제 너와 이야기하지 않겠다. 편지도 쓰지 마라. 나는 너의 소문을 듣고 싶다.'"

"…."

"어떠냐? 너도 스스로를 자랑하는 게 아니라 고향 친구들에게 너에 대한 소문을 듣게 할 만한 인물이 되지 않겠느냐?"

"제가 어리석었네요. 지금까지 인정 욕구를 사용하는 방식이 잘못됐어요."

히로는 지금까지의 나날을 되돌아보았다. 현실 세계에서 노력도 하지 않고, 충실함을 꾸미거나 유능함을 연기하고 개성을 스스로 홍보하려고 사진을 찍어 SNS에 올려서 인정 욕구를 쓸데없는 방향으로 발산했던 시간들이었다.

"SNS에서 멋진 모습을 연기하면서 감탄을 구걸하기보다 진짜 멋진 사람이 되고자 노력했다면 사쿠라코에게 미움이나 받는 직장 동료보단 나은 사람이 되었을지도 모르겠네요."

"녀석! 사내답지 못하게 차인 일을 아직도 담아두고 있다니…. 세상에 괜찮은 여성이 사쿠라코만 있는 게 아니다."

"무책임한 말씀이신데요. 그런 사람이 진짜 주변에 있다면 소개라도 시켜주세요!"

"히로야, 에리는 어떠냐?"

"… 네? 그게 무슨 말씀이신가요?"

"너는 에리를 어떻게 생각하느냐?"

"물론 아름다운 분이라고 생각해요. 그게 왜요?"

"이건 어디까지나 내 개인적인 생각일 뿐이란다. 너는 에리를 아내로 맞이할 생각이 없느냐? 그 녀석도 슬슬 혼기가 찬 것 같구나. 나는 에리를 딸처럼 생각한다. 히에로 일도 있어서 그 녀석이 행복해지는 모습을 못 보면 나는 죽어도 죽은 게 아니란다."

"이미 돌아가셨잖아요! 완전무결하게 사망하셨다고요. 그리고 좀비의 결혼적령기는 몇 살인가요? 이천 살이면 혼기가 꽉 찬 건가요? 애당초 저와 에리 선생님은 종족이 다르다고요."

"하지만 솔직히 너는 그 녀석을 이성으로 의식할 게다. 얼마 전 메이드 카페에서도 에리를 연신 힐끔거리더구나."

"하, 하지만 어차피 에리 선생님은 저를 남자로 안 봐요. 좀비에게 저는 식량일 뿐이잖아요."

"아니, 내가 보기에 에리도 너에게 특별한 감정이 있는 것 같다. 실제로 너와 만나면 히에로가 떠오른다고 했거든. 당시 감정이 되살아나는 것이겠지. 메이드 카페에서 네 옆에 있던 에리는 내가 보기에 '사랑에 빠진 소녀'의 얼굴이었다."

"저, 정말인가요? 하지만 아무리 나이는 숫자에 불과하다지만 이천 살 연상은 좀 부담스럽지 않을까요. 게다가 에리 선생님은 외국인이고요…. 극복해야 할 장애물이 너무 많아요."

"함께 장애물을 극복하는 것이야말로 사랑이란다. 지금이 아니면 너는 앞으로도 계속 혼자 살지도 모르지. 퇴근한 다음 텅 빈 집의 적막을 견디지 못해 보지도 않는 텔레비전을 켜놓고 쓸 쓸하게 맥주나 마시는 삶도 괜찮은 게냐? 누군가와 함께 늦은 식사를 하며 그날 있었던 일을 나누는 단란함을 모르고, 그렇게 평생 살아갈 게냐?"

"그런 단란함이야 당연히 그립죠. 에리 선생님 같은 사람과 한 식탁에서 식사하는 것도 행복하겠고요. 하지만 식탁에는 무엇이 올라와 있을까요? 인간의 밥과 좀비의 양식이 함께 올라와 있겠 죠? 저는 사체가 놓인 테이블에서 밥을 먹어야 하잖아요. 조각 난 사람을 씹는 가족과 도란도란 대화를 나누며!"

"가족이라고 해도 타인이니까 당연히 취향의 차이는 있을 게 다. 그 정도는 네가 양보해야겠지?"

"그런 건 양보의 문제가 아니잖아요! 아무리 미인이라도 이천 살 연상에 인간을 주식으로 하는 좀비와 결혼하는 것은 무리라 고요. 안타깝지만 이 이야기는 없었던 것으로 해주세요."

"아깝구나. 너는 찬밥 더운밥을 가릴 상황이 아닐 텐데. 뭐, 됐 다. 오늘 수업은 여기까지다. 이상!"

▼▼▼

좀비 선생은 나무 뒤에서 쉬던 좀지로를 데리고 회사 차에 올 라탔다. 도쿄만 건너편 해안의 빌딩 거리에 슬슬 석양이 가라앉으려 했다. 어느새 소란도 가라앉아서 댄서도, 회사원 그룹도 어디론가 사라졌다. 그 빈 자리는 하루미후도 공원의 야경을 보려고 모인 새로운 커플들로 채워졌다.

평소대로라면 히로는 이런 야경을 촬영해서 SNS에 올리고 멋진 장소에 있는 자신을 홍보했을 것이다. 그러나 오늘은 야간조명이 켜지는 것을 기다리지 않고 돌아갔다. 그런 어필에 쓸 시간 동안 무언가 다른 일들을 하고 싶었다. 꼭 즐겁고 거창한 일이 아니라도, 그저 걸으며 생각에 잠기는 것도 괜찮을 것 같았다.

역까지 가는 발걸음은 가벼웠다. 이제 곧 괴로운 이별이 오리라는 것을 상상도 못한 채 히로는 휘파람을 불며 집으로 돌아갔다.

무의미한 인내로 고통을 긍정하면서
인생을 낭비하지 말 것!

탁··· 탁··· 탁···

문에서 정체를 알 수 없는 소리가 났다. 이것이 소문으로만 듣던 랩 현상(알 수 없는 마찰음이 나는 심령현상)일까? 오래된 목조 아파트의 한쪽 방에서 히로는 이불을 머리까지 덮었다. 오늘은 아르바이트도 쉬는 날이라 온종일 만화나 읽으려고 했다. 그런데 일어나자마자 이런 괴기현상을 겪는 바람에 휴일이 휴일이 아니게 되었다.

월급이 변변찮은 히로가 덮고 자는 이불은 얇았다. 그래서 '탁, 탁' 하는 소리는 이불을 뚫고 똑똑하게 들렸다. 오래된 아파트가 하나쯤 몰래 품고 있기 마련인 비극적인 과거 때문일까, 누군가의 저주일까, 아니면 그저 지나가는 귀신의 장난일까. 그렇게 히로는 이상한 소리를 들으며 20분 정도를 흘려 보냈다.

'더는 못 참겠다!'

멈출 생각을 않는 괴음에 진저리를 치며 히로는 마음을 굳게 먹고 이불에서 벗어나 현관으로 갔다. 앞으로 《도쿄 타라레바 아가씨》를 다 읽으려면 소리의 정체를 확실히 알아야 했다.

아무래도 이상한 소리는 문 바로 뒤에서 들리는 듯했다. 문은 좁은 부엌 바로 옆에 있다. 히로는 문에 난 렌즈로 살짝 바깥 상황을 살폈다.

렌즈 밖으로 무뚝뚝한 표정을 지은 채 채찍으로 문고리를 두드리는 에리의 모습이 보였다.

"무슨 짓이에요, 선생님!"

히로가 문을 열자 에리는 무척 언짢은 표정으로 안을 비집고 들어왔다.

"어째서 빨리 안 연 거야! 춥잖아."

"어째서 아무 말 없이 손잡이만 두드리신 거예요? 무섭잖아요. 문명인이라면 인터폰을 누르세요. 인터폰이라고 아세요? 이천 년 전 분이라 문명의 이기는 무리인가? 우꺅!"

"빨리 히터 강도나 올려줘. 네 방은 궁상맞은 데다 춥구나."

에리는 부츠를 벗고 코트 차림 그대로 집안으로 들어왔다. 그 러곤 궁상맞은 이불을 짓밟으며 난방기구 바로 아래에 가서 "하 아, 정말 추웠어"라고 투덜거리며 송풍구에 양손을 댔다.

"어쩐 일이세요? 저의 집은 또 어떻게 알고 오셨고요?"

"어쩐 일이고 뭐고 철학 수업을 하러 온 거잖아. 옷걸이 좀 줘. 코트에 궁상이 옮아붙을 것 같으니까."

에리는 코트를 벗어서 히로가 내민 옷걸이에 걸고, 옷장 위 높은 곳에 걸었다.

"궁상맞기는 해도 정리는 잘 되어 있네. 히로 주제에 건방지게. 그래도 방이 좁아 금방 따뜻해져서 다행이야."

"궁상맞다고 투덜대지 좀 마세요. 평범하게 인터폰을 눌렀으면 됐잖아요. 어째서 채찍으로 노크하신 거예요."

"흥, 남자 방에 찾아와서 인터폰을 누르면 여자친구처럼 보이잖아. 히로의 여자친구가 되는 건 싫어. 그건 최악이잖아."

"… 채찍으로 문을 두들기는 수상한 사람이 여자친구로 보이진 않겠네요. 그건 그렇고 수업이라뇨? 평소처럼 우연히 만난 것도 아닌데 어째서? 그렇게 가르치는 게 좋으셨어요?"

"좀비 선생님께서 시켰어. 히로가 우메코인가 뭔가에 차여서 힘이 없으니까 철학 수업을 하러 가주라고. 그리고 주소를 가르쳐주셨어. 귀찮았지만 한 번 정도는 놀러와줘도 좋을 것 같고."

"그렇구나. 얼마 전 선생님께 수업을 받을 때 조금 감정적이 됐으니까요. 가만, 방금 한 번 정도 놀러와도 좋다고 생각하셨다고 했지요? 선생님, 저의 방에 초대받고 싶으셨군요. 후훗, 대담도 하셔라. 꺅!"

"오고 싶다고 안 했어! 와줘도 좋다고 했어!"

"아파요! 응? 그다지 안 아프네? 이제 에리 선생님의 매에도 익숙해진 걸까? 아니면 고통이 기쁨으로 승화된 걸까? 저는 그렇게 평범함으로 돌아갈 수 없는 사람이 된 건가요."

"살살 때린 거야. 기운 없는 제자를 진심으로 때릴 리 없잖아. 아무것도 못 먹었을 것 같아서 도시락도 싸왔어."

에리는 에르메스 가방을 열어서 플라스틱 통을 하나 꺼냈다. 그리고 "먹어"라고 무뚝뚝하게 말하며 히로에게 내밀었다.

"도시락이요? 에리 선생님이 저에게? 무슨 바람이라도 분 건가요. 내일은 해가 서쪽에서 뜨겠네요. 아니면 태풍이라도, 그것도 아니면 퓐 현상 아니면 큰 한파가…"

"먹을 거야, 안 먹을 거야?"

"먹을게요! 고맙습니다! 잠깐, 내용물은 괜찮을까나…. 설마, 그럼 잘 먹겠습니다."

히로는 플라스틱 통을 받자마자 힘껏 뚜껑을 열었다. 그리고 내용물을 십 초간 바라본 후 대략 무엇이 들어 있는지 이해하자마자 급히 화장실로 뛰어가 토했다.

"우웨엑! 웨엑!"

제자가 괴로워하는 모습을 보며 에리는 실수를 깨달았다.

"앗! 실수…. 히로는 인간을 먹을 수 없었지."

싱크대에서 몇 번이나 입을 헹구고 방으로 돌아온 히로는 에리를 힐난했다.

"선생님! 어느 부위인지 모르겠고 알고 싶지도 않지만 저는 그런 종류의 고기를 못 먹어요. 저는 좀비가 아니라고요."

"미, 미안."

"도시락을 싸주신 건 고마워요. 그러나 정말 죄송하지만 좀비식은 참아주세요. 가지고 돌아가 주세요."

"알았어…, 가지고 돌아가면 되잖아."

에리는 입을 삐죽 내밀고 오늘 아침 히로를 주려고 일찍 일어나서 만든 도시락을 다시 가방에 넣었다. 그리고 곧 평소의 차가운 표정으로 돌아가서 앉은 채로 이불을 채찍으로 찰싹 때렸다.

"그래서 많이 힘들어?"

"이미 시간이 좀 지났지만, 상심이라면 상심이죠. 어른이 돼도 실연은 힘드네요. 실연은 최악의 경험이라고 생각해요."

"흥, '최악'? 차인 일이 네 삶에서 가장 안 좋았다는 거야?"

"또 꼬투리를 잡아서 '변함없이 멍청하구나!'라고 하려 하셨죠? 그럼 최악은 아니지만 무척 안 좋은 일이라고 할게요."

"그럼 가장 나쁜 일이 아니라 그냥 나쁜 일이라는 거야?"

"나쁜 일은 나쁜 일이잖아요. 이렇게 마음이 괴로운데 좋은 일은 아니죠. 누구에게나 실연은 괴로운 일이고, 괴로운 일은 당연히 나쁜 일이죠. 그래서 차인 것은 틀림없이 나쁜 일이에요."

"너는 변함없이 푸석이구나."

"낯선 어휘로 놀리지 마시라고요."

"자, 수업 시작하자. 이불 정도는 개놓으라고! 이 노란 줄무늬 시트는 뭐야? 지저분하잖아."

"앗, 정리할게요. 노란 곳은 오줌이 묻은 흔적이에요…."

에릭시아의 철학 수업 다섯 번째 1:

행복은 불행이 있어야 완성된다

에리 오늘은 '인생이란 무엇인가?'를 테마로 할 거야.

히로 인생이란 무엇인가? 왜 사는지도 철학으로 알 수 있나요?

에리 알 수 있다고도 할 수 있고…, 모른다고도 할 수 있어.

히로 어쩐지 철학의 모든 테마가 그런 느낌이네요.

에리 일단 들어봐. 너는 지금 '힘든 일을 겪는 것은 안 좋은 일'이
라고 단언했지? 하지만 그것은 큰 착각이야.

히로 돌아보면 다 별일 아니라고 하지만, 저는 그렇게 세상사에
초연할 수 없는 걸요….

에리 고대 그리스에는 헤라클레이토스Herakleitos라는 철학자가 있
었어. 지금부터 약 이천오백 년 전 헤라클레이토스는 "세계
는 대립으로 유지된다"라고 했어. 만물은 불화와 대립으로
조화를 이룬다는 말이지.

히로 이천오백 년? 그런 옛날에 '괴로운 것은 안 좋은 일'이라는
것은 큰 착각이라고 판단했다고요? 그리고 대립은 또 무엇
인가요?

에리 반대로 내가 질문해볼게. 너는 일상에서 행복을 느낄 때가
언제야? 행복이 너무 거창하게 느껴진다면 '즐거움'이나 '기
쁨', '기분 좋은 일'이라도 괜찮아.

히로 그러니까…, 세세하게 예를 들면 한이 없을 테니 간략하게

정리하자면 가장 인간다운 세 가지가 아닐까요? 밥을 먹을 때! 잘 때! 그리고… 성인영화를 볼 때?

에리 세 번째는 생략하자. 그럼 너는 '밥을 먹을 때'와 '잘 때' 행복을 느낀다는 거지?

히로 잠깐! 어째서 야한 것은 생략하시나요? 그건 인간의 본능, 삼대 욕구라고요? 본능에서 시선을 돌리지 마세요. 에리 선생님도 순진한 어린애는 아니잖아요? 뽀뽀를 만 번 어쩌면 십만 번 정도는 하셨잖아요? 매일 같이 남자를 덮쳐서 먹어치웠잖아요! 아얏!

에리 응, 그래 또 맞자!

히로 그만! "징즈靜止" 채찍! 그럼 세 번째는 바꿀게요. '목욕탕을 순회할 때'라는 건 어떠세요? 괜찮으면 에리 선생님도 이번에 '오오에도 온천일기'에 함께 가요.

에리 싫어. 일단 그것이 네가 행복을 느낄 때라는 거지? 그럼 그세 가지 행위의 '대립'을 생각해보자. '밥을 먹을 때'와 대립하는 것은 '공복일 때', '잘 때'와 대립하는 것은 '잘 수 없을 때', '목욕탕에 들어갈 때'와 대립하는 것은 '목욕탕에 들어가지 못할 때'겠지. 이 대립에 놓인 상황들은 모두 네가 괴로워하는 것이겠지?

히로 대립하는 쪽이라…. 배가 고플 때와 잘 수 없을 때, 목욕탕에 들어갈 수 없을 때는 당연히 괴롭죠. 생각할 것도 없어요. 모두 '행복의 반대 상태'니까요.

에리 그렇다면 '힘든 일은 나쁜 것'이라는 너의 주장을 바탕으로 행복한 일과 대립하는 쪽은 나쁜 일이 되겠지. 그리고 나쁜 일이라면 그런 상태는 없어져야 할 테고?

히로 당연하죠! 나쁜 일도 불행도 이 세상에서 말살해야 해요! 제가 바라는 것은 단지 좋은 일뿐이에요.

에리 그럼 묻겠는데 그런 나쁜 일이 전혀 없는 상태, 항상 배부르고, 항상 잘 수 있고, 영원히 목욕탕에 들어가 있는 생활은 행복할까?

히로 언제나 배가 부른 채, 목욕탕 욕조 속에서 계속 자는 생활? 그건 당연히 괴롭죠. 배가 부른 거야 그렇다고 치더라도 뜨거운 물속에서 계속 자는 인생이 행복할 리 없잖아요. 그건 죽은 거나 마찬가지죠.

에리 이상하네? 너의 바람대로 나쁜 일을 배제하고 불행을 없앴는데 어째서 결과가 불행이 될까? 행복은 어디 간 걸까?

히로 어라? 그렇네요. 괴로운 상황을 제거하고 행복한 것만으로 채웠는데 결과는 불행이라니 어떻게 된 거죠? 혹시 이 세상에는 처음부터 행복이 존재하지 않았던 걸까요?

에리 그렇지 않아. 그래서 "세계는 대립으로 유지된다"라는 거야. 너는 행복을 잘못 알고 있어. 절대로 '공복이 나쁜 일'이고 '만복이 좋은 일'은 아니야. **공복 상태가 있기에 비로소 밥이 맛있다고 생각할 수 있는 거야.** 잘 수 없는 상태가 있기에 자는 것에 행복을 느끼는 거야. 평소에는 목욕탕에 안 들어가기에 가끔 목욕탕에 들어갈 때마다 기분이 좋아지는 거야. 고통과 즐거움의 대립이야말로 세상을 조화롭게 하는 거야. 다시 말해 고통을 부정하는 것은 대립을 부정하는 거야. 그리고 대립을 부정하는 것은 행복을 부정하는 거고 말이야.

히로 고통을 부정하는 것은 대립을 부정하는 것이고, 대립을 부정하는 것은 행복을 부정하는 것이라…. 그렇다면 삼단논법에 따라서 '고통을 부정하는 것은 행복을 부정하는 것'이 되네요!

에리 아주 좋아! 괴로운 일이나 불행은 결코 나쁜 일이 아니야. 괴로운 일은 즐거운 일, 불행은 행복의 일부야. 불행이 없으면 행복도 없어. **불행이 있어야 행복이 있기에 행복은 행복다워지는 거야.** 가뭄이 없으면 비의 고마움을 알 수 없어. 병이 없으면 건강의 가치는 알 수 없어. 힘든 노력이 없으면 성공의 성취감은 없어. 그리고… 사랑의 괴로움을 모르면 사랑의 기쁨을 알 수 없어.

히로 … 여태 저는 큰 착각을 했네요.

에리 그래, 어리석은 인간아. 차인 것은 나쁜 일이 아니야. 의미가 없는 경험이 아니야. 사랑으로 괴로워했던 적 없는 인간이 사랑의 행복을 느낄 수는 없을 테니까.

히로 흐흑, 선생님. 세, 세상을 보는 눈이 바뀌었어요. 눈물이 나올 정도는 아니지만, 그래도 시선이 바뀌었어요. 어쩐지 에리 선생님의 말을 듣고 조금 마음이 편해진 것 같아요. 그 말씀을 해주시려고 일부러 오신 건가요? 제가 힘이 나도록 하려고 일부러?

에리 뭐? 바, 바보! 푸석이! 그게 아니야. 말했잖아. 좀비 선생님의 지시로 온 것뿐이라고. 수업 내용도 계획대로일 뿐이야. 기분 나쁘니까 이상한 상상하지 마!

히로 아파요! 겸연쩍다고 때리지 마시라고요.

에리 미안.

히로 하지만 덕분에 용기를 얻었어요. 슬픈 것, 괴로운 것 모두 쓸데없는 경험이 아니군요. 그것이 없으면 행복이 없으니까요. 그렇게 생각하니 인생이 아무리 힘들어도 견딜 수 있을 것 같아요. "인생에 쓸데없는 것은 없다", "모든 것은 의미가 있다"라는 말은 정말 맞는 말이었군요.

에리 너는 바보구나.

히로 아야얏! 이번엔 뭔가요?

에릭시아의 철학 수업 다섯 번째 2:
'행복−불행 = 0'은 틀렸다!

에리 착각하지 마. 그것과 이것은 전혀 다른 이야기야. "모든 것에 의미가 있다"라니? 그것이야말로 니체가 말했던 노예 도덕이잖아!

히로 어째서? 어째서 갑자기 화를 내시는 거예요?

에리 내가 가장 싫어하는 말이니까! "쓸데없는 것은 아무것도 없다", "일어난 일에는 모두 의미가 있다", "신은 극복할 수 있는 시련밖에 주지 않는다", 그리고… "인생에서 좋은 일과 나쁜 일은 동등하게 일어난다"까지 모두 무책임한 망언이야.

히로 그렇게까지 말씀하시지 마세요. 모두들 자주 쓰는 말이잖아요. "인생은 결국 플러스 마이너스 제로가 되도록 이루어졌다"라고, "인생의 화복은 마치 꼬아놓은 새끼줄과 같다"라고요. 좋은 일도 반, 나쁜 일도 반. 그것은 인간은 모두 평등하다는 것이므로 좋은 일이잖아요.

에리 평등? 플러스 마이너스 제로? 그럼 묻겠는데 너의 인생과 축구선수 메시의 인생이 동등하게 행복할까?

히로 아니, 그건 뭐라고 할까…, 아, 아니! 그럴 가능성도 있어요! 선생님은 메시의 빛나는 부분밖에 모르잖아요? 분명히 메시는 세계적으로 유명한 선수고 벌이도 당치않을 정도로 많겠지만 그만큼 힘든 과정을 거쳤을 거예요. 그렇다면 메시의 인생도 플러스와 마이너스가 분명히 동등할 거예요. 그러므로 저와 메시 인생의 총 행복량은 같을 가능성이 충분해요! 아니 같을 거예요! 분명히.

에리 흥, 그럼 묻겠는데 혹시 네가 인생을 처음부터 다시 시작할 수 있다면 '히로의 인생'과 '메시의 인생' 가운데 어느 쪽을 고를지도 50대 50이라는 거야? 강제로 히로의 인생을 고르게 해도 상관없다는 거야? 둘의 행복량은 같으니까?

히로 히로와 메시 둘 중에 히로를 선택하는 인간은 지구상에 한 명도 없지 않을까요….

에리 그것 봐. 역시 너와 메시 인생의 행복량은 다르다고 생각하 잖아.

히로 그, 그건 말이죠. 우리는 메시의 플러스 부분밖에 모르니까, 그래서 메시가 다 가진 것 같고 행복해 보이는 것이라고 생 각해요. 밖으로 드러나지 않은 고생까지 생각하면 플러스 마이너스 제로가 될지도 몰라요. 아직 이 주장을 굽힐 생각 은 없어요.

에리 그럼 질문을 바꿀게. 이천 년 전 젊은 나이에 좀비가 되어 화형을 당한 히에로는 그런 일을 당해도 괜찮을 만큼 그때 까지 인생이 행복했을까?

히로 ….

에리 일본에서도 사고나 학대로 목숨을 잃는 아이가 많아. 그 아 이들은 겨우 한두 살 때 살해당해도 불만이 없을 만큼 짧은 삶이 행복했을까? 태어난 후 계속 학대를 당했던 아이도 있 잖아. 전쟁에 휘말려 죽은 사람들은 모두 거기서 목숨을 잃 어도 형평성이 어긋나지 않을 만큼 과거의 인생이 플러스였 을까? 홀로코스트로 살해당한 육백만 유대인들은 모두 살 해당해도 괜찮은 죄를 범했을까? 재해에 피해를 입은 사람 들은, 빈민가에서 태어나 굶어죽는 아이들은, 심각한 범죄에 휘말려 평생 지울 수 없는 상처 속에서 사는 사람은 어떨까. 그런 사람도 모두 너와 행복의 양이 같다는 거야?

히로 죄송합니다···. 일단 머리 숙여 사과할게요.

에리 '일단 사과?' 장난치지 마! 심한 사고와 범죄를 만난 사람에게, 학대와 따돌림으로 죽어간 아이들에게 "쓸데없는 일은 아무것도 없단다", "일어난 일은 모두 의미가 있지"라고 할 수 있어? "인생이란 크게 보면 플러스 마이너스 제로야"라고, 어린 나이에 죽어간 아이들에게 할 수 있냐고?

히로 제 큰 실수입니다. 앞으로 입이 찢어져도 '일어난 일에는 모두 의미가 있다'라는 말을 안 할게요. 그러니까 화를 좀 가라앉히세요.

에리 웃기는 소리 하지 말라 그래. 우리는 단지 원자가 모여서 생긴 물체에 지나지 않아. 근원을 파고 들어가면 생물은 모두 원자, 소립자야. 그 원자에 운의 총량이 들어갈 거라고 생각해? 바보 같아! 원자는 어차피 원자야. 헛됨도 의미도 죄도 벌도 없어.

히로 말씀을 들으니 인생 전체를 봤을 때 좋고 나쁜 것의 균형이 잡혀 있는 게 아니라는 생각이 들었어요. 하지만 헤라클레이토스의 이야기는 무엇이었나요? 세계는 대립으로 유지된다고 했잖아요? 모처럼 힘든 경험이 가진 의미를 찾았다고 생각했는데···.

에리 대립이 있으므로 조화를 이룬다. 대립이 있으므로 행복이 있다. <u>그러므로 대립의 가능성이 없는 일방적인 고난은 없애야 한다</u>는 거야. 맛있는 식사를 위해 공복은 필요해. 하지만 나중에 밥을 먹을 수 있기에 공복이 의미 있는 거야. 잘 수 있기에 잘 수 없는 시간도 의미가 있어. 상상해봐. 평생 식사를 할 수 없다면 혹은 죽을 때까지 잘 수 없다면, 그것에 견딜 만한 가치가 있을까?

히로 단순한 고문일 뿐이죠.

에리 그것을 착각하지 마. "쓸데없는 경험은 없다", "인생은 균형이 맞춰져 있다"라고 믿으려는 마음을 알겠어. 자신의 의사와는 상관없이 힘든 환경과 불합리한 처우에 놓였을 때 누구나 그런 현실을 그저 헛된 것이라고만 생각하고 싶지는 않지. 지금 상황이 '신이 내린 의미 있는 시련'이라고 생각하면 어느 정도는 고통도 속이고 넘어갈 수 있잖아.

히로 저도 종종 "인생은 균형이 잡히기 마련이니까 내버려둬도 좋은 방향으로 흘러갈 것"이라거나 "하늘이 주신 시련이니까 견디다 보면 언젠가 보상을 받을 거야"라고 생각하곤 하죠.

에리 그래, 그런 식으로 지금의 고통을 개선하려는 행동을 회피해서는 안 된다는 얘기야.

히로 개선되지 않으면 대립이 생기지 않고, 대립이 생기지 않으면 행복도 생기지 않으니까요.

에리 맞아. '한없이 고난을 견뎌낸다'라는 것은 대립이 없는 일방적인 고난, 영원한 공복이야. 고난에서 빠져 나와 해결과 평온이라는 반대쪽에 이를 수 있어야 비로소 고난도 의미를 가지는 거지. 신이니 균형이니 하는 것에 매달려서는 안 돼. 의지해야 할 것은 그런 게 아니라 자신의 노력이야.

히로 일리 있는 말씀이세요. 하지만 노력은 어렵죠. 인생이 평등하지 않다면 인간은 각각 노력할 수 있는 양도 다르고 노력으로 어떻게 할 수 없는 일도 있으리라 생각해요.

에리 노력이라는 것이 결코 강해지기 위한 단련이나 축적만을 말하는 건 아니야. 도움을 요청하는 것, 도망치는 것, 쉬는 것도 노력일 수 있어. 내가 하고 싶은 말은 불합리한 처우에 대항하지 않고 계속 받아들여도 행복은 오지 않는다는 거야. 때로는 동료나 사회와 협력해서 기회가 없는 일방적인 고난은 없애야 하는 거야.

히로 서로에게 손을 뻗으라는 말씀이시죠?

에리 철학자 세네카Seneca는 "우리는 짧은 인생을 부여받지 않았다. 인생 대부분을 낭비하고 있을 뿐이다"라고 말했어. 인생을 올바르게 살고 싶다면 무의미한 인내로 인생을 낭비하지 말아야 해.

히로 고생과 괴로운 일이 식사 전의 공복인지 아니면 끝이 없는 고통일지 생각해야 하는군요. 그래요, 생각해야죠. 생각하고 또 생각해야죠. 많은 생각을 하며 살아가야죠.

어느 누구도 당신에게 삶의 강을 건너게 해줄 다리를 만들어주지 않는다.

오로지 그대 스스로가, 오직 자기 자신만이 그럴 수 있다.

니체, 《반시대적 고찰》 중에서

인간은 자유롭도록
저주받은 존재다

창밖의 하늘은 흐렸다. 히로는 그런 하늘을 멍하니 바라보며 에리 선생님과 나눈 대화를 되돌아보았다.

대립이 행복을 만든다. 그러므로 힘든 경험과 부당한 시간 또한 행복의 일부다. 다만 대립 없는 괴로움을 계속 견디는 것은 의미가 없다. 먼저 힘든 경험이 있고, 그것에서 빠져나옴으로써 행복이 생긴다. 그 길을 열 수 있는 것은 신과 운 따위가 아니라 자기 자신이다.

"그렇죠. 신은 죽었으니까요. 인간은 어차피 원자 덩어리···, 거기에 물리법칙 이외의 운명이 들어올 여지는 없지요."

"그래. 이 우주의 모든 것은 단지 입자의 집합체이며 단순한 우연으로 이루어졌을 뿐이야. 신도 운명도 의미도 없어."

"그것도 어째 쓸쓸하네요. 저는 인간이란 어떤 사명을 가지고 하느님이나 부처님이 보내서 이 세상에 태어나는 존재라고 생각하고 싶어요. 그래야 나 자신의 존재가 우연이 아니라 필연이 될 수 있을 테니까요."

"실존은 본질을 앞선다. 20세기 프랑스 철학자 사르트르_{Jean Paul} _{Sartre}가 한 말이야. 실존이라는 것은 현실의 존재, 본질이라는 것은 목적이나 역할을 말해. 예를 들어 양복은 '입는다'는 역할을 위해 존재하고, 집은 '주거한다'는 목적을 위해 존재해. 대부분의 사물은 이처럼 본질을 위해 실존이 있어."

"하지만 인간은 그렇지 않다는 거네요."

"인간은 옷이나 집과 달리 역할을 받은 채 탄생하는 존재가 아니라, 먼저 존재한 다음 인생 속에서 본질을 만들어가는 존재니까. 인간의 존재에 의미는 없지만 의미가 없기에 비로소 자신의 손으로 자유롭게 의미를 만들어낼 수 있는 거야."

"실존은 본질을 앞선다. 분명히 양복의 인생은 정해진 길이 있기에 편할 수도 있으나 자유가 없군요. 하지만 자유라는 것은 정말 힘드네요. 끝이 없는 선택지 속에 빠져버릴 것 같아요."

"그 당혹스러움을 사르트르는 '인간은 자유롭도록 저주받은 존재다'라고 표현했어. 자유는 선택의 불안과 책임까지 자신이 지는 거야. 그것은 저주라는 말처럼 괴로운 일일지도 몰라. 하지만 그 괴로움, 불안과 책임의 중압을 극복했을 때 행복이 있는 게 아닐까?"

"그래요, 대립이 행복을 만드는 거죠. 인간에게는 자유가 있으므로 불안하지만, 불안이 있으므로 그 앞에 행복이 기다린다. 그런 말씀이시죠?"

"그래! 맞아! 이해했구나. 이 수업을 통해서 네가 조금이라도 나아졌으면 좋겠어. 오늘 수업은 여기까지야."

라면을 맛있게 끓이는 법은
매뉴얼을 그대로 따르는 것이다

히로는 스마트폰 버튼을 눌러서 시간을 확인했다.

"앗, 벌써 시간이 이렇게? 오늘 아무것도 못 먹어서 배가 고프네요. 선생님의 도시락은 먹을 수가 없고…."

"…미안해."

"아니요, 괜찮아요. 선생님 탓이 아니니까요."

"내가 뭐라도 사올까? 편의점 샌드위치는 어때, 괜찮아?"

"무슨 말씀이세요? 에리 선생님답지 않아요."

"내 도시락 때문에 네가 속이 안 좋잖아. 금방 사올 테니까 너는 좀 쉬고 있어."

"괜찮아요. 오늘 카레 만들려고 준비했으니까요. 저기에…."

히로가 가리킨 냉장고 옆 슈퍼마켓의 비닐봉지에 감자와 당근, 양파와 카레가 담겨 있었다. 에리는 그것을 보며 잠시 생각하더니 천천히 스웨터의 소매를 걷으며 일어났다.

"좋아. 내가 만들어줄게. 냄비는 어디 있어?"

"요리까지 해주시려고요?"

"뭐야, 내가 만든 요리는 싫다는 거야?"

"아니요! 기뻐요! 하지만 선생님은 이천 년 이상 인간 식사와는 인연이 없었잖아요. 고대 그리스에는 카레도 없었을 테고요. 무리하시지 않아도 괜찮아요. 그렇게 자상하게 요리해주는 모습은 어차피 에리 선생님과는 전혀 어울리지 않으니까 괜히 무리하실 필요… 꺄악!"

찰싹!

"타인이 베푸는 친절은 입 다물고 받아들이는 거야. 넌 배려하는 마음을 하나도 모르는구나. 고작 카레일 뿐이잖아? 카레쯤은 누구나 간단히 만들 수 있다는 이야기를 들었어. 내가 그 정도도 못할 리 없잖아?"

"그럼 잘 부탁드리겠습니다. 재료는 모두 비닐봉지에 들어 있어요. 냄비는 가스레인지 아래에 있고요."

"흥, 내가 카레가 뭔지를 보여줄게."

에리는 에르메스 가방에서 고무줄을 꺼낸 다음 머리카락을 뒤로 묶었다. 히로는 별 생각 없이 에리가 머리를 묶는 모습을 바라보다 머리카락이 올라가면서 드러난 에리의 하얀 목덜미에 시선을 빼앗겼다. 에리는 평소와는 다르게 자신을 멍하니 바라보고 있는 히로를 신경 쓰지 않고 가스레인지 옆 공간에 재료를 늘어놓았다.

잠시 후 에리의 표정이 굳어졌다. 감자, 당근, 양파 그리고 고형 카레. 순서대로 바라봤지만 무엇부터 시작해야 할지 모르는 듯했다. 히로는 침을 삼키며 그의 다음 행동을 기다렸다. 그렇게 20초가 지나고 30초가 지났다.

에리는 갑자기 채찍을 꺼내더니 옆에 늘어놓은 음식 재료들을 힘껏 내리쳤다.

"무슨 짓이에요! 죄 없는 양파를 왜 때려요? 곤란할 때마다 채찍을 꺼내서 휘두르지 마세요."

"아무것도 모르겠어! 어디가 간단하다는 거야? 조금도 간단하지 않잖아."

"간단하다고 해도 철학도 아닌데 고민한다고 알아낼 수 있는 게 아니라고요. 제가 할 테니 에리 선생님은 저를 보고 배우세요. '니칸이샤你看一下', 잘 보세요."

"분해! 내가 히로에게 배우다니, 굴욕적이야!"

에리는 입술을 깨물면서도 순순히 자리를 양보했다. 히로는 도마를 놓고 경쾌하게 양파를 썰었다. 샤브샤브 전문점 조리장에서 일하는 만큼 부엌칼 솜씨가 예사롭지 않았다.

"카레는 먼저 양파부터 써는 거예요. 당근과 감자는 그 다음이죠. 맛있게 만드는 요령은 다른 무엇보다 설명서대로 하는 것! 가끔 다른 카레를 섞거나 자신만의 재료를 넣는 사람도 있는데 그러면 안 돼요. 시판하는 고형 카레는 설명서에 쓰인 대로 만들었을 때 가장 좋은 맛이 나도록 카레의 프로가 오랜 연구와 실험 끝에 개발한 상품이라고요. 초보자가 멋대로 개량하는 것은 프로가 만든 예술적 균형을 무너뜨리는 행위예요. 〈모나리자〉에 초보자가 선을 하나 더 그린다고 더 좋은 그림이 될까요."

"그렇게 쫑알거리지 말고 요리에 집중해."

"저도 유명 샤브샤브 집에서 반년 이상 요리사로 근무 중이라고요. 알바지만 당근쯤이야 눈을 감고도 자를 수 있죠."

히로는 정말로 눈을 감고 당근을 자르기 시작했다. 두 사람 사이로 도마를 두드리는 경쾌한 소리가 울려 퍼졌다.

"보셨죠? 제가 이 정돕니다. 꺄아악!"

푹!

신나게 칼질하던 히로는 예상대로 손가락을 베었다.

"아하하하, 히로다워. 건방을 떠니까 그렇지! 하하하!"

"사람이 다쳤는데 웃음이 나와요? 아, 아파라… 피가…."

칼에 베인 히로의 왼쪽 검지 끝에서 피가 철철 흘렀다. 히로는 신음을 내며 손가락을 눌렀다. 장난처럼 벌어진 일치고는 상처가 깊은 듯했다. 에리는 웃음을 멈추고 한숨을 쉬었다.

"정말 둔하다니까. 손가락 줘봐!"

에리는 양손으로 히로의 손을 잡더니 상처가 난 손가락 끝을 입에 넣었다. 히로는 말을 잃었다. 히로의 손가락 끝에 촉촉한 혀의 감촉이 느껴졌다. 히로는 당황했고, 곧 기뻤으며 이어서 묘한 기분을 느꼈다. 여성이 이렇게 상냥하게 대해준 것은 태어나서 처음이었기 때문이다. 히로는 이제 칼에 베인 아픔 따위는 잊어버렸다. 에리는 부끄러운지 히로와 눈을 맞추려 하지 않았다.

히로는 계속 고민했다. 이것은 현실이다. 지금 눈앞에 벌어지는 현실이다. 아무리 철저한 경험론자인 흄이라도 지금을 부정하지는 못할 것이다. 히로의 심장이 맹렬하게 뛰기 시작했다.

'내가 어떻게 된 걸까? 어째서 에리 선생님을 상대로 두근거릴 수 있지? 혹시 나는… 나는 사랑에 빠진 걸까? 좀비이자 스승인

에리 선생님을?'

▼▼▼

히로는 무수히 떠오르는 생각들에 짓눌려 눈을 감았다. 일순
같으면서도 영원 같은 시간이었다. 1초 다시 1초. 히로의 심박
수가 올라갔다. 당치도 않은 빠르기로, 믿을 수 없는 기세로 심
장이 뛰었다. 이윽고 몸이 폭발하는 것이 아닐까 하는 생각이 들
정도로 고동이 최고조를 맞았을 때, 갑자기 히로의 귀에도 들리
는 고동 소리가 멈췄다.

그리고 히로는 좀비가 됐다.

오늘을 살아가는 니체처럼
소년이여, 초인이 되어라!

인기 없다는 것이
쉬운 사람이란 뜻은 아니다

과거 에도를 가로지르며 서쪽에서 동쪽으로 마시는 물을 날랐던 타마가와죠스이玉川上水는 이제 상수도 역할을 마쳤지만, 대신 녹지가 남은 수로변에 놀이기구와 벤치가 생기면서 시민들의 휴식처인 타마가와죠스이 산책길로 거듭났다.

히로의 집에서 꽤 가까운 시부야구 사사즈카에도 타마가와죠스이 산책길이 이어져 있었다. 그 산책길의 광장에서 사제들의 만남이 이루어졌다.

"히로야, 도대체 이게 무슨 일이냐? 설마 네가 좀비가 되다니…."

"아우… 히로도… 좀비…."

택시를 타고 날아온 좀비 콤비는 그네에 매달려 눈물을 내뿜는 히로에게 달려갔다.

"선생님, 되돌려주세요! 다시 제 심장을 움직이게 해주세요."

히로는 스승을 보자 필사적으로 매달렸다.

"심장이 멈췄어요! 죽었다고요. 좀비라니, 정말 싫어요. 선생님 제발 저를 되살려 주세요!"

제자가 애원했으나 좀비 선생은 천천히 고개를 저었다.

"안타깝지만 히로야, 내가 아니라 그 누구라도 죽은 자를 되살릴 수는 없단다. 그것이 생명체의 숙명이야. 이렇게 된 이상 너는 좀비의 삶을… 죽음을 영위할 수밖에 없다."

"어째서요!"

히로는 모래사장에 엎드린 채 절규하며 양손으로 모래를 두드렸다. 착란을 일으킨 신인 좀비 옆에는 에리가 힘없이 바닥에 주저앉아 훌쩍훌쩍 울었다.

"미안해…, 히로는 나 때문에… 훌쩍, 흑 미안, 미안해…. 나 때문에 좀비로… 흐흑."

그 말에 히로는 격분했다.

"미안하다면 다예요! 에리 선생님 탓에 죽었잖아요. 선생님 때문에 인간이 아니게 됐어요!"

"미안해. 훌쩍. 나는 단지 너의 상처가 빨리 아물었으면 해서… 그렇게 해주면 인기 없는 남자는 기뻐한다고 《앙앙》(일본의 대표적인 여성 패션잡지)에서 그랬는 걸…. 훌쩍."

"잡지 기사에 놀아난 거예요? 그리고 선생님은 좀비라고요! 좀비 바이러스를 가졌잖아요. 상처를 핥으면 어떻게 될지 몰랐어요? 상처가 없으면 얼마든지 상관없겠지만, 사람이라면 아무래도 상관없겠지만 저는 상처가 났고 선생님은 좀비잖아요! 그 정도도 생각을 못하셨다고요?"

"미안해! 엉엉."

"용서 못해요. 복수할 거예요. 채찍 이리 내요. 되갚아줄 테니까. 이번에는 내가 때릴 차례라고! 내놔!"

"히로야, 그만해. 흑흑."

"흥, 싫다고요? 지금까지 내가 싫다고 해도 들은 척도 안 했던 주제에! 오늘이야말로 체벌당하는 사람의 마음을 알게 해줄 겁니다. 아플 거야, 무서울 거야, 끼히히힛!"

"정신차려라!"

덥석!

"으갸갹!"

가방을 두고 다투는 두 사람 사이로 들어온 좀비 선생이 히로의 목덜미를 힘껏 물었다.

도시락을 받은 적이 있다면
좀비가 되어도 한이 없는 인생을 산 것이다

"여느 때처럼 걱정하지 마라. 이번에는 제대로 꽉 물었단다."

"제대로 물지 마세요! 목이 끊어지는 줄 알았잖아요. 그런데 전혀 안 아파요… 이젠 물려도 느끼지 못하다니, 괴로워요."

"히로 너는 언제부터 여성에게 폭력을 행사하는 망나니가 됐느냐? 정말 한심하구나."

"하지만!"

"에리도 괴로워하며 사과하지 않느냐? 울면서 사죄하는 이를 겁박하는 것이 너의 정의냐? 창피한 짓은 그만둬라. 마치 짐승처럼 행동하는구나. 너는 좀비이기 이전에 인간이다."

"아니요, 저는 좀비잖아요! 설마 인간의 마음을 잃지 말라는 말씀을 하시려고요? 아니잖아요. 좀비가 됐으니 이젠 인간이 아니라고요. 저는 인간이기 이전에 좀비라고요."

"듣고 보니 그렇구나. 역시 내 제자답다. 와하핫, 멋진 반론이었다."

"전혀 기쁘지 않다고요!"

"하지만 우리에게 철학을 배운 덕분에 너는 철학 좀비가 됐지 않느냐? 에리의 강의를 듣지 못했다면 너는 좀지로의 라이벌이 됐을지도 모른단다. 그렇게 생각하면 에리에게 감사해야지 책망할 필요는 없지 않겠느냐?"

"그건 그렇지만…"

"크아앙, 히로! 친…구!"

"좀지로 씨 시끄러워요! 좀비 마음도 모르고!"

"엉뚱한 화풀이는 좋지 않단다."

"이제부터 저는 인간을 덮치면서 생활해야 하나요? 인간을 죽이고 먹으면서… 그건 참을 수 없어요. 그런 짓을 하느니 차라리 이 세상에서 사라질게요. 십 톤 트럭 앞으로 몸을 던지겠어요!"

"바보 같은 소리 하지 마라. 죽음을 재촉할 필요는 없단다. 죽으면 아무것도 이루지 못하잖느냐."

"그러니까 이미 죽었잖아요! 지금 시점에서 죽었다고요."

"기왕 이렇게 되었으니 철학 좀비가 된 것을 긍정적으로 받아들이면 어떠냐? 앞으로 너는 수명의 제한 없이 마음껏 철학을 할 수 있단다. 백 살이 되어도, 이백 살이 되어도 끊임없이 진리를 추구할 수 있는 게지. 사망신고서를 내지 않는 한 국민연금도 계속 받을 수 있을 거야. 그래, 일단 식사라도 하면서 마음을 가라앉히자꾸나. 에리야, 도시락 만들어왔다고 했지? 아직 남았느냐?"

에리는 훌쩍이면서 대답한 후 에르메스 가방에서 흙이 묻은 플라스틱 통을 꺼냈다.

"이거라도 먹을래…"

에리가 머뭇머뭇 내밀자 돌연 히로의 얼굴이 밝아졌다. 기쁜 듯이 도시락을 받은 히로는 뚜껑을 열고는 안의 내용물을 정신없이 먹었다.

"우물우물. 맛있어! 신선해! 아침에 사냥한 건가요? 에리 선생님의 도시락은 맛있네요. 이걸 나를 위해 일부러? 아아, 어쩐지 화가 가라앉을 정도로 맛있어! 정말 맛있어! 우물우물."

내용물을 씹어먹을 때마다 히로의 입에서 피가 튀었으나 에리와 좀비 선생이 내뿜는 강력한 이돌라의 숨결로 인해 산책길을 걷는 아이들은 조금도 수상하게 여기지 않았다.

"어떠냐? 마음이 좀 가라앉았느냐?"

"어느 정도는요. 하지만 이런 일이 벌어지다니, 오늘로 인간과 이별이라니…. 이런 괴로운 이별이 오리라고 생각도 못했어요."

"후회해도 어쩔 수 없는 것은 후회하지 말거라. 아픈 이별도 있고 시련도 있는 법이다. 하지만 절망하지 말고 받아들여라. 히로야, 초인Übermensch이 되어라."

"저보고 슈퍼맨이라도 되라고요?"

"그럼 마지막… 아니 철학 수업을 마무리하자."

"나왔다! 갑작스럽게 장소를 가리지 않는 수업! 이럴 때조차!"

"이런 때이기에 하는 게다. 지금 너에게는 이 테마가 가장 좋겠지. '니체의 영원회귀'다. 에리도 언제까지 훌쩍거리고 있을 게냐? 너도 히로에게 아직 가르쳐줄 것이 있지 않으냐?"

에리는 스승의 꾸지람을 듣고 입술을 깨물면서 일어섰다. 그리고 방금까지 눈물을 흘리던 얼굴에서 평소와 같은 표정으로 돌아갔다.

좀비와 에릭시아의 마지막 철학 수업:
후회없이, 흔들리지 말고 힘껏 지금을 살아라

선생 **영원회귀**Ewige Wiederkunft des Gleichen, 또는 영겁회귀라고도 한다. 니체가 주창한 개념이지. 르상티망으로 익숙한 니체지만 그 내용은…, 에리야 부탁한다.

에리 … 네. 영원회귀를 설명할게! 준비는 됐지?

히로 으아악! 왜 때려요! 이유가 뭐예요?

에리 스스로에게 기합을 넣는 거야. 언제까지나 울고 있는 건 나답지 않으니까.

히로 그럴 때는 자기 자신을 때리라고요. 왜 내가 대신 맞아야 하는 건가요!

에리 응, 한 대 더 맞자.

히로 꺄악!

에리 먼저 우주의 시간에 관해서 이야기해볼까. 우주는 시작이 있었으나 끝은 없어. 적어도 현시점에서 우주의 종말을 예측할 수는 없으니까. 이 우주가 앞으로도 영원히 존재한다고 가정해보자.

히로 탄생부터 지금 시점까지 백억 년 이상 지났으니까요. 영원이라고 해도 위화감이 없어요. 이렇게 된 이상 영원히 연금을 받아주겠어!

에리 우주의 다양한 물질은 원자보다 더 작은 소립자로 구성됐어.

소립자의 위치와 운동량은 다양하지만, 시간이 영원하다고 가정하면 무한의 시간 속에 언젠가는 '과거의 어느 시간'과 입자의 배치, 운동량이 완전히 일치할 때가 올 거야. 여기까지 이해가 돼?

히로 이해 못하겠어요!

에리 그럼 당구를 상상해봐. 당구대에 구멍이 없고 마찰과 공기저항이 없다면 공은 멈추지 않고 영원히 움직이겠지?

히로 그렇겠죠. 〈벽돌 깨기〉 게임의 공처럼 멈추지 않고 벽을 튀면서 계속 나아가겠죠.

에리 그 당구대의 '지금 순간'을 잘라보자. 지금 당구대 위에서 공은 '어느 위치'에 '어떤 운동'을 동반하며 존재하겠지? 그리고 만약 당구공이 영원히 계속 움직인다면 영원한 미래 중에 '지금 순간'이 다시 한 번 재현될 때가 올 거야. 공의 배치와 운동패턴은 무수히 많으나, 시간이 영원하다면 언젠가 '지금 순간'과 완전히 똑같은 상태가 나타날 거야.

히로 음, 조금 비약이 있는 것 같은데요? 그건 '영원'이 '무수히'보다 크다는 발상이잖아요? 공의 패턴이 무수하다면 영원하다 해도 무수한 것을 쫓아갈 수 없을 것 같은데요. 선생님, 마무리가 너무 약한 건 아니에요?

에리 쫘악!

히로 뭔가요? 그 흉흉한 걸 잡고! 저는 이제 아프지 않다고요. 저도 이제 좀비라고요. 때리려면 때려보세요. 우꺄악!

선생 이 녀석들! 사이좋게 지내지 못할까? 히로야, 이것은 어디까지나 영원회귀의 초입에 지나지 않는다. 중요한 것은 더 뒤에 나오니까 일단 납득하자꾸나.

히로 네, 납득은 안 가지만 납득한 걸로 해줄게요.

선생 잘 들어라. 니체는 당구대의 공처럼 우주를 구성하는 입자 상태도 영원하게 계속되면 언젠가는 같은 순간이 재현된다고 생각했단다. 물론 소립자로 형성된 지구와 지구상의 생물, 인간도 포함해서 말이다.

히로 그건 당치않은 가정이 아닐까요? 지금 히로를 구성하는 입자가 미래에 다시 완전히 같은 상태로 조합돼서 히로가 생긴다는 거잖아요? 말하자면 아득한 미래에 '지금'이 재현된다는 거죠? 히로가 있고 옆에 에리 선생님과 좀비 선생님과 좀지로 씨까지 있는 상태가?

선생 그렇단다. 우리 좀비도 어차피 소립자 덩어리니까. 영원 속 어딘가에서 모든 입자의 위치와 운동이 재현된다면 '지금'이 그대로 미래에 나타나게 된다. 그리고 입자의 '운동상태'까지도 재현되므로 그 순간 이후에도 입자 즉 우리는 완전히 같은 행동을 하게 되는 게다. 당구공이 위치와 운동량이 균등하면 반드시 일정한 궤적을 그리는 것처럼 말이다.

히로 뭐, 인간을 구성한 입자를 당구공으로 치환해서 생각하면 그렇게 되겠네요. 어느 쪽이나 결국엔 자연의 물질이니까요. 그렇다면?

선생 즉 히로가 지금까지 살아온 인생, 그리고 앞으로 살아갈 인생은 영원 속에 몇 번이고 몇 번이고 되풀이해서 재현된다. <u>우주가 영원하다면 히로의 인생 또한 영원히, 조금도 다르지 않은 같은 인생이 몇 번이고 되풀이된다.</u> 이것이 영원회귀의 개념이다.

히로 그렇군요. 제가 앞으로 우주의 먼지가 된다고 해도, 어느 날 그 먼지가 다시 모여서 히로가 된다는 말이네요.

선생 그렇지.

히로 이왕이면 다른 사람이 될 수 없을까요? 모처럼이니 히로의 입자를 재조합해서 마이클 조던이나 레이디 가가로 다시 태어날 수는 없을까요?

선생 그것은 무리란다. 그들은 그들 나름대로 자신의 인생을 다시 한 번 살게 될 테니까. 다음 인생은 반드시 '지금과 같은 인생'이 될 게다. 흩어진 히로의 입자가 언젠가는 다시 히로라는 이름으로 모여서 요충 검사에 일곱 번 걸리고, 사쿠라코를 좋아하다가 차이고, 철학을 배우다가 에리가 상처를 핥아서 좀비가 된다. 그런 지금과 완전히 똑같은 인생이 몇 번이고 되풀이되는 게다.

히로 그럴 수가! 몇 번이나 다시 태어나도 똑같은 인생이라니 가혹하잖아요. 그런 꿈도 희망도 없는 말씀은 그만…. 선생님 바보! 우꺅! 아프다고요!

에리 잘 들어. 니체의 말은 내세와 환생을 기대하지 말고 지금 이

353 / /

순간, 현재 인생을 열심히 살아가라는 뜻이야.

히로 어째서요? 영원회귀니까 영원히 다시 태어날 수 있잖아요. 내세도 환생도 있을 수 있잖아요.

에리 하지만 내세는 결국 같은 인생을 되풀이할 뿐이야. 즐겁게 지낸 오늘은 다음 인생에도 '즐겁게 지낸 오늘'이 되는 거야. 게으름 피우며 지낸 내일은 또 '게으름 피우며 지낸 내일'이 되는 거지.

히로 그럼 변변찮은 인생을 보내면 몇 번이고 다시 태어나도 변변찮은 인생이 된다는 건가요? 암울하잖아요. 영원회귀는 도대체 뭔가요? 더욱 힘이 나게 할 만한 내용이라고 기대했는데 이래서는 꿈도 희망도 없잖아요. 오늘 수업의 주제는 도대체 뭔가요? 선생님이 두 분이나 모였는데 가여운 히로를 위로해줄 수는 없는 건가요?

에리 응? 뭐라고 했지!

히로 무서워! 채찍은 그만둬요! 죽은 사람을 채찍으로 때리는 건 패륜이라고요!

선생 니체는 말이다. '반드시 영원회귀가 일어난다'고 하지 않았다. 혹시 **영원회귀를 하더라도, 이번 인생이 몇 번이나 되풀이되어도 당당하게 받아들일 수 있도록 지금의 삶에 전력을 기울이라**고 한 게다. 누구나 살다 보면 괴로운 일과 극복해야 할 시련을 만나겠지. 하지만 그것을 '두 번 다시 겪기 싫어'라면서 참고 견디는 것과 '고난? 그래, 들어와!'라고 긍정적으로 맞서는 것은 인생의 질이 완전히 다르다는 게다.

히로 고난을 긍정적으로⋯. 그럼 선생님께선 '좀비가 됐다'는 고난
도 긍정하라는 건가요?

선생 그래. '혹시 그때 이렇게 했다면', '혹시 그 사람을 만나지 않
았다면' 하고 후회도 할 게다. 하지만 과거의 '혹시'에 의지한
다고 일이 조금이라도 달라질까?

히로 변하지 않아요⋯. 흐흐흑.

선생 '지금'이야말로 유일한 현실이다. 후회 속의 '그때 이렇게 했
을 지금', '그 사람과 만나지 않았을 지금' 따위는 어디에도
존재하지 않는다. 그렇다면 먼저 절대적인 현실인 '지금'을
받아들이고 지금이라는 상황에서 최선을 다해 앞을 향해
나아갈 수밖에 없는 게다.

히로 지금을 받아들이고⋯, 네⋯ 싫어요⋯, 네⋯, 흐흑.

선생 히로야. 시간은 앞으로밖에 나아가지 않는다. 과거 따위는
이미 어디에도 없단다. 시간이 히로를 싣고 전진한다면 너는
뒤를 향해 있으면 안 된다. 달리는 차에서 뒤돌아 앉아 운전
할 수 없는 것처럼 말이다. 한눈을 팔면 안 된단다. 시선은
항상 진행 방향에 두어야 한다.

히로 흑, 한눈을 팔면 사고가 일어나겠죠.

선생 그래, 언제나 지금이 시작 지점이다. 이제 세계 어디를 둘러
봐도 '좀비가 되지 않았던 히로'는 존재하지 않으니까. 그렇
다면 지금을 받아들이고 지금부터 시작되는 미래를 어떻게

그대는 진지한가? 그렇다면 바로 이 순간을 붙잡으라.

대담함 속에는 힘과 마법이 담겨 있나니.

결단하라, 그러면 가슴이 뜨거워질 것이다.

시작하라, 그러면 그 일이 이루어질 것이다.

괴테, 《파우스트》 중에서

긍정적으로 살아갈 것인가, 그 방향밖에 길이 없는 게다.

히로 ··· 머리로는 이해하겠지만, 제가 가능할까요?

선생 가능하고말고. 누구나, 어떤 단점이 있는 사람이라도 초인이
될 수 있단다. 너는 게임을 좋아하지? 히로에게 이 말을 해
주마. 내가 호쿠진보에서 살 때 인간을 위해서 생각한 격언
이란다. **"인생은 슈퍼마리오 형제다."**

히로 고대인답지 않은 좀비의 격언이 또 나왔네요. 무슨 뜻이죠?

선생 마리오 게임에는 다양한 적이 나오지. 강적과 기분 나쁜 적,
산과 계곡, 바다, 그리고 짓궂은 함정. 플레이어는 수많은 난
관을 넘어서 공주를 구해야 한다. 공략을 위해서는 노력과
끈기가 필요하지. 하지만 반대로 공략을 쉽게 하려고 '적도
안 나오고 산도 계곡도 없는 스테이지'가 이어진다면 그것을
즐길 수 있을까? 단지 똑바로 나아가는 것만으로 공주를 구
할 수 있다면 너는 그게 즐거울까?

히로 그렇게 간단히 피치 공주를 구할 수 있다면 굳이 게임을 하
는 의미가 없죠. 플레이할 마음이 안 생길 거예요. 피치 공
주라는 목표도 목표지만 스테이지를 순서대로 공략하는 것
이 즐거운 거잖아요. 어려운 스테이지도 어렵기에 공략 후의
달성감이 각별한 거죠. 사실은 공주 따위 어찌 되든 상관없
어요. 게이머를 위해서 피치 공주는 영원히 잡혀 있으면 좋
겠어요. 영원회귀처럼 영원히 되풀이해서 적에게 잡혀서 우
리를 즐겁게 해줬으면 좋겠어요. 실제로 그렇게 됐지만···.

선생 그렇다면 인생도 그렇게 플레이하면 된단다. 인생에도 강한 적과 기분 나쁜 적, 산과 계곡, 짓궂은 함정이 기다리고 있지. 하지만 산과 계곡이 있기에 마리오가 즐겁지 않으냐? 인생도 마찬가지가 아닐까? 엔딩을 보는 것보다 그렇게 하나하나 스테이지를 깨나가는 과정이야말로 게임의 맛인 것처럼 인생도 목표에 이르기까지의 노정 자체를 즐기는 마음가짐이 필요하단다. 즐기지 못하더라도 막아선 장벽에 "몇 번이라도 도전해주마"라는 마음가짐으로 용감하게 도전해보는 게지. 그런 각오가 있다면 영원회귀 따위 전혀 무섭지 않단다. 그런 각오를 가진 자를 니체는 '초인'이라고 불렀다. <u>인간이여! 비관하지 말고 포기하지 말고 초인이 되어라.</u>

히로 산이 높으면 골도 깊을 수밖에 없고, 그런 산과 계곡이 있으니 마리오는 즐겁다…. 그렇군요. 회귀하든 안 하든 제 인생이니까요. 불평과 불만을 이야기하며 지내는 것보다 마리오를 즐기듯이 한순간 한순간을 즐기며… 죽어 있겠어요.

선생 그런 마음가짐이다.

히로 에리 선생님, 미안해요. 전 자신의 삶을 받아들일 용기가 없었어요. 현실을 다른 사람 탓으로 돌리려고 선생님께 심한 말을 했습니다. 죄송합니다.

에리 괘, 괜찮아. 내가 잘못했으니까. 나야말로 미안해. 히로와 거리를 어떻게 좁혀야 할지 알 수 없어서… 그래서 그랬어.

히로 저도 마찬가지예요! 저도 선생님과의 거리를 좁히고 싶어요!

에리 선생님이 제게 와줬을 때 무척 기뻤어요. 언제나 차가웠던 선생님이 제 아픈 손가락을 걱정해주니 감동으로 오싹했어요. 그래서 죽어버렸지만⋯. 자, 이제는 좀비가 됐으니 사양하지 말고 핥아주세요! 이제 어떤 손가락이든 상관없어요! 에리 선생님 어서 빨리! 서로의 거리를 좁히죠.

에리 다가오지 마! 만지지 마! 기분 나쁘잖아, 너 따위 알게 뭐야!

히로 아얏! 하지만 포기하지 않겠어요. 나는 초인이 될 거니까요. 내 인생이니까 하고 싶은 걸 하겠어요! 몇 번이고 도전해서 "히로의 인생⋯ 아니 좀생은 행복했다"라고 할 수 있도록! 좋아, 오늘부터 에리 선생님을 피치 공주로 생각할게요. 피치 공주의 손을 잡을 때까지 공략을 즐길 거예요! 함께 식탁에 앉는 그 날까지! 아얏! 꺄악!

▼▼▼

"히로야! 뭐하는 게냐!"

좀비 선생은 피부가 찢어지면서도 에리에게 다가가는 히로를 말렸다.

"에리가 겁을 먹지 않느냐? 힘에 대한 의지를 제어하거라."

"초인이 되라고 한 것은 선생님이잖아요? 저는 이제 더 이상 후회하지 않을 거예요. 이제 자신에게 거짓말하지 않겠어요. 저의 인생⋯ 아니 좀생이니까!"

"그건 그렇지만 너에게는 얼마든지 시간이 있단다. 초조해하지 말고 앞으로의 일을 침착하게 생각하는 것이 좋겠구나. 그렇게 서둘러 살지 않아도 된단다."

"저는 이미 죽었는데요? 서둘러 살지 않아도 이미 죽어 있는 좀비라고요!"

"허허허, 너의 딴죽은 변함없이 절묘하구나. 리케이온Lykeion의 어떤 학생도 그렇게까지 깔끔하게 딴죽을 넣는 녀석이 없었다. 굳이 말하면 알렉산드로스Alexandros와 비등하구나."

"리케리온이 뭔가요? 알렉산드로스가 누구인가요? 개그맨?"

소동을 수습하느라 지쳤는지 좀비 선생은 눈을 감고 하품을 했다. 그러자 옆에서 에리가 끼어들었다.

"선생님께 너무 무례하잖아! 좀비 선생님께선 리케이온이라는 학교에서 수많은 젊은이에게 철학을 가르쳤어. '만학의 아버지'라고 불린 적도 있을 정도로 대단한 분이야. 너 같은 게 가볍게 이야기할 수 있는 사람이 아니야!"

"글쎄요? 좀비 선생님은 사람이 아니라 좀비죠."

제자의 뻔뻔한 태도에 에리는 핏대를 세웠지만, 좀비 선생은 소리 없이 맨손체조를 시작하며 말했다.

"다 지난 옛날이야기다. 아주 먼 옛날의… 이제는 희미해진 일이지. 히로가 말하는 대로 나는 좀비 선생이다. 젊은이와 같은 눈높이에서 이야기할 수 있는 것은 즐거운 일이야."

"그렇죠? 선생님도 이렇게 말씀하시잖아요! 역시 선생님께선 마음이 넓어요. 그에 비해 다른 좀비 선생님은 때릴 것 같아서 확실히 말하지 못하지만… 음, 여유가 부족하다고 할까? 속이 좁다고 할까…. 저의 신붓감 4강에 오르기에는 아직 수행이 부족하다고요."

"뭐라고? 누가 너의 신부가 된다는 거야! 농담도 적당히 해. 기분 나쁘잖아!"

"히이이익! 선생님이 그랬어요. 나와 에리 선생님이 잘 어울린다고! 에리 선생님이 나에게 빠져 있다고! 두 사람은 맺어져야 한다고! 선생님, 그렇죠?"

"그 말 진짜예요?"

"히, 히로야! 나는 왜 끌어들이는 게냐. 좋아, 그럼 여기는 젊은 두 사람에게 맡기고… 좀지로, 돌아가자! 하우스! 하우스 오브 더 데드!"

"또…봐, 히로…."

"기다려! 히로와 둘만 남겨두지 마요! 잠깐!"

채찍을 휘두르며 광란하는 무서운 좀비 때문에 좀비들은 비명을 지르며 산책길을 뛰어 돌아다녔다.

철학은 아주 가끔
세계를 바꾸기도 한다

그 후 얼마 동안 히로의 의식은 날아갔다.

일 분일지도 모르고 일 년일지도 몰랐다. 하지만 전신마취를 받을 때처럼 다음 세계가 등장한 것은 일순간이 지난 다음이었다. 그 막은 아련하게 열렸다.

히로는 자신이 뇌만 있는 존재라고 느꼈다. '이 세계에 뇌만 존재하고 그곳에 여러 가지 코드가 연결되어 있을 리 없는 세계를 인식하게 한다.' 언젠가 철학 수업에서 배운 상황이다. 실제 시야는 회색 일색이었으며 몇 개의 코드가 자신에게 꽂힌 느낌이고 손발을 움직이려 해도 아무 일도 일어나지 않았다.

모두 어디로 가버린 걸까?

선생님은? 좀지로 씨는? 그리고 에리 선생님은?

아무래도 자신만 다른 세계로 온 듯했다. 하지만 뇌만 존재하는 것치고는 청각도 작동하는 듯 심폐에서 산소통 너머로 호흡하는 듯한 소리가 들렸다.

귀? 호흡? 어째서 호흡을 하는 걸까? 뇌만 존재하는데…, 좀비가 됐는데. 좀비의 뇌가 어떻게 호흡을 할까? 아니, 그보다 괴… 괴로워! 뭐야? 숨이! 살려줘. 도와줘! 우에엑!

너무나 괴로워서 발버둥을 치자 경고음과 함께 회색 세계 끝에서 여성이 나타났다. 인간이다. 간호사 복장의 젊은 여성이다. 꿈인가? 하지만 지금은 그것을 따질 경황이 없었다. 신음을 쥐어짜며 필사적으로 SOS를 보내자 여성이 허둥지둥하다 시야에서 사라졌다. 회색의 세계에 조금씩 색이 입혀졌으나 달려온 의사가 인공호흡기를 뗄 때까지 히로는 고통에 몸부림쳤다.

퇴원하는 날 히로는 휠체어를 탄 채 병실 창문 너머로 단조로운 색의 도시를 바라보았다.

계절이 한 번 더 바뀌었다. 오래 걸렸지만 겨우 여기까지 올 수 있었다. 오늘로 환자 생활은 끝이다. 짐은 이미 자신의 손으로 정리했으며 가족이 오기를 기다리기만 하면 됐다.

눈 아래로 펼쳐진 회색의 도시. 레고 블록을 쌓아놓은 것 같은 개성 없는 경치. 여기에 벽돌 깨기 게임의 공을 던져서 늘어선 빌딩을 깔끔하게 부숴버리고 싶었다. 분명히 이 블록들도 보는 사람에 따라서는 색이 바뀔 테지. 도시로 돌아가는 사람과 돌아갈 수 없는 사람. 돌아가고 싶은 사람과 돌아갈 곳이 없는 사람. 사람은 쓰레기를 보물이라고 생각할 수도 있으며 보물을 쓰레기라고 생각할 수도 있다.

혼수상태에서 벗어난 다음 달려온 어머니에게 경위를 들었다. 히로가 호쿠진보의 절벽에서 뛰어내려 온몸이 골절된 상태로 발견된 일, 병원에 실려 왔으나 머리를 강하게 부딪혀 의식이 돌아오지 않은 일, 의사에게 평생 의식이 안 돌아올 것을 각오하라는 선고를 받은 일, 이별을 위해 친척과 친구들이 병실에 모두 모였던 일, 인공호흡기에 연결된 채 한 달이 넘게 지낸 일까지 모두 들었다.

어찌 된 일인지 모르지만 히로는 이 세계로 돌아왔다. 처음 정신을 차린 순간에는 지옥에 있는 줄 알았다. 목에 삽입한 튜브로 숨을 강제로 넣는 것이 그렇게 고통스러울 줄이야.

뛰어내린 전후의 기억은 애매했지만 자포자기한 심정에서 자신의 손으로 삶의 마지막을 장식하고자 절벽에 선 것만은 기억이 났다. 하지만 그것이 확실한 과거인지 기억으로 위장한 환상인지 지금은 알 수 없었다. 그리고 그 철학 수업도….

"늦어서 미안하구나."

병실 입구에 어머니가 얼굴을 내밀었다. 히로가 절벽에서 떨어진 그날부터 울고 원망하고 경황이 없고 이성을 잃기도 했던 어머니도 지금은 안정을 찾았다.

"무슨 일이야? 어디에 들렀다 왔어?"

"저쪽 슈퍼마켓 옆의 책방. 이걸 사왔다."

어머니는 서점 로고가 들어간 종이 봉투를 히로의 무릎 위에 놓았다.

히로는 멍하니 봉투를 잡고 안에서 한 권의 책을 꺼냈다. 책 제목은 …

《아리스토텔레스와 철학의 세계》였다.

"갑자기 무슨 철학책? 오늘 퇴원하는데 퇴원하는 날 뭐 하러 이런 걸 사와요, 그것도 철학책?"

"누가 시끄럽게 사라고 해서."

"누가요?"

"몰라. 어째서인지 어제부터 이 책을 사라는 소리가 계속 들리는 거야."

"누가? 뭐를? 어째서?"

"알 게 뭐니. 이제 나갈 수 있지? 준비는 다 했어?"

"으응, 짐은 다 정리했어요. 이게 전부야."

히로는 책을 침대 위에 던지고 옆에 쌓아올린 여행 가방을 두드렸다. 하지만 아들을 믿지 못하는 어머니는 가방에 시선을 두면서 "잊은 것은 없니?"라며 곳곳을 확인하기 시작했다. 텔레비전 받침대 겸용 옷장 위에서 아래까지 모두 열고, 수납공간이라는 수납공간은 다 탈탈 털었다. 어릴 적부터 되풀이해온 광경이므로 그동안 히로는 아무 말 없이 밖의 경치를 바라보았다.

그때 침대 위에 놓인 책 뒤에서 무언가 얇은 것이 펄럭이며 바닥에 떨어졌다. 마침 고개를 숙인 채 냉장고를 확인하던 어머니가 "어머"라며 작게 소리를 냈다.

"히로야, 사진이 떨어졌다. 이건 어디서 찍은 거니?"

"사진? 무슨?"

"무슨 가게니? 네가 혼자 찍혀 있구나."

어떤 가게에서 혼자 사진을 찍은 기억이 없는 히로는 어머니의 손에서 서둘러 사진을 빼앗아왔다. 사진을 본 히로는 잠시 넋이 나간 것처럼 얼굴이 굳어졌으나 이윽고 말없이 미소 지었다.

히로가 손에 쥔 것은 빛바랜 즉석 사진이었다. '이터널★버스데이'라는 간판 앞에 모인 히로와 세 명의 좀비. 여백에는 핑크 펜으로 '히로, 영원한 나의 노예'라고 쓰여 있었다. 어쩐지 어머니에게 시끄럽게 책을 권했던 목소리의 주인을 알 것 같았다.

오랫동안 신세를 진 담당 의사와 간호사의 배웅을 받으며 히로는 병동을 나왔다. 방금까지 담담했던 어머니의 눈에 다시 눈물이 맺혔다. 히로는 어머니에게 받은 철학책에 사진을 끼워 넣은 다음 품에 안았다.

"엄마, 책 고마워요."

"그런 걸 읽을 수 있겠니? 아리스토텔레스라니, 철학이 무슨 도움이 될지 모르겠구나."

산들바람과 함께 좀비들과의 추억이 떠올랐다.

"철학이라는 건…, 뭔지 모르는 것을 장황하게 생각하는 거겠죠. 하지만 가끔 세계를 바꿔줄 때도 있더라고요."

▼▼▼

히로는 좀비들과 함께한 철학 수업을 떠올렸다.

언제나 '지금'이 시작 지점. 목표는 언제나 진행 방향.

혹시 인생이 영원히 되풀이되더라도 몇 번이고 "히로의 인생은 행복했다"라고 생각할 수 있도록 남은 나날을 열심히 살아보는 것도 좋을 것 같았다.

히로는 밝게 물든 도시를 올려다보았다.

인간과 좀비의 목숨을 건 철학 수업

철학으로 구원받은 난 이 빌어먹을 세상에서 한번 살아보기로 했다

1판 1쇄 인쇄 2020년 2월 18일
1판 1쇄 발행 2020년 2월 26일

지은이 사쿠라 츠요시
옮긴이 김영택
펴낸이 고병욱

기획편집실장 김성수 **책임편집** 허태영 **기획편집** 김경수
마케팅 이일권 송만석 현나래 김재욱 김은지 이애주 오정민
디자인 공희 진미나 백은주 **외서기획** 이슬
제작 김기창 **관리** 주동은 조재언 **총무** 문준기 노재경 송민진

펴낸곳 청림출판(주)
등록 제1989-000026호

본사 06048 서울시 강남구 도산대로 38길 11 청림출판(주)
제2사옥 10881 경기도 파주시 회동길 173 청림아트스페이스
전화 02-546-4341 **팩스** 02-546-8053

홈페이지 www.chungrim.com
이메일 cr2@chungrim.com
페이스북 https://www.facebook.com/chusubat

ISBN 979-11-5540-161-3 03100

- 이 책은 저작권법에 따라 보호를 받는 저작물이므로 무단전재와 무단복제를 금합니다.
- 책값은 뒤표지에 있습니다. 잘못된 책은 구입하신 서점에서 바꿔 드립니다.
- 추수밭은 청림출판(주)의 인문 교양도서 전문 브랜드입니다.
- 이 도서의 국립중앙도서관 출판시도서목록(CIP)은 서지정보유통지원시스템 홈페이지 (http://seoji.nl.go.kr)와 국가자료공동목록시스템(http://www.nl.go.kr/kolisnet)에서 이용하실 수 있습니다(CIP제어번호: CIP2020001273).